Das grosse Liturgie-Buch der Andachten und Meditationsgottesdienste

Das
große Liturgie-Buch
der

Andachten und Meditations-gottesdienste

FEIERFORMEN,

TEXTE,

BILDER UND

LIEDER

herausgegeben von
Guido Fuchs

Verlag Friedrich Pustet
Regensburg

Bibliografische Information der Deutschen Nationalbibliothek
Die Deutsche Nationalbibliothek verzeichnet diese Publikation
in der Deutschen Nationalbibliografie;
detaillierte bibliografische Daten sind im Internet
über http://dnb.d-nb.de abrufbar.

www.verlag-pustet.de
www.liturgie-konkret.de

ISBN 978-3-7917-2398-3
© 2011 by Verlag Friedrich Pustet, Regensburg
Umschlaggestaltung: Martin Veicht, Regensburg
Umschlagmotiv: Albani-Psalter. Dombibliothek Hildesheim,
HS St. God. 1, S. 20 „Die Heimsuchung"
(Eigentum der Basilika St. Godehard, Hildesheim)
Satz und Layout: MedienBüro Monika Fuchs, Hildesheim
Druck und Bindung: Friedrich Pustet, Regensburg
Printed in Germany 2011

Inhaltsverzeichnis

ANDACHTEN IM OSTERFESTKREIS

ANDACHTEN IM JAHRESKREIS

Anhang

Einführung

Ein Buch mit Andachten?

Die „klassische" Andacht hat in den vergangenen vierzig Jahren abgenommen, weil manche Gründe, die zu ihrer Entstehung führten, nicht mehr gegeben waren. Mit der Zulassung der Volkssprache als Liturgiesprache, der Öffnung der Tagzeitenliturgie für die Gemeinde als Ganze und die Laien als Einzelne, vor allem aber der Beteiligung des Volkes an der Messliturgie und ihrer Vorbereitung hat das II. Vatikanische Konzil (sicher unbewusst) auch den Boden, auf dem die verschiedenen Andachtsformen im Laufe der Jahrhunderte wurzeln konnten, trocken gelegt, so dass – bis auf wenige Ausnahmen wie etwa die Kreuzwegandacht, Maiandacht oder Rosenkranzandacht – diese Formen allmählich von den Gottesdienstplänen verschwanden. Schon die in den 1970er-Jahren in Würzburg veranstaltete „Gemeinsame Synode der Bistümer in der Bundesrepublik Deutschland" aber hat dies als Gefahr für die Formenvielfalt erkannt und benannt; was hier für den Sonntag gesagt wird, gilt für das ganze liturgische Jahr: „Wenn ... ausschließlich Eucharistie gefeiert wird, verarmt das gottesdienstliche Leben der Gemeinde. Deshalb sollten auch andere Formen von Gottesdiensten (Vespern, Andachten, Meditations- und Predigtgottesdienste) gepflegt, gegebenenfalls wieder aufgegriffen und erneuert werden" (Beschluss „Gottesdienst" 2.4.2.).

In den letzten Jahren hat sich vor allem die „Wort-Gottes-Feier" (vgl. Liturgiekonstitution SC 35) als eine neue Art volkstümlichen Gegenstücks zur Eucharistiefeier etabliert. Die Gründe sind andere als die, die einmal zum Aufkommen der Andacht führten: Neben der bewussten Vermeidung einer Formen-Monotonie liegen sie sicher im Fehlen von Priestern für das Aufrechterhalten des täglichen Messangebotes, in der gewachsenen Erkenntnis einer Befähigung und Fähigkeit von Diakonen und Laien, Gottesdienste zu leiten, sowie in der relativ einfach zu gestaltenden Struktur. Es erschienen in den letzten Jahren zahlreiche Publikationen mit Hilfen zur Wort-Gottes-Feier (oder zu Gottesdiensten ohne Priester, wie leider bisweilen immer noch negativ definiert wird). Doch auch die Andachten haben einen neuen Stellenwert, der sich nicht aus dem vermeintlichen Ersatz, sondern aus ihrem Wesen definiert.

Meditation und Belehrung, Betrachtung und Anbetung

Das 2008 von den deutschsprachigen Liturgischen Instituten herausgegebene Werkbuch „Versammelt in seinem Namen" für nicht-eucharistische Feiern an Wochentagen enthält neben der Wort-Gottes-Feier auch Formen der Tagzeitenliturgie und Andachten. Letztere werden als Formen des gemeinsamen Gebets bezeichnet, „die zur Betrachtung und Meditation, zum intensiven Gebet und zur Anbetung einladen". Darüber hinaus lässt sich noch ein weiteres Motiv nennen: Anders als die meisten Gebetsstunden der Tagzeitenliturgie können Andachten neben der Betrachtung auch Belehrung bieten. Zweifellos birgt die Liturgie ja „viel Belehrung für das gläubige Volk in sich", wie es das II. Vatikanische Konzil festgestellt hat (Liturgiekonstitution SC 33). Dennoch scheint es unumgänglich, Wesenselemente unseres Glaubens und unserer Religion immer wieder neu zu vermitteln. Der Gottesdienst als Form ist hier nicht ausgeschlossen, wenn es denn in der rechten Weise geschieht, d. h. auch das Gebet und die Anbetung beinhaltet.

Im Mittelpunkt der Andachten dieses Buches steht das verkündete und meditierte Schriftwort; das gemeinsame Gebet erfolgt häufig in Form der Psalmen, die den reichen Schatz der Gotteserfahrung zum Ausdruck bringen. Die Betrachtung wird in den hier vorgelegten Andachten auch mittels Bilder gestaltet; auch Zeichen und Symbole des Gottesdienstes, Texte und Lieder können auf eine ähnliche Weise dargelegt und erschlossen werden – etwa in der Fasten- oder Adventszeit, wobei die alte Form des „Predigtgottesdienstes" auch hier gute Dienste leisten kann. Das gilt auch für musikalische Formen. Warum nicht ein Konzert im Kirchenraum mit wenigen einführenden oder überleitenden Sätzen, einem gemeinsamen Lied und Gebet am Schluss zur „Kirchenmusikalischen Andacht" werden lassen?

Es ist, wie oben dargestellt, sehr wichtig für das Gleichgewicht liturgischer Formen, dass neben der Besinnung auf das Wort Gottes und dessen Erschließung auch der Aspekt des Gebetes seinen Stellenwert behält. Dazu können auch Anbetungsstunden an bestimmten Tagen zählen, überhaupt die Verbindung der Andacht mit einer Anbetung, wie sie in diesem Buch verschiedentlich vorgeschlagen wird.

Vom Rand zur Mitte

Die Andacht ist – wie die Wort-Gottes-Feier oder Formen der Tagzeitenliturgie – kein Ersatz für eine Eucharistiefeier. Sie ist aber auch keine liturgische Form gewissermaßen dritter Klasse, nur weil sie auch von Laien durchgeführt werden kann. Sie hat einen ganz eigenen Stellenwert und kann beitragen, die

Messfeier als Höhepunkt der christlichen Feier herauszustellen. Die verschiedenen Andachtsformen lassen nicht nur den Reichtum der Liturgie spürbar werden, sie tragen auch wesentlich zum Kolorit des Kirchenjahres bei.

Die Andacht hat schließlich auch eine wichtige Funktion, weil sie die Schwelle niedriger machen kann, weil sie im Alltag eingebettet ist, weil sie zur Ruhe, zur Gottesbegegnung führen kann. Wolfgang Ratzmann, der sich von evangelischer Seite aus intensiv mit den Andachten beschäftigt hat, definiert sie als „kleine Gottesdienste", die wie die großen Formen auch zur Kommunikation mit Gott und Erneuerung des Vertrauens zu ihm führen wollen. Wichtig ist ihm, dass sie im Alltag stattfinden und die sie umgebenden Bedingungen aufgreifen. Ihre Chance liegt gerade im „Kleinen", was nicht abwertend gemeint ist: Die Konzentration auf einen Aspekt, auf wenige Elemente kann zu jener Ruhe führen, die der Andacht ursprünglich eigen und derzeit so notwendig ist. Das ist auch sehr wichtig im Hinblick auf die heutige Situation vieler Menschen, die von den komplexen und theologisch schweren Formen oft überfordert sind.

Wo unterschiedliche Formen in einer Gemeinde gepflegt werden, ist im übrigen auch die Messfeier als Höhepunkt gottesdienstlichen Lebens stärker spürbar. Wünsche nach einer Formenvielfalt haben daher auch immer die Eucharistie mit im Blick. Der Liturgiewissenschaftler Manfred Probst hat dies in ein treffendes Bild gefasst: „Der Reichtum der verschiedenen Gottesdienstformen der christlichen Tradition muss erhalten bleiben. So sehr die Eucharistiefeier Zentrum aller Liturgie ist, so kann sich doch der Christ nicht immer im Zentrum aufhalten." Die Andacht steht sicher eher am Rand, doch auch vom Rand kann man sehr schnell in die Mitte der Liturgie gelangen.

Zum vorliegenden Buch

Die hier vorliegenden Andachten sind nach den drei Festkreisen des Kirchenjahres geordnet, wobei einige Andachten, die ihren Platz her eigentlich im Jahreskreis hätten, hier noch dem weihnachtlichen bzw. österlichen Festkreis zugeordnet sind, weil die Feste, zu denen sie gehören, auf diese bezogen sind (Darstellung des Herrn, Dreifaltigkeit, Fronleichnam, Herz-Jesu). Selbstverständlich lassen sie sich als thematische Gottesdienste auch an anderen Tagen gestalten.

Viele Modelle dieses Buches gehen auf Beiträge zurück, die in den vergangenen Jahren in LITURGIE KONKRET DIGITAL erschienen sind und für die Druckfassung leicht überarbeitet wurden. Sie lassen sich in ihrer Mehrzahl auf herkömmliche Weise als Andachten bzw. Meditationsgottesdienste gestalten, leicht aber auch in eine andere Form bringen, etwa in die eines „Abendlobs". Soweit sie nicht vom Herausgeber selbst stammen, wurde der Name der Autoren angegeben; ihnen sei an dieser Stelle herzlich gedankt.

Die beiliegende CD-ROM enthält das komplette Buch im pdf-Format. Zur Nutzung dieser Dateien muss auf Ihrem Computer das kostenlose Programm Acrobat Reader® der Firma Adobe® installiert sein. Je eine Version für Windows- bzw. Macintosh-Computer finden Sie ebenfalls auf der CD-ROM. Darüber hinaus können Sie sich den für Ihr Betriebssystem aktuellen Acrobat Reader® von der WebSite www.adobe.de herunterladen. Alle Texte und Modelle werden zusätzlich als rtf-Dateien (Rich Text Format) angeboten, die sich direkt aus der pdf-Datei heraus aufrufen lassen. Sie können mit Ihrem Textverarbeitungsprogramm problemlos weiterbearbeitet und an die eigene Situation angepasst werden. Die auf der CD-ROM farbigen Bilder können Sie, ebenso wie die Lieder, bequem auf Handzettel oder Folien ausdrucken oder mit einem Beamer projizieren.

HERAUSGEBER Guido Fuchs, Liturgiewissenschaftler, Autor und Publizist, Herausgeber von LITURGIE KONKRET und LITURGIE KONKRET DIGITAL.

ZUM TITELBILD Das Bild auf dem Buch-Einband zeigt die Begegnung von Maria und Elisabet aus dem so genannten Albani-Psalter. Eine Meditation zu diesem Bild findet sich auf S. 163. Dieser Psalter, der wegen seiner außergewöhnlichen Illuminationen berühmt ist, wurde in der Abtei von St. Albans (England) wohl im 12. Jahrhundert geschaffen; heute ist das Buch im Besitz der Basilika St. Godehard in Hildesheim. Der Albani-Psalter enthält neben den 150 Psalmen (mit Initialen, in denen jeweils Schüsselszenen aus den Psalmen illustriert werden), Gebeten und Gesängen, einem Kalender und anderem mehr auch 40 ganzseitige Miniaturen aus dem Leben Christi. Einige von ihnen sind in vorliegendem Buch abgebildet und stellen u. a. die Grundlage für Gottesdienste mit Bildbetrachtung dar. Für die Ermöglichung des Abdruckes gilt der Dombibliothek Hildesheim herzlicher Dank.

Andachten im Weihnachts-festkreis

Komm, du Heiland aller Welt

Adventsandacht

ERÖFFNUNG   Der Herr wird kommen als König: / Kommt, wir beten ihn an. (GL 674,1)

LIED   Komm, du Heiland aller Welt (S. 25)

EINFÜHRUNG   Der Advent ist die Zeit des Wartens. Nicht nur auf Weihnachten. Die adventlichen Tage und Wochen drücken aus, dass wir Menschen oft Wartende sind, Erwartende. Wir warten, dass etwas geschieht, dass sich etwas ändert.

Wir Christen warten auf das Kommen des Reiches Gottes, das mit Jesus Christus unter uns angebrochen ist. Und wir warten auf Jesus Christus selbst, seine Geburt, die wir jährlich feiern, sein Kommen am Ende unserer Zeit. Wer ist es, den wir erwarten? Das Lied, das wir gesungen haben, nennt uns einige Kennzeichen des Erwarteten. Ihnen wollen wir in dieser Andacht nachspüren: dem Heiland; dem Sohn der Jungfrau; der Sonne; dem, der Gott und Mensch zugleich ist; dem Weg zum Vater.

1. Komm, du Heiland

SCHRIFTLESUNG   Lk 7,18–23

PSALMGEBET   Ps 147; GL 529,4 *mit GL 760,2 (wechselseitig sprechen)*

IMPULS   „Damals heilte Jesus viele Menschen ...“: Heilt er auch heute noch? Sicher nicht in dem Sinn, dass wir mit unseren körperlichen Gebrechen zu ihm kommen und schnelle Heilung erwarten. Die gibt es zwar auch gelegentlich, aber die eigentliche Heilung sieht anders aus. „Der Herr heilt die gebrochenen Herzen und verbindet ihre schmerzenden Wunden“, heißt es im Psalm (Ps 147,3). Der heilige Augustinus sagt dazu:

„Wer sind die mit gebrochenem Herzen? Die Einfachen. Und die, die kein gebrochenes Herz haben? Die Stolzen. Also wird das gebrochene Herz geheilt, das stolze, aufgeblähte Herz wird erniedrigt. Ja, wahrscheinlich wird es deshalb erniedrigt, damit es, wenn es gebrochen ist, wieder aufgerichtet und geheilt werden kann ...

Er heilt die gebrochenen Herzen und verbindet ihre schmerzenden Wunden': Mit anderen Worten, er heilt die von Herzen Demütigen, die bekennen, sich selbst Strafen auferlegen und ein strenges Urteil über sich fällen, um sein Erbarmen zu finden. Seht da, dieser heilt. Aber die vollkommene Gesundheit wird erst am Ende des derzeitigen sterblichen Zustandes erlangt werden, wenn unser hinfälliges Wesen mit Unverweslichkeit bekleidet und unser sterbliches Wesen mit Unsterblichkeit bekleidet sein wird." –

„Heiland" nennen wir den Herrn mit dem alten deutschen Wort und beschreiben damit auch unsere Hoffnung auf ihn. Machen wir uns vor ihm demütig, damit er auch uns aufrichten kann.

LIED   GL 105,1.4.6 (O Heiland, reiß die Himmel auf)

2. Komm, du Sohn der Jungfrau

SCHRIFTLESUNG   Lk 1,26–38

PSALM   Ps 24; GL 122,1.2 *(wechselseitig sprechen)*

IMPULS   Für Gott ist nichts unmöglich, sagt der Engel zu Maria. Das Unmögliche möglich machen ist auch die Botschaft des Weihnachtsfestes: Gott wird Mensch – eine Jungfrau wird Mutter. Wir sind uns des Paradoxons solcher Aussagen oft gar nicht mehr bewusst. Doch das Paradoxon ist vielleicht die angemessene Art, von dem eigentlich Unbegreiflichen zu sprechen, das Mysterium zu erhellen. Der Mensch Jesus ist Sohn einer Jungfrau – und damit erweist sich seine ganz andere, göttliche Herkunft. *„So will Gott werden Mensch"*, heißt es im Lied „Komm, du Heiland aller Welt".

Im Buch Ezechiel wird dem Propheten das verschlossene Osttor des Heiligtums gezeigt. Dann sagt der Herr zu ihm: Dieses Tor soll geschlossen bleiben, es soll nie geöffnet werden, niemand darf hindurchgehen; denn der Herr, der Gott Israels, ist durch dieses Tor eingezogen, deshalb bleibt es geschlossen" (Ez 44,2). Maria ist dieser heilige Tempel Gottes, dessen Tor verschlossen blieb und nur für Gott offen war: Jungfrau und Mutter Gottes.

LIED   Jungfrau und Mutter, schaue (S. 19)

3. Komm, du Sonne unseres Heiles

SCHRIFTLESUNG   Lk 1,68–70.78–79

PSALM   Ps 19; GL 713,1.2 *(wechselseitig sprechen)*

IMPULS   Die Sonne ist ein uraltes Symbol für Herrscher aller Art. Von ihnen ging früher Macht und Herrlichkeit aus wie die Strahlen einer Sonne. König Ludwig XIV. wurde sogar „Sonnenkönig" genannt. Menschen „sonnen" sich gern noch heute im Licht solcher Mächtigen, um etwas davon abzubekommen.

Jesus selbst hatte sich nicht als Sonne bezeichnet, und doch wurde er bald von den Menschen unter dem Bild der Sonne angerufen. Seine Selbstaussage: „Ich bin das Licht der Welt" mag dazu geführt haben und dass man in ihm die „Sonne der Gerechtigkeit" erkannte, deren Aufgang der Prophet Maleachi vorherverkündet hat.
Eine Sonne, deren Flügel, wie der Prophet sagt, Heilung bringen. Mehr noch Licht denen, die überschattet sind von Leid, Trauer, Verzweiflung, Krankheit, Tod. Ihnen will Jesus nachgehen, ihnen will er Licht sein, Wärme und Leben. Es ist ein schönes Zeichen, dass wir Jesu Geburt zur Zeit der winterlichen Sonnwende feiern, die unsere Tage wieder länger und heller werden lässt.

LIED   GL 644,1.4.6 (Sonne der Gerechtigkeit)

4. Komm, du Gott und Mensch zugleich

SCHRIFTLESUNG   Joh 14, 7–11

CANTICUM   Kol 1; GL 154 *(wechselseitig sprechen)*

IMPULS   Ob und wie Jesus Christus Gott und Mensch zugleich ist, war eine der großen Fragen der christlichen Antike. Nicht zuletzt deshalb hat Ambrosius, der große Bischof von Mailand, seinen Hymnus gedichtet, den wir als Lied „Komm, du Heiland aller Welt" immer noch singen. Denn bist heute stellt sich diese Frage vielen Menschen.

Ambrosius bekannte sich ganz klar dazu, dass wir in Jesus Gott und Mensch zugleich erkennen. Und wir singen dies auch immer wieder in vielen Liedern, nicht zuletzt zur Weihnachtszeit: „wahr' Gott und wahrer Mensch".

Und im Glaubensbekenntnis sprechen wir es auch aus. Wir glauben an Jesus Christus: „... Gott von Gott, Licht vom Licht, wahrer Gott von wahren Gott". Es ist gut, dass wir uns dessen immer versichern. Denn fällt es nicht auch uns gelegentlich schwer, zu glauben, was wir da sagen? Wenn wir uns auf die Geburt Jesu vorbereiten, dann hat das nur Sinn, wenn er mehr war als ein besonders heiligmäßiger Mensch. Wenn wir von ihm, unserem Heiland, den Weg zu Gott erfahren möchten, dann nur, weil er selbst Gott ist.

LIED   GL 617,1.3–4 (Nahe wollt der Herr uns sein)

5. Komm, du Weg zum Vater

SCHRIFTLESUNG   Joh 16,25–28

CANTICUM   Phil 2; GL 694 *(wechselseitig sprechen)*

IMPULS   Wir können das Kommen Gottes in unsere Welt nicht vollständig erfassen ohne unser Gelangen zu Gott. Jesus Christus stattet uns ja keinen Besuch ab und geht dann wieder; nein, so wie Jesus selbst wieder zu Gott zurückkehrte, von dem er seinen Ausgang nahm, so will er auch uns zu Gott führen. „Im Hause meines Vaters gibt es viele Wohnungen", sagte er den Jüngern; „wenn ich gegangen bin und einen Platz für euch vorbereitet habe, komme ich wieder und werde euch zu mir holen, damit auch ihr dort seid, wo ich bin" (Joh 14,2–3).

So ist der Weg Jesu auch ein Bild für unseren Weg. Wenn wir uns wie er von uns selbst frei machen, wenn wir offen für die Anliegen anderer Menschen sind und nach seinem Vorbild einander dienen, wird Gott auch uns erhöhen, das heißt zu sich führen. Das ist der Weg Jesu, deswegen sagt er auch: Ich bin der Weg, die Wahrheit und das Leben. Niemand kommt zum Vater außer durch mich.

LIED   GL 183 (Wer leben will wie Gott)

FÜRBITTEN UND VATERUNSER   Wir wollen den Herrn bitten um sein Kommen in unsere Zeit und zu den Menschen unserer zeit, besonders zu denen in Not-Zeiten, und rufen: Komm, du Heiland aller Welt!

- Zu den kranken und gebrechlichen Menschen, besonders zu denen, die daran schwer zu tragen haben.
- Zu den Menschen, die sich am Ende ihrer Möglichkeiten sehen, besonders zu den Menschen am Ende ihres Lebens.
- Zu den nachdenklichen und geduldigen Menschen, besonders zu denen, die deshalb als langsam und langweilig eingeschätzt und verlacht werden.
- Zu den adventlichen Menschen, besonders zu denen, die mit dir, ihrem Herrn, ihren Lebensweg gestalten möchten.
- Zu denen, die den Frieden suchen und die den Frieden versuchen, besonders zu denen, die dabei noch nicht gehört werden.
- Zu den Menschen, die mit wenig auskommen möchten, die den adventlichen Trubel meiden und deine Stille und dein Mehr suchen.
- Zu den Verstorbenen und zu allen, die um sie trauern, besonders zu jenen, deren Welt nach dem Tod eines lieben Menschen zerbrochen ist.

Barmherziger und guter Gott, du lässt uns nicht allein in unserem Suchen, du enttäuscht uns nicht in unserem Warten. Zu dir beten wir, wie Jesus es uns gelehrt hat: Vater unser ...

GEBET   Allmächtiger Gott, den Menschen, die auf dich warten, kommst du entgegen in Jesus Christus. Er ist unser Heiland, in ihm erkennen wir dein Wesen ganz und gar. Er ist Licht von deinem Licht, er will auch unser Dunkel hell machen und uns auf den Weg zu dir führen. In ihm danken wir dir heute und in Ewigkeit.

Jungfrau und Mutter, schaue

1. Jungfrau und Mutter, schaue / der Christenheite Not.
du blüh'nde Gerte Aarons, / aufgeh'ndes Morgenrot.

2. Ezechielis Pforte, / die nie ward aufgetan,
durch die der König hehre / ward aus- und eingelan.

3. So wie die Sonne scheinet / durchs ungebrochne Glas,
also gebar die Reine Christ, / die Magd und Mutter was.

T: Walter von der Vogelweide
M: zu singen nach GL 114 (Es kommt ein Schiff geladen)

S EID WACHSAM!

ZUR ERÖFFNUNG   GL 110,1–2 (Wachet auf)

EINFÜHRUNG   „Seid wachsam!", so ruft uns Jesus im Evangelium zu. Seid wachsam, damit die Sorgen des Alltags euch nicht verwirren und der Tag des Menschensohns euch nicht überrascht. Kein angenehmer Ruf, wo wir es uns doch hier in unserer Welt so bequem gemacht haben. Und keine einfache Aufforderung, wachsam zu sein in dieser hektischen Zeit, wo uns so viele Alltagsdinge in Beschlag nehmen – auch und gerade in der Adventszeit, die zur Vorbereitungszeit auf die Feier des Weihnachtsfestes wird.

Aber gerade deshalb scheint der Ruf „Seid wachsam!" genau die richtige Parole für die Adventszeit zu sein, damit wir nicht vergessen, uns auf die Ankunft unseres Herrn vorzubereiten. Nicht nur auf seine Ankunft vor 2000 Jahren, die wir in der Heiligen Nacht feiern, sondern auf seine zweite Ankunft, wenn er kommen wird, um uns und unsere Welt zu vollenden. Und auf die Ankunft unseres Herrn, die jeden Tag in unserem Leben geschieht, auch wenn wir ihn im Stress des Alltags oft überhören.

Aussetzung des Allerheiligsten

LIED   GL 546,1–2.7 (Gottheit tief verborgen)

GEBET

V1 Jesus Christus, am Beginn dieser Adventszeit sind wir hierher gekommen, um bei dir zu sein und wachsam zu werden für deine Gegenwart. Wir danken dir, dass du allezeit bei uns bist und uns in dieser Gebetszeit in der Gestalt des Brotes besonders nah sein willst.
Wir bitten dich, schenke uns eine tiefe Sehnsucht nach dir und Wachsamkeit, damit wir bereit sind, dich zu empfangen, wenn du bei uns ankommen willst.

V2 Jesus Christus, du bist gegenwärtig hier mitten unter uns mit deinem Leib. Wir danken dir, dass du uns immer wieder dieses Geschenk deiner ganz besonderen und einzigartigen Nähe machst.

Wir bitten dich, lass uns ankommen in deiner Gegenwart und wandle uns, damit wir in deiner Nähe Ermutigung und Stärkung erfahren können.

A Jesus, du rufst uns zu: „Seid wachsam!" Wir sollen wachen, weil wir die Stunde nicht kennen, in der du einst wiederkommen wirst, um uns zu dir zu holen in die ewige Gemeinschaft mit dir – und wachen, damit wir auch in den vielen scheinbar unwichtigen Momenten unseres Alltags aufmerksam werden, wenn du bei uns ankommen willst.

So wollen wir nun zu dir beten und um Wachsamkeit bitten für die verschiedensten Situationen unseres Lebens.

LIED GL 106,1 (Kündet allen in der Not)

Gebet um Wachsamkeit

1. Im Egoismus

V1 In vielen Situationen unseres Lebens sind wir blind vor Egoismus. Wir suchen unseren eigenen Vorteil und fragen nicht nach dem Wohl der Anderen. Trägheit und Selbstsucht hindern uns in unserem Einsatz für die Gemeinschaft und für unseren Glauben. Statt der Frage „Was kann ich dir Gutes tun?" stehen uns die Fragen „Und was nützt mir das? Was springt für mich dabei heraus?" oft näher.

V2 Jesus, du hast uns zur Nächstenliebe aufgerufen und uns durch dein Lebensvorbild gezeigt, wie diese Liebe aussehen kann. Wie du den Blinden gefragt hast: „Was willst du, dass ich dir tue", so rufst du auch uns heute zum wachsamen Blick für unseren Nächsten auf.

A Jesus, wir bitten dich, schenke uns wachsame Augen, die sehen, und Hände, die anpacken, wo Mitmenschen unsere Hilfe brauchen. Nimm Trägheit und Selbstsucht von uns und stärke uns, damit wir uns nicht durch faule Kompromisse eine Ausrede verschaffen, wo unser Tun gefragt ist.

LIED GL 106,2

2. Wo wir fremdgesteuert werden

V1 Viele Anforderungen werden tagtäglich von vielen Seiten an uns gestellt und machen uns oft schwer zu schaffen. Vieles wird von uns erwartet, in der Familie, in Arbeit und Beruf, in Gemeinwesen, im Verein.
Oft haben wir das Gefühl den Erwartungen und Ansprüchen, die an uns herangetragen werden, nicht mehr entsprechen zu können. Wir fühlen uns unter Druck und fremdgesteuert. Wir leben nicht unser Leben, sondern wir werden gelebt.

V2 Jesus, du willst, dass wir das Leben haben und dass wir es in Fülle haben. Oft scheint uns diese Zusage fern und unrealistisch, weil wir das Gefühl haben, im Erwartungsdruck unserer Umwelt unterzugehen. Wir fühlen uns unter Druck gesetzt oder setzen uns selbst unter Druck.
Oft vergessen wir dabei den Blick auf das, was du von uns erwartest, du, der Bruder und Freund, der uns kennt und nie zu viel von uns verlangt. Du setzt uns keinem Leistungsdruck aus.

A Jesus, wir bitten dich, lass uns bei allen Erwartungen unserer Umwelt nicht den Blick für das Wesentliche verlieren. Gib uns die Kraft zu hinterfragen, welchen Erwartungen wir wirklich entsprechen müssen und welchen nicht. Mache uns wachsam, damit wir bei all unserem Tun immer mehr fragen, was du in den verschiedenen Situationen unseres Lebens von uns erwartest.

LIED GL 106,3

3. Wo wir im Termindruck untergehen

V1 Wir stehen am Beginn der Adventszeit. Eigentlich sollte sie eine besinnliche Zeit sein. Doch vor lauter Feiern und Angeboten haben wir kaum Zeit, zur wirklichen Besinnung zu kommen. Ähnlich steht es auch in vielen anderen Situationen unseres Lebens. Aufgaben und Termine halten uns gefangen und nehmen uns die Wachsamkeit für uns selbst, für Mitmenschen, die uns brauchen, und für unseren Gott und Herrn.

V2 Jesus, du sagst zu uns: „Kommt alle zu mir, die ihr euch plagt und schwere Lasten zu tragen habt. Ich werde euch Ruhe verschaffen" (Mt 11,28). Ein Zuspruch, den wir nur zu oft vergessen. Viel zu hektisch scheint oft unser Alltag, so dass am Ende meist kaum mehr Zeit bleibt zur wirklichen Begegnung mit dir, zum Lesen deines Wortes oder zur Aussprache im Gebet mit dir.

A Jesus, wir bitten dich, gib uns die Kraft, im ständigen Termindruck nicht uns selbst zu verlieren. Schenke uns ein wachsames Ohr, damit wir deinen leisen Ruf im Lärm des Alltags nicht überhören. Gib uns Mut, innezuhalten, wo wir uns von unnötigen Terminen plagen lassen, und schenke uns eine tiefe Sehnsucht nach dir, der uns ruft und uns Ruhe verschaffen will.

LIED GL 106,4

4. In Resignation und Mutlosigkeit

V1 Es gibt Situationen in unserem Leben, die zwingen uns in die Knie. Not, Sorge, Trauer und Leid verdunkeln unser Leben. Jedes Hoffnungslicht scheint ausgelöscht. Gerade im Alter fühlen wir uns oft hilflos und schwach. Eigene Gebrechen und das Gefühl der Einsamkeit entmutigen und lassen resignieren.

V2 Jesus, du bist der Arm, der den Schwachen stützt. Du hast uns zur Hoffnung berufen. Weil du als Mensch alle Situationen des Lebens durchlebt hast bis hin zu deinem Tod am Kreuz, dürfen auch wir darauf vertrauen, dass dir unsere Not und unser Leid nicht fremd sind, sondern dass du uns gerade in diesen Situationen besonders nahe bist.

A Jesus, wir bitten dich, lass uns nicht mutlos werden, wo Not und Leid uns erdrücken. Schenke uns trotz allem Elend und der Erfahrung der eigenen Begrenztheiten einen wachsamen Blick für dich, der du gerade in diesen Leiderfahrungen besonders bei uns sein willst. Stärke unseren Glauben, damit wir allzeit Hoffnung und Kraft schöpfen können bei dir.

LIED GL 106,5

Abschluss

Bitten und Fürbitten   Christus lädt uns ein, zu ihm zu kommen und alles vor ihn zu bringen, was uns plagt und beschäftigt. So lasst uns beten: Herr, schenke uns Wachsamkeit.

- Herr, wir bitten um Wachsamkeit für dich in unserem eigenen Leben. Egoismus, Selbstsucht, Termindruck, Erwartungen, aber auch Not und Leid hindern uns daran, aufmerksam zu sein für deine Nähe. – Ebenso scheinst du oft vergessen, wenn es uns gut geht, wenn scheinbar alles rund läuft und wir dich nicht zu brauchen meinen. So bitten wir: Herr, ...
- Wir bitten um Wachsamkeit für alle Menschen, die auf der Suche nach ihrem Lebensweg und Lebensziel sind, dass sie in all den lauten Tönen unserer Zeit deinen leisen Anruf hören können.
- Wir bitten um Wachsamkeit für alle Menschen, die dich noch nicht kennen, damit sie offene Ohren haben, wo Menschen von dir sprechen. Lass sie die Zeichen deiner Gegenwart erkennen.
- Wir bitten um Wachsamkeit für unsere Kirche und alle, die in ihr eine Aufgabe übernommen haben, dass sie die Zeichen der Zeit erkennen, sie zu deuten lernen und Mut finden zu notwendigen Veränderungen.

- Wir bitten um Wachsamkeit für uns und unsere Gemeinde, damit wir sehen, wo andere Menschen Hilfe brauchen; dass wir Wege finden zum Miteinander statt zum Gegeneinander. Lehre uns, die Würde des Menschen zu achten, der auf dein Gleichbild hin geschaffen wurde.
- Wir beten in Stille für in unseren Anliegen und für alle Menschen, mit denen wir uns verbunden wissen. Bitten wir Gott dabei um die notwendige Wachsamkeit für die kommende Adventszeit in unserem Alltag: Um Wachsamkeit für uns selbst, um Wachsamkeit, wo Gott uns im Nächsten begegnen will und unsere Hilfe braucht, und um Wachsamkeit, wo Gott selbst in unserem Leben ankommen will.

Stilles Gebet; meditative Musik

Gebet   Herr Jesus Christus, wir danken dir für deine Nähe, die du uns allezeit schenken willst und die wir in dieser Gebetszeit in deiner Gegenwart besonders spüren durften.

Wir bitten dich, mache uns offen für deine Botschaft und dein Wort. Mehre unsere Sehnsucht nach dir, damit wir mit wachem Herzen deine Ankunft in unserem Leben erwarten, jetzt in dieser Adventszeit und alle Tage unseres Lebens, bis du einst wiederkommst in Ewigkeit.

Es segne Gott uns und alle Menschen, mit denen wir uns verbunden wissen, an diesem Abend und in der kommenden Adventszeit, damit wir unsere Herzen bereiten für die Ankunft unseres Retters Jesus Christus. Er stärke und beschütze uns in dieser Zeit, damit wir mit frohem Herzen und in freudiger Erwartung Weihnachten feiern können.
So segne uns der dreifaltige Gott: der Vater ...

ZUR EINSETZUNG   O komm, o komm, Immanuel (GL-Diözesananhänge)
Norbert Becker

Komm, du Heiland aller Welt

1. Komm, du Heiland aller Welt;
Sohn der Jungfrau, mach dich kund.
Darob staune, was da lebt:
Also will Gott werden Mensch.

2. Nicht nach eines Menschen Sinn,
sondern durch des Geistes Hauch
kommt das Wort in unser Fleisch
und erblüht aus Mutterschoß.

3. Es erwählt der Jungfrau Leib;
ob er schon verschlossen war,
nahm der Herr doch Wohnung drin.
Gott in seinem Tempel weilt.

4. Wie die Sonne sich erhebt
und den Weg als Held durcheilt,
so erschien er in der Welt,
wesenhaft ganz Gott und Mensch.

5. Von dem Vater kam er her,
und zum Vater kehrt' er heim;
er stieg nieder bis zur Höll
und fuhr auf zu Gottes Thron.

6. In die menschliche Natur
legt sein göttlich Wesen er,
gibt ihr teil an seinem Sieg
und schenkt neu ihr seine Kraft.

7. Glanz strahlt von der Krippe auf,
neues Licht entströmt der Nacht.
Nun obsiegt kein Dunkel mehr,
und der Glaube trägt das Licht.

8. Gott dem Vater Ehr und Preis
und dem Sohne Jesus Christ;
Lob sei Gott dem Heilgen Geist
jetzt und ewig. Amen.

25

T: Ambrosius von Mailand   Ü: Markus Jenny (1971)
© *Theologischer Verlag Zürich*

Lasst eure Lampen brennen
Bußandacht im Advent

Zur Eröffnung   GL 110,1 (Wachet auf)

Einführung   Die Zeit des Advent – für viele ist sie eine frohe und schöne Zeit mit Vorgeschmack auf das Weihnachtsfest im wahrsten Sinn des Wortes. Wir wollen heute den Advent in seiner ernsten, stillen und besinnlichen Bedeutung wahrnehmen, um innezuhalten auf dem Weg, der uns der Geburt Christi entgegenführt. Der Herr will uns wie ein Bräutigam umwerben, er kommt uns entgegen – wie bereit sind wir für seine Ankunft? Ein Bild kann uns bei dieser Schau auf uns selbst helfen – es ist das Bild einer Öllampe, die auch im Evangelium ein Bild und Zeichen der Bereitschaft ist.

Werden wir still und wenden wir uns unserem Herrn Jesus Christus zu. –

Stille

Psalm   Ps 24; GL 119,2 *mit* GL 122,2 *(wechselseitig sprechen oder singen)*

Stille

Psalmgebet   Herr, unser Gott, wir wollen unser Herz öffnen, damit dein Sohn Einzug halten kann in uns; wir wollen unser Herz rein und lauter machen, damit wir sein Heil erfahren und seinen Segen: Er ist der König der Herrlichkeit.

Lesung   Eph 5,1.8–15

Wechselgebet   Höre, Tochter, sieh her und neige dein Ohr, *
vergiss dein Volk und dein Vaterhaus!

Der König verlangt nach deiner Schönheit; *
er ist ja dein Herr, verneig dich vor ihm!

Die Töchter von Tyrus kommen mit Gaben, *
deine Gunst begehren die Edlen des Volkes.

Die Königstochter ist herrlich geschmückt, *
ihr Gewand ist durchwirkt mit Gold und Perlen.

Man geleitet sie in bunt gestickten Kleidern zum König, *
Jungfrauen sind ihr Gefolge.

Man geleitet sie mit Freude und Jubel, *
sie ziehen ein in den Palast des Königs.

Ps 45,11–16

EVANGELIUM   Mt 25,1–13

BESINNUNG   *(mit Bild oder einer realen Öllampe)*

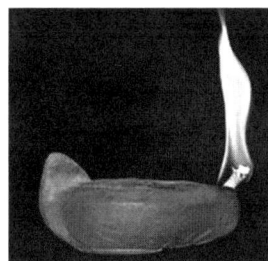

Manchmal zünde ich meine Öllampe an.
Sie besteht aus gebranntem Ton,
in ihrem hohlen Bauch befindet sich Öl,
aus einer Öffnung schaut der Docht heraus,
die andere Öffnung dient zum Einfüllen des Öls.
Ihre Flamme ist nach dem Anzünden groß,
wird aber bald klein und rußt ein wenig.
Sie verbreitet eine friedliche, besinnliche Atmosphäre.
Wenn ich sie länger anschaue, komme ich zur Ruhe.
Dann ist mir oft, als stelle sie mir Fragen
nach mir selbst und meinem Tun,
nach meinen Zielen,
nach dem Sinn.
Sie zwingt mich in ihren Bann
und fordert mich zum Nachdenken heraus.
So hilft mir die Öllampe,
in der Geschäftigkeit des Alltags
zu mir selbst zu kommen –

und ganz heimlich und von selbst
auch zu den anderen und zu Gott.

Die Flamme meiner Öllampe
ist zwar klein und unscheinbar,
aber doch unübersehbar
und man meint sie sogar zu riechen,
auch wenn es in Wirklichkeit
das verbrennende Öl ist, das ich rieche.
Wie die Stadt auf dem Berg
weithin zu sehen ist,
so ist es mit dem Menschen,
der sich nicht versteckt,
sein Licht nicht unter den Scheffel stellt.
So ist es mit dem,
der sein Christsein nicht versteckt,
sondern ganz selbstverständlich lebt,
nicht um aufzufallen,
sondern um sich und seinem Glauben
treu zu bleiben.
Er wird zum Licht in der Welt
und legt Zeugnis ab.

Unaufhörlich und beständig
saugt der Docht das Öl in die Flamme,
um sie zu speisen.
Aber das Öl wird weniger
und geht irgendwann zu Ende.
Dann wird die Flamme immer schwächer,
um schließlich zu verlöschen.
Ich muss also rechtzeitig Öl nachgießen.
So ist es auch mit mir und meinem Glauben.
Ich muss ihm immer wieder Nahrung zuführen,
wenn er nicht sterben soll.
Die Nahrung, die meinen Glauben lebendig erhält
und seine Kraft stärkt,
ist Christus, der sich mir gibt
in seinem Wort und im Sakrament,
den ich erfahre, wenn ich mich auf ihn einlasse
und seinem Wort nachgehe,

den ich erfahre in der Gemeinschaft derer,
die an ihn glauben.
Auch die schönste Stadt auf dem Berg verfällt,
wenn ihre Häuser nicht restauriert werden.

IMPULSE ZUR GEWISSENERFORSCHUNG   Die kleine Öllampe lässt uns
über uns selbst und unsere Beziehung zu Gott nachdenken:
- Sie hilft mir, in der Geschäftigkeit zu mir zu kommen und mich zugleich
  von mir zu lösen. – Wo komme ich mit Gott in Begegnung, wo suche ich
  ihn, wie sehr lasse ich mich auf ihn und sein Wort ein?
- Sie lehrt mich, rechtzeitig Öl nachzugießen. Wie nähre ich mein
  Glaubensleben, wie erhalte ich die Flamme meines Glaubens am
  Leuchten?
- Auch wenn die Öllampe klein ist, soll man das Licht nicht unter den
  Scheffel stellen. Wo und wie setze ich mich für meinen Glauben an Gott
  ein, wie lebe ich das Evangelium?
- Sie ist ein Zeichen für die Wachsamkeit. – Bin ich bereit, meinem Gott
  zu begegnen? Wird er mich als „klug" bezeichnen wie den klugen Knecht
  oder die klugen Jungfrauen?
- ...

Stille

SCHULDBEKENNTNIS   Gott allein weiß, was uns von ihm trennt. Wir wollen ihn um Vergebung bitten für all das, was wir falsch gemacht oder unterlassen haben, wo wir fehlten oder zu träge waren. Er kann unsere Not wenden.

Als Schuldbekenntnis   Ps 130; GL 82 *oder* GL 191 *(abwechselnd sprechen)*

VERGEBUNGSZUSAGE   Gott hat sich unser erbarmt; sein Sohn ist für uns
Mensch geworden, um uns zu ihm zu führen. Er will uns umkleiden mit dem
Gewand der Gerechtigkeit, damit wir voll Freude teilhaben können an der
großen Feier des göttlichen Bräutigams. So dürfen wir in Dankbarkeit und
Freude singen.

LIED   GL 110,3

ZUM VATERUNSER   Ahmt Gott nach als seine geliebte Kinder, lautete die Aufforderung in der Lesung aus dem Brief an die Epheser. Das ist auch ein Zuspruch; als Gottes Kinder dürfen wir daher zu ihm sprechen:
Vater unser ...

ZUM FRIEDENSGRUSS   Mit Gott versöhnt, wollen wir uns auch untereinander das Zeichen des Friedens Gottes weitergeben: Christus selbst ist es, der unter uns und in uns bei seinem Kommen immer mehr diesen Frieden ausbreiten möchte.

SCHLUSSGEBET   Guter Gott, du hast uns Vergebung geschenkt; du hast unser Inneres mit dem Licht deiner Gnade erfüllt. Bleibe bei uns, lass es nicht erlöschen und zeige uns die Wege, wie wir die Lampen unseres Glaubens bereit halten können. Darum bitten wir durch Christus, den Bräutigam, den wir erwarten, deinen Sohn, unseren Bruder und Herrn.

ENTLASSUNG UND SEGEN   Der Herr, er kommt um Mitternacht – jetzt ist noch alles still. Wohl dem, der nun bereit sich macht und ihm begegnen will!
    Dazu segne euch der allmächtige Gott: der Vater ...

LIED   GL 107,5 (Macht hoch die Tür)
Werner Eizinger (Meditation) / Guido Fuchs

Lasst uns loben

1. Lasst uns loben, freudig loben / Gott, den Herrn, der dich erhoben und so wunderbar erwählt: / Du, Maria, sollst uns werden Mutter Christi hier auf Erden – / sprich dein Ja für alle Welt!

2. Tu dich auf, Gefäß der Gnade, / alle Tore, alle Pfade, alle Kammern öffne weit! / Fürcht nicht menschliches Ermatten, Gottes Kraft wird dich umschatten, / ewig wirst du Jungfrau sein.

3. Hör der Menschen wehes Klagen, / sprich ein Wort und es wird tagen, mache deine Tore weit! / Schon will sich der Himmel neigen, Gottes Sohn wird niedersteigen / Und du sollst ihm Mutter sein.

T: Str. 1 G. Fuchs, Str. 2–3 aus dem nächtlichen Stundengebet des 1. Adventssonntags
M: zu singen nach GL 637 (Lasst uns loben)

TAUET, IHR HIMMEL – ÖFFNE DICH, ERDE
Rorate-Rosenkranz-Andacht

ERÖFFNUNG   Lasst uns loben, freudig loben (S. 30) *oder* Tauet, Himmel, den Gerechten (GL-Diözesananhänge)

EINFÜHRUNG   In den Rorategottesdiensten beten wir mit den Worten des Propheten Jesaja „Tauet, ihr Himmel, von oben, ihr Wolken, regnet herab den Gerechten. Tu dich auf, o Erde, und sprosse den Heiland hervor." Maria ist die Erde, die sich öffnet und den Heiland wie eine Blume hervorbringt. Wir wollen den Worten des Propheten im Rosenkranzgebet nachsinnen; in diesem Mariengebet ist ja wie ein Keim ein Christusbild verborgen.

1. Tauet, ihr Himmel, von oben

SCHRIFTWORT   Ich werde für Israel da sein wie der Tau, damit es aufblüht wie eine Lilie und Wurzeln schlägt wie der Libanon. Seine Zweige sollen sich ausbreiten, seine Pracht soll der Pracht des Ölbaums gleichen und sein Duft dem Duft des Libanon.   *Hos 14,6–7*

GESÄTZ   Jesus, der wie der Morgentau zu uns kommt.

LIEDSTROPHE   Maria, sei gegrüßt, 1 (S. 33) *oder* GL 105,1 (O Heiland, reiß die Himmel auf)

2. Regnet, ihr Wolken, herab den Gerechten

SCHRIFTWORT   Denn wie der Regen und der Schnee vom Himmel fällt und nicht dorthin zurückkehrt, sondern die Erde tränkt und sie zum Keimen und Sprossen bringt, wie er dem Sämann Samen gibt und Brot zum Essen, so ist es auch mit dem Wort, das meinen Mund verlässt: Es kehrt nicht leer zu mir zurück, sondern bewirkt, was ich will, und erreicht all das, wozu ich es ausgesandt habe.   *Jes 55,10–11*

GESÄTZ   Jesus, das Wort Gottes, das uns Gerechtigkeit schenkt.

LIEDSTROPHE   Maria, sei gegrüßt, 2 *oder* GL 105,2

3. Sprosse, du Erde, den Heiland hervor

SCHRIFTWORT   Es begegnen einander Huld und Treue; Gerechtigkeit und Friede küssen sich. Treue sprosst aus der Erde hervor; Gerechtigkeit blickt vom Himmel hernieder. Auch spendet der Herr dann Segen und unser Land gibt seinen Ertrag.   *Ps 85,11–13*

GESÄTZ   Jesus, den du, Maria, uns hervorsprossen ließest.

LIEDSTROPHE   Maria, sei gegrüßt, 3 *oder* GL 105,3

4. Sucht, ihr Leidenden, den Heiland

SCHRIFTWORT   Als die beiden Männer zu Jesus kamen, sagten sie: Johannes der Täufer hat uns zu dir geschickt und lässt dich fragen: Bist du der, der kommen soll, oder müssen wir auf einen andern warten?

Damals heilte Jesus viele Menschen von ihren Krankheiten und Leiden, befreite sie von bösen Geistern und schenkte vielen Blinden das Augenlicht. Er antwortete den beiden: Geht und berichtet Johannes, was ihr gesehen und gehört habt: Blinde sehen wieder, Lahme gehen, und Aussätzige werden rein; Taube hören, Tote stehen auf, und den Armen wird das Evangelium verkündet. (Lk 7,20–22)

GESÄTZ   Jesus, der uns als Heiland begegnet.

LIEDSTROPHE   Maria, sei gegrüßt, 4 *oder* GL 105,4

5. Erwartet, ihr Trostlosen, den Herrn

SCHRIFTWORT   Als er das gesagt hatte, wurde er vor ihren Augen emporgehoben, und eine Wolke nahm ihn auf und entzog ihn ihren Blicken. Während sie unverwandt ihm nach zum Himmel emporschauten, standen plötzlich zwei Männer in weißen Gewändern bei ihnen und sagten: Ihr Männer von Galiläa, was steht ihr da und schaut zum Himmel empor? Dieser Jesus, der von euch ging und in den Himmel aufgenommen wurde, wird ebenso wiederkommen, wie ihr ihn habt zum Himmel hingehen sehen. *Apg 1,10–11*

GESÄTZ   Jesus, dessen Wiederkunft wir erwarten.

LIEDSTROPHE   Maria, sei gegrüßt, 5 *oder* GL 105,6

SCHLUSSLIED   GL 114,1–3 (Es kommt ein Schiff)

Maria, sei gegrüßt

1. Maria, sei gegrüßt
mit deinem lieben Sohn.
Wie Tau komm' er herab,
erfrische unsern Geist,
wie uns die Schrift verheißt.
Bitt Gott für uns, Maria.

2. Maria, sei gegrüßt
mit deinem lieben Sohn,
der Gottes heilges Wort
mit Kraft verkündet hat,
bezeugt hat in der Tat.
Bitt Gott für uns, Maria.

3. Maria, sei gegrüßt
mit deinem lieben Sohn,
den du zur Welt gebracht:
Aus Erdenstaub und -leid
sprosst Himmelsseligkeit.
Bitt Gott für uns, Maria.

4. Maria, sei gegrüßt
mit deinem lieben Sohn,
der unser Heiland ist,
in unsrer Mitte weilt,
uns tröstet, stärkt und heilt.
Bitt Gott für uns, Maria.

5. Maria, sei gegrüßt
mit deinem lieben Sohn,
Er kommt, wie er versprach,
am Ende aller Zeit
in großer Herrlichkeit:
Bitt Gott für uns, Maria.

T: Hans-Dieter Fischer
M: zu singen nach GL 590

O KOMM!
Andachten zu den O-Antiphonen – in Art einer Novene

VORBEMERKUNG   Die folgenden sieben Abschnitte können als selbstständige Andachten ab dem 17. Dezember in Art einer Novene vor Weihnachten gehalten werden. In ihrer Mitte steht die Erschließung der gesungenen Magnificat-Antiphonen (GL 112 oder aus dem Antiphonale bzw. Christuslob), die durch Gebete und Lieder ergänzt wird.

1. O Weisheit – 17. Dezember

ZUR ERÖFFNUNG   GL 107,1–2 (Macht hoch die Tür)

KYRIE-RUFE   Herr Jesus Christus,
du bist die göttliche Weisheit.
Du bist der Anfang und das Ende.
Du bist es, der kommen wird.

GEBET   Tagesgebet vom 17. Dezember (MB 25)

LESUNG   Weish 7,26–29a (GL 772,1)

GESANG   GL 112,1–2 *oder* Magnificat-Antiphon vom 17. Dezember

IMPULS   Eine der ehemals größten und bedeutendsten Kirchen der Christenheit, die Hagia Sophia (Heilige Weisheit) im heutigen Istanbul, ist nicht einer Eigenschaft des Geistes oder einer heiligen Frau geweiht, sondern Christus, der göttlichen Weisheit. Was ist Weisheit?

Weisheit ist mehr als Lebensklugheit und Erfahrung zunehmenden Alters; Weisheit ist Einsicht in die Weltläufe, die Natur und ihre Gesetze. Es ist die Schau der Harmonie der Schöpfung und die Erkenntnis ihrer Vollendung durch den Schöpfer, „der die Himmel in Weisheit gemacht hat" (Ps 136,5). Weisheit liegt allem Tun Gottes zugrunde und durchwaltet das All; sie ist Kosmos, d. h. Schönheit, Ordnung, Gesetzmäßigkeit. Gott selbst schafft sie vor allen Dingen, sie geht aus seinem Munde hervor (Sir 24,3) und wird zu einer eigenen Person neben ihm. Bei der Erschaffung der Welt ist sie bereits zugegen: „Als er den Himmel baute, war ich dabei, als er den Erdkreis abmaß über den Wassern, da war ich als geliebtes Kind bei ihm" (Spr 8,27). Sie ist Ausdruck seines heilvollen Tuns, „Widerschein des ewigen Lichtes, der ungetrübte Spiegel von Gottes Kraft, reiner Ausfluss der Herrlichkeit des Allherrschers" (Weish 7,26). So ist sie als Abbild seines Wesens in ihrer Macht auch nicht zerstörerisch und gewalttätig, viel mehr durchwaltet sie „voll Güte das All" (Weish 8,1). Gestalt gewann sie in der Form des „Gesetzes" (Thora) der Juden, sie lebt im rechten Verhalten der Menschen untereinander und zu Gott. Doch erst in der Person Jesu Christi nahm sie auch Fleisch an.

Als Ebenbild des unsichtbaren Gottes kam Christus nicht in die Welt, um Gewalt auszuüben, sondern um in Milde alles zu versöhnen: „Nehmt mein Joch auf euch, denn ich bin gütig und von Herzen demütig; so werdet ihr Ruhe finden für eure Seele" (Mt 11,29). Christus, die göttliche Weisheit. Mit dieser Antiphon wird um sein Kommen gerufen, um endgültige Wiederkunft: „Komm und führe uns auf den Weg der Klugheit!"

Sonderbar – was vermag angesichts der Weisheit Gottes die Klugheit des Menschen? Nach den Worten Jesu benötigt der Mensch bei der Erwartung seiner Wiederkunft diese Klugheit. Klug nennt er diejenigen der zehn Jungfrauen, die bei der Ankunft des Bräutigams genug Öl bei sich führen, um zum Hochzeitsmahl zugelassen zu werden (Mt 25,1–13). Klug ist jener Knecht, den der Herr bei seinem unerwarteten Eintreffen wachend und beschäftigt findet (Mt 24,45–51). Klugheit ist Wachsamkeit, Bereitschaft im Sinne jenes Mannes, der seine Habe verkauft, um sich einen Schatz im Himmel zu sichern, wo ihm weder Wurm noch Dieb etwas anhaben können.

Jesus wertet Klugheit anders, als die Welt dies tut: Nicht auf Macht und Geltung vor den Menschen soll sie zielen, sondern auf Armut, Sanftmut und Barmherzigkeit. Hier begegnen sich die Klugheit des Menschen und die Weisheit Gottes: „Hat Gott nicht die Weisheit dieser Welt als Torheit entlarvt? Das Törichte hat Gott erwählt, um die Weisen zuschanden zu machen" (1 Kor 1,20.27). Der Weg der Klugheit ist der Weg der Umkehr. Nicht der Weisheit der Welt, vielmehr der göttlichen Weisheit gilt menschliches Sehnen: Jesus Christus, dessen Menschwerdung wir besingen, um dessen Wiederkunft wir beten. – Komm, göttliche Weisheit, führe uns auf den Weg der Klugheit!

FÜRBITTEN GL 772,1

SCHLUSSLIED GL 567 (Der Herr bricht ein um Mitternacht)

2. O Adonai – 18. Dezember

ZUR ERÖFFNUNG   GL 106 (Kündet allen in der Not)

KYRIE-RUFE   Herr Jesus Christus,
du bist der, nach dem wir ausschaun.
Du schenkst uns dein neues Gebot.
Du kannst uns zur Freiheit befreien.

GEBET   Tagesgebet vom 18. Dezember (MB 26)

LESUNG   Dtn 30,10a.11.14 (GL 772,2)

GESANG   GL 112,1.3 *oder* Magnificat-Antiphon vom 18. Dezember

IMPULS   Verschiedene alttestamentliche Bezüge finden sich in diesem Gesang: Der brennende Dornbusch, die Gotteserscheinung am Berge Horeb, die Anrede Gottes – „Adonai" bedeutet soviel wie: mein Herr, mein Gebieter. Der „Berg des Gesetzes" erinnert an die Wüstenwanderung der Israeliten und den Bund zwischen Gott und dem „Haus Israel" auf dem Berg Sinai. Schließlich beschwört die Wendung „mit ausgestrecktem Arm" die Erinnerung an die Herausführung Israels aus Ägypten und den Durchzug durch das Rote Meer. So stellt uns diese Antiphon Mose und den Auszug aus Ägypten vor Augen.

Mit solchen Vor-Bildern versuchten die Christen aller Zeiten, die Gestalten und Geschehnisse aus dem Neuen Testament zu deuten und zu erklären. So gilt die Anrede Jahwes „O Adonai" auch dem Sohn, denn er ist der „Gleichanfanglose", der „Einsseiende" mit dem Vater. Der Durchzug durch das Rote Meer wird erkannt als Vorbild des österlichen Sakraments der Taufe, in der wir mit Christus gestorben sind. Und das Bild des ausgestreckten Arms, mit dem Jahwe seinem Volk voranschritt, findet seine Erfüllung in den am Kreuz ausgestreckten Armen, mit denen uns Christus erlöste. So weisen alle diese Vorbilder auf das zentrale Ereignis unseres Glaubens: auf Ostern.

Die Antiphon „O Adonai" ist österlich und doch zugleich adventlich, denn in ihr wird die Hoffnung auf die Ankunft des Herrn ausgesprochen: O komm und erlöse uns! Wurde die Wiederkunft des gekreuzigten und auferstandenen Herrn früher vor allem an Ostern erwartet, so gemahnt uns die Adventszeit daran, allzeit wachsam zu sein, denn wir wissen weder Tag noch Stunde seines Kommens. Im Dunkel des Advents leuchtet dieses Osterlied auf, Mahnung und Zuversicht zugleich.

Und im Kern bleibt dieses adventliche Osterlied sehr weihnachtlich; den unverbrannten Dornbusch deuteten die Väter auf Maria, die Mutter wurde und doch Jungfrau blieb. „Vorüberging der Schatten des Gesetzes, als die Gnade kam. Denn wie der Dornbusch, da er brannte, nicht verbrannte, so gebarst Du, Jungfrau, und bliebst doch Jungfrau. Statt der Feuersäule ging auf die Sonne der Gerechtigkeit, statt Mose kam Christus, die Rettung unserer Seelen" (byzantinischer Hymnus). – Komm, o Herr, und befreie uns!

FÜRBITTEN   GL 772,2

SCHLUSSLIED   GL 262,1.3 (Nun singt ein neues Lied dem Herren)

3. O Wurzel Jesse – 19. Dezember

ZUR ERÖFFNUNG   GL 108 (Komm, du Heiland aller Welt)

KYRIE-RUFE   Herr Jesus Christus,
du Zeichen, das aufgerichtet wird vor den Völkern.
Vor dir beugen die Könige ihre Knie.
Du Sohn Davids.

GEBET   Tagesgebet vom 19. Dezember (MB 27)

LESUNG   Jes 11,10.12 (GL 772,3)

GESANG   GL 112,1.4 *oder* Magnificat-Antiphon vom 19. Dezember

IMPULS   Zu den Bildern, mit denen uns das Kommen des Herrn verdeutlicht wird, gehört auch das Bild von der „Wurzel Jesse". Wir kennen es aus verschiedenen Kirchenliedern, vor allem aus dem Weihnachtslied „Es ist ein Ros' entsprungen". Doch so bekannt dieser Ausdruck „Wurzel Jesse" auch ist – wer weiß schon, was es mit dieser Wurzel für eine Bewandtnis hat? Und wer ist jener Jesse, „von dem die Alten sungen"? Der Prophet Jesaja gibt uns die Antwort.

Jesaja hat den Auftrag, das Gericht über Israel zu verkünden: Nach der Exilierung des Volkes wird das Land leer werden, und findet sich noch ein Zehntel der Bevölkerung darin, „so soll auch dieses wiederum der Vernichtung anheimfallen, wie bei der Eiche nur der Stumpf bleibt, wenn man sie

fällt" (Jes 6,13). Doch aus diesem Stumpf – und damit beginnt seine Heils-
verkündigung – wird neues Leben ausschlagen: Ein Reis wird aus dem Wur-
zelstock Isais ausschlagen, ein Schössling wird aus seinen Wurzeln sprossen.
Und die Wurzel Isais wird dastehen als Banner für die Völker, die kommen
werden und es aufsuchen (Jes 11,10). – Isai, Jesse, war der Vater Davids. Der
Prophet will also sagen: Aus dem Hause Davids wird nach dem Ende des
Gerichts der Heilbringer erscheinen. Und dieser Friedensfürst wird aus der
Furcht des Herrn heraus Israel wieder zu Größe führen.

Der Evangelist Matthäus erkannte mit der Geburt Christi diese Prophezeiung als erfüllt; er ließ die Heilsgeschichte ihren Weg von Abraham über
Isai und David bis hin zu Jesus nehmen, in dreimal vierzehn Geschlechtern
(Mt 1,1–17). Dieser Geschlechterfolge ist auch das Bild von der Wurzel Jesse,
das wir in der christlichen Kunst finden, nachempfunden: In dreimal vierzehn Geschlechtern rankt sich der Spross aus dem Leib des schlafenden Jesse
um seine Blüte: der Geburt des Messias aus der jungfräulichen Mutter Maria.
Viele Kirchenväter und Hymnendichter haben das Bild von der Wurzel Jesse
näher ausgedeutet: das Reis (lateinisch: virga), ist die Jungfrau (lateinisch:
virgo) Maria; der Schössling (flos) ist Christus.

Diese heutige Antiphon ist in ihrem Wesen ganz weihnachtlich. Am Fest
der Darstellung des Herrn wird dieser Gedanke der Antiphon nochmals an-
klingen: Christus, das Licht zur Erleuchtung der Völker, ist das Zeichen, dem
widersprochen wird (Lk 2,34). – Komm und erlöse uns, verweile nicht länger!

FÜRBITTEN   GL 772,3

SCHLUSSLIED   GL 554,1.7 (Wie schön leuchtet der Morgenstern)

4. O Schlüssel Davids – 20. Dezember

ZUR ERÖFFNUNG   GL 105 (O Heiland, reiß die Himmel auf)

KYRIE-RUFE   Herr Jesus Christus,
du bist die Tür, die uns Zugang gibt zu Gott.
Du bist der Weg, der zum Leben führt.
Du bist die Wahrheit, die uns frei macht.

GEBET   Tagesgebet vom 20. Dezember (MB 28)

LESUNG   Jes 22,22–23; 49,8–9 (GL 772,4)

GESANG   GL 112,1.5 *oder* Magnificat-Antiphon vom 20. Dezember

IMPULS   „Er hat bei uns eine Schlüsselposition inne ...“ Schlüssel und Macht gehören zusammen: Wer einen Schlüssel hat, besitzt die Macht, zu öffnen und zu schließen, Zugang zu gewähren oder zu verwehren. Im Buch Jesaja wird die Einführung eines Beamten am Königspalast geschildert, der dort die Stellung eines Türhüters einnimmt. Zum Zeichen seiner Aufgabe und Würde wird ihm ein Schlüssel überreicht, ja er wird ihm auf die Schultern gelegt – vielleicht ein Schließbalken, der von innen die ganze Tür festhält, und den er sich auf seine Schultern lädt: Er „trägt“ die Verantwortung.

Diese Macht, Zutritt zu Gott zu gewähren, hat nach den Worten der Offenbarung des Johannes Jesus Christus inne, denn er hat „eine Tür geöffnet, die niemand mehr schließen kann“ (Offb 3,8). Christus besitzt nicht nur den Schlüssel zum Zugang zum Haus seines Vaters, der Zugang ist untrennbar an seine Person, an sein Wort, an das Festhalten an ihn geknüpft, ja er selbst ist der Zugang, wie er sagt: „Ich bin die Tür. Wer durch mich hineingeht, wird gerettet werden“ (Joh 10,9).

Denjenigen, die im Glauben an ihn festhalten, öffnet Christus die Tür und nimmt sie mit sich hinein in den königlichen Festsaal. Diejenigen aber, die nicht wachsam sind, die den Glauben an sein Kommen verlieren, stehen vor verschlossenen Türen. Die klugen und die törichten Jungfrauen sind ein Bild für uns, die wir auf das endgültige Kommen Christi warten: „O Heiland reiß die Himmel auf, reiß ab vom Himmel Tür und Tor, reiß ab, wo Schloss und Riegel vor“ singen wir in diesen Tagen, und in der Gewissheit der Öffnung des Paradieses durch die Menschwerdung Gottes werden wir in wenigen Tage singen: „Heut schließt er wieder auf die Tür zum schönen Paradeis.“

Auch diese Antiphon ist adventlich und österlich zugleich, denn im zweiten Teil wird die Macht des Auferstandenen über den Tod ausgesprochen: „O komm und führe den Gefangenen aus dem Kerker heraus, der da sitzt im Schatten und Dunkel des Todes.“ Jesus verwendet diese Worte des Propheten Jesaja (42,7) bei seinem ersten Auftreten in Nazaret, um die mit ihm angebrochene Heilszeit auszurufen (Lk 4,16–19). Doch die Befreiung des gefangenen Menschen, d. h. des in Adam gestorbenen Menschengeschlechts, vollzieht sich letztlich erst im Abstieg Jesu in das Reich des Todes, dessen Pforten und Riegel er zerbricht.

So zeigt uns die Antiphon Christus, dem der Schlüssel, der Schließbalken – der Kreuzesbalken – auf die Schultern gelegt wird und der uns damit das Leben „erschließt", indem er die Riegel des Todes überwindet und den „gefangenen Adam", den alten sündigen Menschen, herauszieht. Es ist das Auferstehungsbild der östlichen Christenheit. – Komm, o Herr, und schenke uns dein Erbarmen!

FÜRBITTEN   GL 772,4

SCHLUSSLIED   GL 621,1.3 (Ich steh vor dir)

5. O Morgenstern – 21. Dezember

ZUR ERÖFFNUNG   GL 104,1.4–5 (Tauet, Himmel, aus den Höhn)

KYRIE-RUFE   Herr Jesus Christus,
du bist das aufstrahlende Licht aus der Höhe.
Du erleuchtest unsere Schatten des Todes.
Du lenkst unsere Schritte auf den Weg des Friedens.

GEBET   Tagesgebet vom 21. Dezember (MB 29)

LESUNG   Jes 42,6–7 (GL 772,5)

GESANG   GL 112,1.6 *oder* Magnificat-Antiphon vom 21. Dezember

IMPULS   Am 21. Dezember, dem kürzesten Tag des Jahres, an dem eine tief stehende Sonne nur wenige Stunden scheint, singen wir eine Antiphon auf Christus, das Licht, das uns in der Finsternis erleuchten möge. Mit „Finsternis und Schatten des Todes" mögen schon die Israeliten ihre Situation umschrieben haben, in der sie sich um die Zeit des Exils befanden; denn sie waren fremden, lebensbedrohenden Mächten ausgeliefert, und der Gott, der sie einst so glorreich aus Ägypten in die Freiheit geführt hatte, Jahwe, schien fern. In dieser Not und Bedrängnis verkündet der Prophet Jesaja dem nach Rettung sich verzehrenden Volk ein Licht, das über der Finsternis aufstrahlen wird (Jes 9,1). Er sieht ein kleines Kind, das die Rettung bringen wird; auf dem Throne Davids wird es sitzen, und sein Reich der Gerechtigkeit wird kein Ende haben.

Doch es dauerte noch einmal siebenhundert Jahre, bis ein Mann namens Zacharias seinen Sohn als kommenden Propheten dessen preist, der als „Aufgang aus der Höhe" die erleuchtet, die noch immer in Finsternis sitzen: Johannes, der „Zeugnis ablegen sollte über das Licht" (Joh 1,8). Und bis ein anderer Seher, Simeon, ein kleines Kind auf seine Arme nimmt und in ihm ein „Licht zur Erleuchtung der Heiden" erkennt (Lk 2,32). Indem sich Jesus dann selbst als das Licht der Welt bezeichnet, schließt sich der Kreis: Er gibt sich als die Erfüllung jener alten Prophezeiung des Propheten Jesaja zu erkennen: „Wer mir folgt, wird nicht in der Finsternis umhergehen, sondern wird das Licht des Lebens haben" (Joh 8,12). – Heute, mehr als 2000 Jahre nach der Geburt Christi, warten wir auf das zweite Aufleuchten dessen, durch den der Vater sich am Ende der Tage offenbaren wird.

Wenn sich am Morgen des 21. Dezembers die Sonne zu ihrem kürzesten Tag erhebt, kann sie unsere Augen emporlenken auf den „Aufgang aller Aufgänge", wie Christus in einem byzantinischen Hymnus bezeichnet wird, und uns hinter dem geschaffenen Licht das ungeschaffene Licht, schauen lassen, das keinen Untergang kennt. „Deine Geburt, Herr Christus, unser Gott, erstrahlt der Welt als geistiges Licht. In ihm werden die Diener der Sterne erleuchtet durch den Stern, anzubeten dich, die Sonne der Gerechtigkeit. Und zu erkennen dich als Aufgang aus der Höhe, Herr, Ehre sei dir" (byzantinischer Hymnus). – Unser Herr, komm und erleuchte uns!

41

FÜRBITTEN   GL 772,5

SCHLUSSLIED   GL 555 (Morgenstern der finstern Nacht)

6. O König der Völker – 22. Dezember

ZUR ERÖFFNUNG   GL 107,1–3 (Macht hoch die Tür)

KYRIE-RUFE   Herr Jesus Christus,
du bist der Mittler zwischen Gott und Mensch.
Du schenkst uns einen Frieden, den wir uns nicht geben können.
Du führst zur Einheit, was getrennt ist.

GEBET   Tagesgebet vom 22. Dezember (MB 30)

LESUNG   Dan 7,13–14 (GL 772,6)

GESANG   GL 112,1.7 *oder* Magnificat-Antiphon vom 22. Dezember

IMPULS   Wie schon in der Antiphon „O Schlüssel Davids" findet in der heutigen Antiphon ein Bild aus dem häuslichen Leben Verwendung, genauer vom Bau eines Hauses: „Der Stein, den die Bauleute verwarfen, er ist zum Eckstein geworden" (Ps 118,22). Der Eckstein ist ein sehr wichtiger Block, weil er die Mauern des Hauses zusammenhält. Von daher erscheint es erstaunlich und unerwartet, wenn ein von Fachleuten verworfener, für unbrauchbar erklärter Block doch noch zum Eckstein wird. Jesus verwendet dieses Zitat aus dem Psalm im Anschluss an sein Gleichnis von den bösen Winzern (Mt 21,33–46), die den Sohn des Weinbergbesitzers töten, weshalb ihnen der Weinberg genommen und anderen Winzern gegeben wird. Die Pharisäer merkten sehr wohl, dass sie mit diesem Gleichnis gemeint waren – hatten sie nicht von Anfang an Jesus und seine Botschaft verworfen? Und doch wurde Christus durch seine Auferstehung zum wahren Grund- und Eckstein, durch den der ganze Bau der an ihn Glaubenden zusammengehalten wird und emporwächst zu einem heiligen Tempel. Der zu Ehren gekommene Stein – ein Bild für das wunderbare Eingreifen Gottes.

Im Eckstein treffen zwei Mauern des Hauses aufeinander, er verbindet sie und hält sie zusammen. Die Verbindung der Gegensätze, die Überbrückung von Trennungen und Gräben sind auch Erwartungen, die an eine zukünftige Heilszeit und an ihren Heilskönig, den Messias, gestellt werden. Eine solche geradezu paradiesische Friedenszeit schaut der Prophet Jesaja, wenn er das zukünftige messianische Reich beschreibt: „Dann wohnt der Wolf beim Lamm, der Panther liegt beim Böcklein, Kalb und Löwe weiden zusammen, ein kleiner Knabe kann sie hüten ..." (Jes 11,6). Was ehemals getrennt, ja feindlich war, lebt nun geeint friedlich beieinander. Und mehr noch, denn wörtlich übersetzt heißt es in der Antiphon: „Du Eckstein, der du beides zu Einem machst." Was anderes aber hat Jesus zusammengefügt, in sich vereinigt, als göttliche und menschliche Natur? In seiner Person wurde der König aller Völker, der allmächtige Gott ein Mensch; durch sein Heilswerk wurde der aus Staub geformte Mensch vom Tode losgekauft, wurde wieder göttlich, wie die Kirchenväter sagten. Sie drücken dasselbe aus wie die Worte der Antiphon.

Welch größeren Gegensatz gibt es, als den Gegensatz zwischen Gott und Mensch, zwischen Schöpfer und Geschöpf? Wo gibt es eine schmerzlichere Trennung als zwischen dem hinfälligen, unzulänglichen Menschen und dem vollendeten Gott? Der Glaube jedoch sagt, dass in Christus diese Gegensätze und Trennungen überbrückt wurden, weil er, obgleich von den Bauleuten, den Pharisäern und Schriftgelehrten verworfen, zum Eckstein wurde, der uns Menschen mit Gott versöhnte.

Das Wissen um die eigene Unzulänglichkeit, die Unfähigkeit sich selbst zu erlösen, lässt in diesen Tagen den Ruf nach dem Herrn wieder laut werden, dass er bei seiner Wiederkunft jenes Reich vollenden möge, das der Prophet Jesaja geschaut und das Jesus Christus selbst bei seinem ersten Auftreten als angebrochen verkündet hat. – Komm, Herr, führe uns dem Himmel zu.

FÜRBITTEN GL 772,6

SCHLUSSLIED GL 269,1.4 (Nun saget Dank und lobt den Herren)

7. O Immanuel – 23. Dezember

ZUR ERÖFFNUNG O komm, o komm, Immanuel (GL-Diözesananhänge) *oder* GL 108 (Komm, du Heiland aller Welt)

KYRIE-RUFE Herr Jesus Christus,
du Gott-mit-uns, Immanuel.
Du schenkst uns ein neues Gebot.
Du stillst die Sehnsucht der Menschen.

GEBET Tagesgebet vom 23. Dezember (MB 32)

LESUNG Jes 8,8–10; 9,1.5–6 (GL 772,7)

GESANG GL 112,1.8 *oder* Magnificat-Antiphon vom 23. Dezember

IMPULS Die letzte der sieben O-Antiphonen aus den Tagen vor Weihnachten ist vielleicht die berühmteste, weil von ihren Worten her verständlich und bekannt. Und als letzte aus der Reihe führt sie uns in das Zentrum des weihnachtlichen Geschehens und stellt uns noch einmal den Propheten Jesaja vor Augen. Seiner Prophezeiung entstammt das Wort vom Immanuel, vom Gott-mit-uns. Adressat seiner Worte ist der verunsicherte König und Davidspross Achaz, dessen Reich und Herrschaft von mächtigen Truppen bedroht wird. Der Prophet bietet ihm an, von Gott ein Zeichen zu fordern, damit er dessen Beistand erkennt. Doch der König möchte seinen Herrn nicht auch noch auf die Probe stellen. Da bietet Jesaja von selbst ein solches Zeichen an und sagt: „Die Jungfrau wird ein Kind empfangen, sie wird einen Sohn gebären, und sie wird ihm den Namen Immanuel geben." Innerhalb weniger Jahre, wenn dieses Kindlein herangewachsen ist, wird das Land derer, vor denen Achaz jetzt graut, Ödland sein (Jes 7,1–25).

Diese Worte des Propheten legt der Evangelist Matthäus einem Engel in den Mund, der gesandt ist, um dem beunruhigten Verlobten Marias, Josef, die Zusammenhänge der Geburt zu deuten. Für Matthäus war es gläubige Gewissheit, dass die Nähe Gottes, sein Bei-uns-Sein, in Jesus von Nazaret greifbare Erfahrung wurde. Und es ist für alle gläubigen Menschen ein Trost, dass sie trotz aller Unsicherheit der Zeiten in Jesus Christus einen Beistand haben und die Erlösung kommen wird: „Ist Gott für uns, wer ist dann gegen uns? Er hat seinen eigenen Sohn nicht verschont, sondern ihn für uns alle hingegeben – wie sollte er uns mit ihm nicht alles schenken?" (Röm 8,31 f.).

Um den Beistand Gottes, sein Eintreten für den Menschen geht es auch in den restlichen Worten dieser Antiphon. In eigentümlicher Weise zeigt sich in ihr die Spannung zwischen der bereits Wirklichkeit gewordenen Prophezeiung und dem Ausstehen ihrer endgültigen Vollendung und Erfüllung: Als „Gott-mit-uns", als Beistand vom Vater gesandt, gibt sich Jesus zu erkennen, als Heiland und Erlöser der Menschen – und doch singen wir in diesen Wochen vor Weihnachten immer noch die uralten Worte, mit denen der Prophet Jesaja um diesen Beistand flehte: „Tauet, Himmel, den Gerechten, ihr Wolken regnet ihn herab. Die Erde tue sich auf und bringe den Heiland hervor" (Jes 45,8).

Gläubige Gewissheit und gläubige Hoffnung – in dieser Spannung möge die nun ausklingende Adventszeit und das bevorstehende Christfest gehalten sein: in der Gewissheit, dass uns in Christus Jesus die Menschenliebe Gottes, sein Bei-uns-Sein erschienen ist, und in der Hoffnung, dass „weder Tod noch Leben, weder Gegenwärtiges noch Zukünftiges uns scheiden können von der Liebe Gottes, die in Christus Jesus ist, unserem Herrn" (Röm 8,38). Die Worte des Propheten Jesaja vom Mit-uns-Sein Gottes galten seinen eigenen Zeitgenossen, sie wurden wahr in der Geburt des leibhaftigen Gottes, und sie werden vollendete Gewissheit in der zweiten Wiederkunft des Herrn, unseres Gottes. – O Immanuel, komm und lass uns dich erfahren als Gott-mit-uns.

FÜRBITTEN   GL 772,7

SCHLUSSLIED   GL 114,1–3 (Es kommt ein Schiff)

DER NAME DES KINDES
Andacht in der Weihnachtszeit

ORGELSPIEL

KREUZZEICHEN UND GRUSS

EINFÜHRUNG Ein Kind ist uns geboren, ein Sohn ist uns geschenkt: Der Erfüllung dieses Prophezeiung des Jesaja feiern wir Jahr um Jahr. Wer dieses Kind für uns ist, wissen wir. Doch was bedeuten die Namen, die Jesaja diesem Kind beigibt: Wunder-Rat, Gott-Held, Ewig-Vater, Friede-Fürst, wie es in der Übersetzung Martin Luthers heißt?

Wir wollen uns mit Texten des evangelischen Theologen Dietrich Bonhoeffer darauf besinnen und den Mensch gewordenen Sohn Gottes anbeten.

RUF Der Herr ist uns geboren: / Kommt, wir beten ihn an (GL 674,2)

LIED (ZUR AUSSETZUNG) GL 130 (Gelobet seist du, Jesu Christ)

GEBET Gott, du bist Licht, und Finsternis ist nicht in dir. Dein ewiges Wort ist Mensch geworden, um unser Dunkel mit dem Glanz deines Lichtes zu erfüllen. Wir bitten dich: Lass uns immer tiefer dieses Geheimnis betrachten, es verstehen und daraus leben, damit dein Glanz durch unser Tun in dieser Welt aufstrahlt. Darum bitten wir dich durch Jesus Christus, der unser Bruder geworden ist und unser Herr.

LESUNG Das Volk, das im Finstern wandelt, sieht ein großes Licht, und über denen, die da wohnen im finstern Lande, scheint es hell. Denn uns ist ein Kind geboren, ein Sohn ist uns gegeben, und die Herrschaft ruht auf seiner Schulter; und er heißt Wunder-Rat, Gott-Held, Ewig-Vater, Friede-Fürst; auf dass seine Herrschaft groß werde und des Friedens kein Ende auf dem Thron Davids und in seinem Königreich, dass er's stärke und stütze durch Recht und Gerechtigkeit von nun an bis in Ewigkeit. Solches wird tun der Eifer des Herrn Zebaoth.

Jes 9,1.5–6

1. Ein einziger Name

Wer ist dieses Kind, von dem Propheten weissagen
und über dessen Geburt Himmel und Erde jauchzen?
Nur stammelnd kann man seinen Namen aussprechen,
kann man zu umschreiben versuchen,
was in diesem Namen umschlossen ist.
Worte häufen und überstürzen sich,
wenn sie sagen sollen,
wer dieses Kind sei.
Ja, seltsame Wortgebilde,
die wir sonst nicht kennen, entstehen,
wo der Name dieses Kindes
über menschliche Lippen gebracht werden soll.
„Wunder-Rat", „Gott-Kraft", „Ewig-Vater",
„Friede-Fürst".
Jedes einzelne dieser Worte
ist von einer unendlichen Tiefe
und alle zusammen versuchen,
nur einen einzigen Namen auszusprechen: Jesus.

Stille

WECHSELGEBET   Litanei; GL 765,2

LIEDSTROPHE   GL 144,1 (Jauchzet, ihr Himmel)

2. Wunder-Rat

„Wunder-Rat" – heißt dieses Kind.
Weil aber dieses Kind Gottes eigener Wunder-Rat ist,
darum ist es auch selbst eine Quelle
aller Wunder und allen Rates.
Wer in Jesus das Wunder des Sohnes Gottes erkennt,
dem wird jedes seiner Worte
und jede Tat zum Wunder,
der findet bei ihm in allen Nöten und Fragen
letzten, tiefsten, hilfreichsten Rat. –

Geh zum Kind in der Krippe,
glaube in ihm den Sohn Gottes
und du findest in ihm Wunder über Wunder,
Rat über Rat.

Stille

PSALM   Ps 119; GL 750,1 *mit GL 751,2 (wechselseitig sprechen)*

LIEDSTROPHE   GL 144,2

3. Gottes Kraft

„Gott-Kraft" – heißt dieses Kind.
Das Kind in der Krippe
ist kein anderer als Gott selbst.
Größeres kann nicht gesagt werden:
Gott wurde ein Kind.
In der Krippe ist er, arm wie wir,
elend und hilflos wie wir,
ein Mensch von Fleisch und Blut wie wir,
unser Bruder.
Und doch ist er Gott, doch ist er Kraft.
Wo ist die Gottheit, wo ist die Kraft dieses Kindes?
In der göttlichen Liebe, in der es uns gleich wurde.
Sein Elend in der Krippe ist seine Kraft.
In der Kraft der Liebe
überwindet es die Kluft zwischen Gott und den Menschen.

Stille

WECHSELGEBET   Ps 145; GL 757,1.2 *(wechselseitig sprechen)*

LIEDSTROPHE   GL 144,3

4. Ewig-Vater

„Ewig-Vater" – Wie kann dies der Name des Kindes sein?
Dieses Kind will nichts für sich sein,
kein Wunderkind im menschlichen Sinne,
sondern ein gehorsames Kind
seines himmlischen Vaters.
In der Zeit geboren,
bringt es die Ewigkeit mit sich auf Erden.
Als Gottes Sohn
bringt er uns allen die Liebe des Vaters im Himmel.
Geh hin, suche und finde an der Krippe
den ewigen Vater,
der hier auch dein lieber Vater geworden ist.

Stille

WECHSELGEBET   Canticum Kol 1; GL 154 *(wechselseitig sprechen)*
LIEDSTROPHE   GL 144,4

5. Friede-Fürst

„Friede-Fürst" – Wo Gott in Liebe zu den Menschen kommt,
sich mit ihnen vereint,
dort ist Friede geschlossen zwischen Gott und Mensch
und zwischen Mensch und Mensch.
Fürchtest du dich vor Gottes Zorn,
so geh zum Kind in der Krippe
und lass dir hier den Frieden Gottes schenken.
Bist du in Streit und Hass
mit deinem Bruder verfallen,
komm und sieh, wie Gott aus lauter Liebe
unser Bruder geworden ist
und uns miteinander versöhnen will.
In der Welt herrscht die Gewalt.
Dieses Kind ist der Fürst des Friedens.
Wo es ist, dort herrscht Friede.

Stille

WECHSELGEBET   Ps 72; GL 152,1.2 *(wechselseitig sprechen)*

LIEDSTROPHE   GL 144,5

6. In einem Namen beschlossen

„Wunder-Rat, Gott-Kraft, Ewig-Vater,
Friede-Fürst",
so sprechen wir an der Krippe von Betlehem,
so überstürzen sich unsere Worte
beim Anblick des göttlichen Kindes,
so versuchen wir in Begriffe zu fassen,
was für uns in dem einen Namen beschlossen liegt: Jesus.
Diese Worte aber sind ja im Grunde nichts anderes
als ein wortloses Schweigen der Anbetung
vor dem Unaussprechlichen,
vor der Gegenwart Gottes
in der Gestalt eines Menschenkindes.

Stille

WECHSELGEBET   GL 781,2 *(ab:* „Herr und Erlöser ...")

LIED   GL 544,1–2.4–5 (Das Geheimnis lass uns künden)

SEGEN

LIED   Freu dich, Erd und Sternenzelt (GL-Diözesananhänge)

Die Meditationstexte stammen von Dietrich Bonhoeffer.

GEBOREN WERDEN

VORBEMERKUNG   Diese Andacht stellt verschiedene biblischen Texte zur Geburt Jesu zusammen, um sie in einer sehr persönlichen Art und vor dem Hintergrund einer heutigen Menschwerdung zu reflektieren. Sie verlangt nach einer anderen Gestaltung als eine herkömmliche Andacht.

Sie lebt von der Sprache – nicht nur der biblischen Texte, sondern vor allem der Besinnungen wegen. Sie sollten von verschiedenen Sprechern und Sprecherinnen vorgetragen werden. Man kann sie – da sie im Original auch kalligraphisch verfasst wurden – auch projizieren (die originale Darstellung findet sich auf der beigefügten CD-ROM). Die Gemeinde selbst ist durch verschiedene Gebete und Lieder eingebunden. Denkbar sind auch verschiedene Orte, von denen die Sprecher bzw. Sprecherinnen agieren. Vor allem sollte man sich Zeit nehmen. Sie kann nicht einfach zur üblichen Andachtszeit angesetzt werden – eher später am Abend, vielleicht als eine Art Vigil.

ZUR ERÖFFNUNG   GL 141,1–2 (Zu Betlehem geboren)

EINFÜHRUNG   Zu Betlehem geboren – damals, dort, einmalig!?
Ist Weihnachten nicht doch ein Geschehen, das jeden Tag trifft? Das war meine Frage, als ich die Weihnachtsbotschaft neu las.
Es könnte sein, dass immer geboren wird.
Es könnte sein, dass immer geboren wird, wenn damit die Geburt eines Kindes gemeint ist.
Es könnte sein, dass immer geboren wird, wenn der Neubeginn, die zweite Chance, eines jeden gemeint ist.
Geboren werden könnte ein Geschehen sein, das – wenn ich es annehme – meine Haltung zu mir, den anderen Menschen und zum Leben verändern würde.

Mit diesem Blick wollen wir Texte der Weihnachtsgeschichte und einige andere hören – zusammen mit Gedanken, die anregen sollen, wie aus der Begegnung des eigenen Lebens mit den biblischen Texten neues erwachsen kann. Vielleicht wird auch auf diese Weise geboren.

I. Vorgeschichten

1. LESUNG   Hld 3,1–5

am anfang war die liebe
zärtlich zart wild leidenschaftlich verborgen schüchtern klar ganz
ohne ziel ohne absicht ohne zweck
nur du nur ich und du
nur wir
stört die liebe nicht auf
weckt sie nicht bis es ihr selber gefällt
wir wachen auf
ich bin verwandelt
die welt ist verwandelt
neu geboren in liebe bin ich bist du
geboren soll werden zukunft durch uns mit uns in uns
in uns die knospe einer neuen welt
liebe zärtlichkeit leidenschaft solidarität öffnet sich

2. LESUNG   Joh 1,1–5.9–14

anfang wort
leben licht
welt kind
gnade wahrheit
fülle herz
ich schenke dir mein herz
alles für dich
ich schenke mich dir ganz
wenn du wüsstest wie sehr ich dich liebe
nur worte
nur wort
nur ein wort
es sagt alles wenn du es mir abnimmst wenn du mich nimmst
wenn du mich nimmst wie du ein kind nimmst wie ein kind dich nimmt
wenn du mich nimmst wie du kind nimmst
mit ganzem herzen ganz

LIED   GL 141,3–5

3. LESUNG   Mk 1,1–8

bereitet dem herrn den weg
wiege ausleihen
erstausstattung kaufen
geburtsvorbereitungskurs machen
hebamme suchen
vorsorgeuntersuchung absolvieren
partnerschaft pflegen
geburtskrankenhaus aussuchen
habe ich alles bereitet
habe ich den weg bereitet
bin ich bereit
bin ich bereit für das was kommt
bin ich bereit für den der kommt
ich kann nicht ganz bereit sein
kann nicht alles im blick haben
kann nicht mit allem rechnen
kann nicht alles können
kann nicht vollkommen sein
auch ich habe nur wasser
aber ich bin bereit für ein wagnis für ein risiko für dich

4. LESUNG   Mt 1,1–17

ich bin nicht allein
vor mir war schon einer
meine eltern meine großeltern meine urgroßeltern
vor dir war schon einer
deine eltern deine großeltern deine urgroßeltern
vor jesus war schon einer
maria josef jakob mattan
keiner steht allein
erwünscht oder unerwünscht
gute schlechte eltern gute schlechte familie

werde ich gut schlecht sein für mein kind
werde ich besser schlechter sein für mein kind
werde ich ja sagen zu meiner herkunft
werde ich ja sagen zu meiner zukunft
wird zukunft ja sagen zu mir
darf in mir herkunft und zukunft sein

WECHSELGEBET Ps 139; GL 755,1.2 (VV. 1–4.13–16.17–20; *wechselseitig sprechen; nach je vier Versen Kehrvers*)

II. Matthäus

5. LESUNG Mt 1,18–25

eine schwangere frau zur frau nehmen
was für ein mann bin ich
dass meine verlobte sich von einem anderen ein kind machen lässt
wenn sie schon von ihm schwanger ist
soll sie ihn doch nehmen soll er sie doch nehmen
und wenn ich sie dennoch liebe
und wenn ich sie dennoch zur frau nehme
ich nehme dich zur frau mit allem was dazugehört mit dem kind
ich nehme frau mit kind und werde ehemann und stiefvater
damit sich erfüllt
damit sich das leben erfüllt
und er gab ihm den namen jesus

6. LESUNG Mt 2,1–12

ein stern geht auf
jedesmal wenn ein kind geboren wird geht ein stern auf
für die eltern ein stern am himmel ihrer liebe
für die welt ein stern am himmel der zukunft
manchmal muss einer kommen und den stern deuten
für die eltern für die welt
und jeder stern verändert den himmel macht den himmel neu

einer erschrickt
und durchkreuzt ist sein weg
einer freut sich und geht seinen weg
ein stern geht mir auf und ich gehe

LIED   Ein Stern springt aus der Sternenbahn (S. 62)

7. LESUNG   Mt 2,13–15

steh auf nimm kind und mutter und flieh
flieh vor dem tod
rachetod
angsttod
machttod
hungertod
abtreibungstod
neidtod
beziehungstod
gefühlstod
erinnerungstod
liebestod
hirntod
herztod
hinrichtungstod
kreuzestod
tue was mach was handle flieh
du fliehst und der tod wartet

8. LESUNG   Mt 2,16–18

ein kind töten
ein ungeborenes kleines großes erwachsenes kind töten
eine mutter ein vater treibt ab
ein vater eine mutter tötet
lässt verhungern vernachlässigt misshandelt quält bestraft
ein nachbar freund bekannter unbekannter tötet
missbraucht vergewaltigt entführt versklavt ermordet

ein herrscher politiker militär machthaber richter inquisitor tötet
für die macht das volk den glauben höhere ziele gott
auch ich bin mutter vater nachbar fremder mensch
manchmal tötet mensch mensch
manchmal tötet mensch das kind in sich
das kind in mir töten
und was bleibt
rahel weinte um ihre kinder und wollte sich nicht trösten lassen
denn sie waren dahin

9. LESUNG   Mt 2,19–23

nach hause kommen
steh auf nimm kind und mutter und zieh in eure heimat
wo komme ich her
wo will ich hin
wo gehöre ich hin
wo bin ich zuhause
was ist leben
suchen finden ankommen aufbrechen
antworten fragen
ruhe bewegung
ziel anfang
gott mensch
mensch gott
oder
aufbrechen um anzukommen um aufzubrechen
mit dir zu dir mit dir
nach hause kommen mit dir bei dir

LIED   Du Kind, zu dieser heilgen Zeit (EG 50) *oder* GL 131 (Sei uns willkommen, Herre Christ)

III. Lukas

10. Lesung   Lk 1,26–38

wann wird ein engel zu mir gesandt
der mir die angst nimmt der mir einen weg zeigt der mir antworten gibt der
mich beschenkt
wann wird ein engel zu mir gesandt
der mich befreit vom warten auf engel
wann erkenne ich den engel der du bist
weil du mich mutig sein lässt
weil du mit mir gehst
weil du mit mir suchst
weil ich für dich geschenk bin
wann erkenne ich den engel der ich bin
weil ich dir engel bin
weil ich mir engel bin
weil zwei engel besser gehen als einer

Wechselgebet   Ps 91; GL 698 *(wechselseitig beten; nach je sechs Strophen Kehrvers)*

11. Lesung   Lk 1,39–56

ein mädchen besucht eine alte frau
ein kind hüpft im bauch
eine alte frau wird jung
ein mädchen wird zur frau
das hochmütige herz wird zerstreut
die mächtigen werden gestürzt
die niedrigen werden erhöht
die hungernden werden beschenkt
die reichen werden leer ausgehen
an erbarmen wird gedacht
deshalb hüpft ein kind im bauch
ein kind lebt und stirbt denn es sagt warum es hüpft
ein anderes kind stirbt und lebt denn alle kinder sollen hüpfen sollen leben

12. LESUNG   Lk 2,1–20

ein kind in windeln in einer krippe
ein zeichen dass eine frau und ein mann miteinander geschlafen haben
dass zwei sich lieben oder geliebt haben oder auch nicht
dass das leben weiter geht
ein zeichen der freude der liebe der hoffnung der zukunft
ein zeichen einer neuen zeit einer neuen welt einer neuen zukunft
ein zeichen für menschen die es fassen können
ein zeichen zum anfassen
nimm mich nimm mich auf den arm nimm mich in den arm
damit du mich dich uns fühlst
damit du leben fühlst

LIED   GL 132 (Es ist ein Ros entsprungen)

13. LESUNG   Lk 2,21–40

wann kann ich in frieden gehen
wenn ich mich hingegeben habe
wenn die liebe bleibt
wenn schmerz sich in zuversicht wandelt
wenn friede keimt in uns
wenn das warten ein ende hat
wenn mein leben endet
wenn dein leben weiter geht
wenn du mich gehen lässt
wenn ich das heil gesehen habe in deinen augen
wenn ich ein letztes mal gesagt habe
du nun lässt du herr deinen knecht wie du gesagt hast in frieden scheiden
denn meine augen haben das heil gesehen

LIED   In manus tuas (Taizé) *oder* GL 660 (Nun lässest du, o Herr)

IV. Geboren werden

14. LESUNG   Offb 21,1–8

noch einmal möchte ich geboren werden
noch einmal möchte ich dass du geboren wirst
in eine welt ohne tränen ohne tod ohne trauer ohne klage ohne mühsal
noch einmal geboren werden
die fehler nicht mehr machen
die schuld nicht mehr auf sich laden
die irrwege nicht mehr gehen
noch einmal geboren werden und alles richtig machen
wer weiß
wer weiß ob es nicht doch gut war wie es war
wer weiß ob es nicht doch schon der himmel war mein himmel
geboren werden ein für alle mal

GEBET   es könnte sein dass weihnachten ist
nicht irgend wann gewesen
nicht irgend wann kommend
es könnte sein dass weihnachten ist
heute die heilige nacht in der geboren wird
in der ich du wir geboren wird
gebe ich eine chance
nehme ich eine chance
gibt es eine chance dass geboren wird aufs neue
es könnte sein dass heute weihnachten ist und geboren wird
neubeginn neue zeit neues leben
alter mensch neu

LIED   Sage, wo ist Betlehem? (Liederbücher) *oder* GL 134 (Lobt Gott, ihr Christen)

Willi Oberheiden

UNSERE ZEIT IN GOTTES HÄNDEN
Andacht mit Anbetung zum Jahresschluss

EINZUG   *Orgelspiel / Musik*

KREUZZEICHEN, GRUSS UND LITURGISCHE EINFÜHRUNG   Der Herr, in dessen Händen alle Zeit geborgen ist, er begleitet uns durch Jahr und Tag bis einst in seine Ewigkeit. –

Im letzten Gottesdienst dieses Jahres wollen wir gemeinsam das alte Jahr in Gottes Hand zurückgeben und das neue Jahr unter seinen Segen stellen. Wir empfehlen uns und alle, an die wir denken, dem Schutz und Segen des Kindes im Stall und beten wir für sie und uns – im Dank für das alte und mit der Bitte um Gottes Segen für das neue Jahr.

ZUR AUSSETZUNG   GL 143,1–2 (Nun freut euch, Ihr Christen)   59

KYRIE-RUFE   Herr Jesus Christus, du bist in unserer Mitte, du bist unsere Mitte: Kyrie, kyrie eleison. (Taizé)

Du bist als Mensch in unsere Zeit gekommen und hast sie mit uns geteilt: Kyrie, kyrie eleison.

Du schenkst uns Zeiten des Glücks und Zeiten der Freude; wir danken dir dafür: Christe, Christe eleison.

Du lässt uns Zeiten der Trauer und Zeiten des Schmerzes, die unser Leben füllen, erfahren: Christe, Christe eleison.

Du hast uns versprochen, immer bei uns zu sein bis zum Ende der Zeit: Kyrie, kyrie eleison.

Du begleitest uns auf unserem Weg durch die Zeit und führst uns in das Haus deines Vaters. Kyrie, kyrie eleison.

LIED   GL 143,3–4

SCHRIFTLESUNG   Joh 15,9–15

Betrachtung   In diesen Tagen verabschieden wir uns
von einem Kalenderjahr gelebten Lebens.
Wir sind nicht fertig mit allem,
was es uns gebracht hat.
Und doch verabschieden wir uns,
wir werden noch oft daran denken,
aber vor uns liegt ein neuer Abschnitt.
Der wahre Zeitmesser für unser Leben
ist aber nicht die Uhr oder der Kalender.
Der wahre Zeitmesser ist das, was unsere Zeit erfüllt.
Ist sie leer, hoffnungslos, ohne Zukunft –
oder hoffnungsvoll, mit Zukunft gefüllt?
Woher können wir Hoffnung nehmen?

Ich schöpfe Hoffnung – immer wieder –
aus einer uralten Zusage:
Da ist einer, der geht seinen Weg vor mir her.
Da ist einer, der hält seine schützende Hand über mich,
wenn alles über meinem Kopf zusammenzubrechen droht.
Da ist einer, der geht neben mir und hält mich an der Hand,
wenn der Weg schwer wird.
Da ist einer, der mir Boden unter den Füßen gibt,
damit ich nicht im Gewirr unserer Zeit ins Bodenlose falle.
Da ist einer, der meine Zeit, die vergangene und die kommende,
zu segnen vermag.

Das ist meine Hoffnung, Herr:
Dass dein Segen alle meine Zeit begleitet,
dass es keine verlorene und keine vergebliche Zeit gibt,
dass jede Zeit „Zeit mit dir" ist,
dass jede Zeit mich zu dir führt,
weil du in meine Zeit gekommen bist,
damals in Betlehem und dieses Jahr hier in meinem Herzen.

So schmiede ich Pläne für das Neue Jahr:
Nicht, was ich tun werde,
wie ich etwas tun werde oder wie lange.
Nur, dass ich alles mit dir tun werde. –

Freunde, so hast du uns alle genannt:
Lass uns das neue Jahr in deiner Freundschaft leben.
Dann wird es ein erfülltes Jahr –
erfüllt von deinem Segen.

Stille Zeit des Gebetes (ca. 5–10 Minuten)

LIED   Meine Zeit steht in deinen Händen (Liederbücher) *oder* GL 157 (Der du die Zeit in Händen hast)

V   Wir wollen Gott für das vergangene Jahr danken. Er hat es mit seinem Segen erfüllt – auch da, wo wir es vielleicht nicht verspürt haben.

ANDACHTSTEIL   GL 788,2

BITTEN, FÜRBITTEN UND VATERUNSER   Gott, unserem Herrn, der über Zeit und Ewigkeit gebietet, dürfen wir unsere Zeit anvertrauen:

- Das neue Jahr liegt vor uns. Guter Gott, gib, dass wir seine Zeit anfüllen mit guten Gedanken und Taten, mit Liebe und Hoffnung und mit Gebet, in dem wir uns dir öffnen.
  Wir bitten dich, erhöre uns.
- Wir bitten dich für alle, die mit Sorgen und Bangen in die Zukunft sehen: Lass sie spüren, dass sie von dir getragen sind.
- Wir bitten dich für die Kinder und Jugendlichen, für die die Zeit noch unermesslich zu sein scheint: Lass sie in dieser Unermesslichkeit dich finden.
- Wir bitten dich für alle unsere Verstorbenen, besonders für jene, die in diesem zu Ende gehenden Jahr gestorben sind: Vollende du ihn ihnen, was in ihrem Leben bruchstückhaft geblieben ist.
- Wir bitten dich für all die Menschen, die uns besonders am Herzen liegen und an die wir jetzt denken: Sei ihnen immer nahe als liebender Vater.
- Hilf uns, die Zeit, die du uns schenkst, in deinem Namen zu leben und am Ende unserer Zeit unser Leben vertrauensvoll in deine Hände zurückzulegen.

Denn wenn die Zeit vergangen ist, wirst du noch sein und dein Reich wird ewig währen. Um das Kommen dieses Reiches wollen wir beten und sprechen, wie Jesus, dein Sohn, uns zu beten gelehrt hat: Vater unser …

Wir lassen uns heute den Segen zusprechen, wie ihn Mose im Auftrag Gottes dem Aaron und seiner Familie zugesprochen hat. Dieser Segen möge uns stärken, mit Gottes Nähe und seiner Gegenwart im vor uns liegenden Jahr zu rechnen. Von Gott, dem Herrn der Zeit, kommt unsere Kraft.

Der Herr segne und behüte uns.
Der Herr lasse sein Angesicht über uns leuchten und sei uns gnädig.
Der Herr wende uns sein Angesicht zu und gewähre uns Heil,
er, der Vater, der Sohn und der Heilige Geist.

LIED   Von guten Mächten wunderbar geborgen (Liederbücher)

Ingrid Engbroks

Betlehem (Ein Stern springt aus der Sternenbahn)

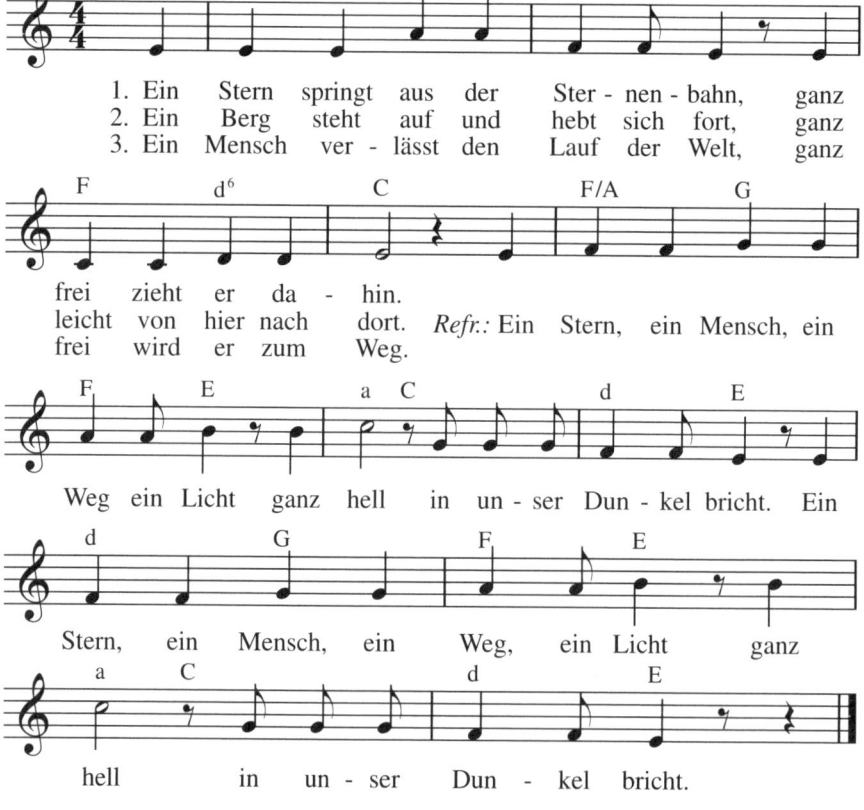

1. Ein Stern springt aus der Ster - nen - bahn, ganz
2. Ein Berg steht auf und hebt sich fort, ganz
3. Ein Mensch ver - lässt den Lauf der Welt, ganz

frei zieht er da - hin.
leicht von hier nach dort. *Refr.:* Ein Stern, ein Mensch, ein
frei wird er zum Weg.

Weg ein Licht ganz hell in un - ser Dun - kel bricht. Ein

Stern, ein Mensch, ein Weg, ein Licht ganz

hell in un - ser Dun - kel bricht.

T: Wilhelm Willms   M: Winfried Heurich, aus: Und die Nacht bleibt voll Gesang,
© Lahn-Verlag GmbH, Kevelaer, www.lahn-verlag.de

62

SEHT, EIN STERN IST AUFGEGANGEN
Musikalische Andacht zum Epiphaniefest

ZUR ERÖFFNUNG   GL 135,1–2 (Singen wir mit Fröhlichkeit)

EINFÜHRUNG   Der Weihnachtsfestkreis neigt sich seinem Ende zu; nur noch wenige Tage, dann stehen wir wieder im Jahreskreis. Nutzen wir diese Zeit und setzen wir in die Tat um, was die ersten Worte des Liedes besagen: Singen wir mit Fröhlichkeit! Singen wir dem Kind in der Krippe, dessen Geburt ein Stern anzeigte, der die Weisen aus dem Morgenland bis nach Betlehem führte. Und preisen wir Gottes Sohn, in dem die Liebe Gottes menschliche Gestalt annahm und unter uns gelebt hat.

LOBPREIS   GL 773,5

LIED   GL 135,3–4

IMPULS   „Der im Himmelreich regiert, kam zu uns als guter Hirt" (GL 135,4): Als den guten Hirten hat sich Jesus selbst bezeichnet. Als einen mitfühlenden Hirten, der sich der Menschen in ihren Nöten annimmt, der den Verlorenen nachgeht und ein Freund der Armen ist, haben die Menschen ihn auch erfahren.
Auf solch einen Gott setzen auch wir unsere Hoffnung: Wir brauchen keinen abgehobenen Gott, sondern einen, der uns nahe ist, der die Gebeugten aufrichtet, die Trauernden tröstet und die Leidenden heilt. So haben schon die Psalmen ihre Hoffnung ausgedrückt; im Kommen Jesu in unsere Welt haben sie sich erfüllt.

PSALM   Ps 72; GL 152,1.2; 153,2 *(wechselseitig sprechen oder singen)*

IMPULS   „Seht, unser König kommt: Er wird Recht verschaffen den Gebeugten im Volk, Hilfe bringen den Kindern der Armen." Es sind die einfachen und kleinen Leute, ja scheinbar die Einfältigen, denen die Botschaft Jesu zunächst gilt: Selig, die arm sind vor Gott, denn ihrer ist das Himmelreich. Auch die Kinder lässt er zu sich kommen. Doch auch an die Mächtigen und Großen, die klugen und weisen Menschen richtet sich seine Heilsbotschaft. In der Geburt seines Sohnes Jesu und seiner Frohen Botschaft will Gott allen Menschen guten Willens nahe sein. Er möchte, dass sie das Kind annehmen und als das erkennen und grüßen, was es ist: wahrer Gott und wahrer Mensch.

Schriftlesung   Mt 2,1–11

Impuls   Die Sterndeuter aus dem Osten: Sie gehören nicht dem Volk Gottes an und stehen sie noch außerhalb des Volkes Israel – und damit eigentlich auch außerhalb der Heilsverheißung. Doch mit der Geburt Christi ist das Heil allen Völkern offen. Gott zieht die Grenzen anders! Dass es ausgerechnet Fremde sind, die von weither kommen, um das Kind zu verehren, drückt auch aus, was der Evangelist Johannes zu Beginn seines Evangeliums schreibt: „Er kam in sein Eigentum, doch die Seinigen nahmen ihn nicht auf." Die Sterndeuter aus dem Osten, die Weisen, die Könige, sie stellen auch uns in Frage: Suchen wir den Herrn in unserem Leben? Nehmen wir Jesus bei uns auf, bieten wir ihm Raum in unserem Leben? Kennen wir den Herrn, anerkennen wir ihn als unseren Gott? Tun wir es also ihnen gleich!

Lied   GL 139 (Hört, es singt und klingt)

Impuls   Der Psalm 72 hat mit seinen Worten von den Königen, die Geschenke bringen, auch unser Sprechen von den „Heiligen drei Königen" beeinflusst; aus der Nennung ihrer Gaben im Evangelium – Gold, Weihrauch und Myrrhe – hat man auf die Dreizahl geschlossen. Gold, Weihrauch und Myrrhe sind nicht eben Geschenke, die man einem Säugling macht oder den frisch gebackenen Eltern. Sie sind aber kostbar und von hoher symbolischer Bedeutung. Gold deutet darauf, dass die Männer in dem Kind Jesus den neugeborenen König erkannten. Weihrauch gebührt allein Gott; so weist dieses Geschenk darauf hin, dass Jesus Christus Mensch und Gott zugleich ist. Mit Myrrhe wurden schon in Ägypten Tote einbalsamiert, auch Nikodemus und Josef von Arimathäa verwenden sie bei der Grablegung Jesu. So weist sie auf den Tod und die Auferstehung des Gottessohnes hin.

Lied   Herr der Könige der Erde, 1.6 (S. 67)

Über den Stern, der die drei Weisen zur Krippe nach Betlehem führte, wird viel gerätselt. Doch jenseits aller natürlichen Himmelserscheinungen ist er zuerst die Erfüllung jenes prophetischen Wortes des Sehers Bileam, mit dem er dem Volk Gottes eine große Zukunft voraussagte: „Ich sehe ihn, aber nicht jetzt, ich erblicke ihn, aber nicht in der Nähe: Ein Stern geht in Jakob auf, ein Zepter erhebt sich in Israel" (Num 24,17). In der Geburt Jesu ist der Aufgang dieses Sterns für uns Wirklichkeit geworden: Er ist der Morgenstern, der die Welt voll Freude macht und auch das, was in uns dunkel ist, erhellen will.

LIED   GL 555,1.4.6 (Morgenstern der finstern Nacht) *oder* GL 554,1.4 (Wie schön leuchtet der Morgenstern)

FÜRBITTEN UND VATERUNSER   Zu Christus, dem Licht, das uns erschienen ist, dürfen wir auch unsre Anliegen bringen, die uns bewegen. So wollen wir beten:
- Für den Frieden in der Welt, unter den Völkern, in den Familien und in uns selbst.
  Christus, du Licht der Welt:
  Wir bitten dich, erhöre uns.
- Für alle, die kein Zuhause haben, die auf der Flucht sind oder vertrieben wurden.
- Für alle, die leiden, die krank sind an Leib und Seele, und für alle, die sich um sie sorgen und sie pflegen.
- Für alle, deren Leben verdunkelt ist, die aus Trauer oder Depressionen auf der Schattenseite leben.
- Für alle unsere Verstorbenen, auch für die, die längst vergessen sind.

Guter Gott, alle unsere Anliegen bringen wir in das Gebet, das uns dein Sohn zu beten gelehrt hat: Vater unser ...

GEBET   Herr, unser Gott, noch einmal haben wir uns versammelt an der Krippe deines Sohnes Jesus Christus. Wir freuen uns über seine Menschwerdung und singen voll Fröhlichkeit. Wir bitten dich: Lass uns nicht nur singen, sondern auch sagen; lass uns den Menschen weitergeben, was wir gesehen haben, damit auch sie sich freuen können und Jesus als ihren König und Gott, als den Toten und Auferstandenen und Lebendigen erfahren. Darum bitten wir durch ihn, Jesus Christus, deinen Sohn, unseren Bruder und Herrn.

ZUM SEGEN Ob die Hirten und Sterndeuter für sich behielten, was sie gesehen und gehört hatten? Wie viele andere Menschen, die Jesus begegnet sind, haben sie sicher anderen davon erzählt. Auch wir sollen nicht beim Lob und Dank an der Krippe stehen bleiben, sondern durch unser Leben anderen Menschen zeigen, dass uns im Stern von Betlehem ein Licht aufgegangen ist. Dazu sind wir gesendet, dazu begleitet uns der Segen des dreifaltigen Gottes: des Vaters und des Sohnes und des Heiligen Geistes.

LIED Uns ist ein Licht aufgegangen (Liederbücher) *oder* GL 473,1.3 (In Frieden dein)

© Basilika St. Godehard, Hildesheim

Herr der Könige der Erde

1. Herr der Kö - ni - ge der Er - de,
dein ist die Ge - walt und Macht; Herr - schaft
ruht in dei - nen Hän - den, Ruhm und kö - nig - li-che
Pracht; und durch ei - nes Ster - nes Strah - len
macht du hel - le uns - re Nacht.

2. Sei gepriesen, der mit Sündern / zu dem Bad der Taufe zieht! / Du bist unter deines Vaters / Wohlgefallen aufgeblüht: / Dich hat er mit Kraft gesalbet, / mit des Geistes Glanz durchglüht.

3. Du die Quelle allen Lebens, / du der Herr des Geistes bist, / du das Haupt von dem er nieder / zu des Leibes Gliedern fließt / und in unsre müden Herzen / Hoffnung und Erquickung gießt.

4. Lass uns, Christus, deine Gäste / bei dem Mahl der Freude sein! / Wandle unsrer Mühsal Wasser / wiederum zu bestem Wein, / dass wir deine Glorie schauen / und uns deines Glanzes freun!

5. Du lässt uns beim Hochzeitsmahle / ruhen von der Erde Mühn: / Sieh, in ungezählten Scharen / die Erwählten zu dir ziehn, / tragen singend deinem Throne / ihres Lobes Gaben hin.

6. Betet an und bringet wieder / Weihrauch unserm großen Gott! / Huldigt ihm mit reinem Golde, / wie man es dem König bot! / Weiht der Myrrhe heilge Gabe / seinem Grab und seinem Tod!

T: Albert Höfer © beim Autor   M: Anton Stingl jun
© Verlag Herder, Freiburg i. Brsg.

I N DEINEM LICHT SCHAUN WIR DAS LICHT
Andacht am Fest der Darstellung des Herrn

ZUR ERÖFFNUNG   GL 520 (Liebster Jesu, wir sind hier) *oder* GL 557 (Du höchstes Licht) *oder* GL 701 (Angelangt an der Schwelle des Abends)

EINFÜHRUNG   In unseren Gottesdiensten spielt das Licht als Symbol eine große Rolle. Besonders natürlich in der dunklen Jahreszeit, am Abend und in der Nacht. Doch Licht im Gottesdienst ist mehr als stimmungsvolle Beleuchtung. Der 2. Februar, „Mariä Lichtmess", war früher ein Tag, an dem im übertragenen Sinn tatsächlich das Licht „gemessen" wurde: Ab diesem Fest geht es mit der Länge des Tages wieder spürbar aufwärts. Und zugleich spielt das Licht am Fest der Darstellung des Herr, wie das Fest heute heißt, eine besondere Rolle in einem geistlichen Verständnis.

Ich lade Sie ein zu einer Besinnung über das Licht, nach dem wir uns sehnen, das wir so oft ansprechen, besingen und feiern. Was bedeutet Licht für uns und unser Leben? – Grüßen wir zu Beginn dieser Feier Christus, den wir unter uns wissen, da wir in seinem Namen beten und singen.

LOBPREIS   GL 781 (Lobpreis)

1. Bleib bei uns, Herr, mit deinem Licht

SCHRIFTLESUNG   Lk 24,28–31

PSALMVERSE   Ps 23; GL 718,2 (VV. 1–5.8 – *V/A sprechen*)

IMPULS   Der Tag geht, das Licht schwindet: Für die Menschen der Antike und auch noch bis in die Neuzeit hinein war dieses Erlebnis einschneidend. Die Dunkelheit konnte nicht wie heute fast vollständig beseitigt werden. Das Licht einer Öllampe, einer Kerze war wohltuend, ein Segen, weil es wenigstens annähend Geborgenheit gab. Für die Christen war das Licht am Abend auch ein Symbol für Christi Bleiben über das Dunkel, auch die Nacht des Todes, hinaus. Er ist die „Sonn der Gnad ohn' Niedergang" (GL 557,5).

Die kurze Lesung aus dem Lukasevangelium zeigt, woran die Jünger die Gegenwart Christi erkannten: am Brotbrechen. So ist bis heute die Eucharistie die Feier, in der wir Christus gegenwärtig wissen über den Abend jeder Nacht- und Todeserfahrung hinaus.

Christus ist aber auch bei uns im Licht seines Wortes. „Ach bleib bei uns, Herr Jesu Christ, weil es nun Abend worden ist; dein göttlich Wort, das helle Licht, lass ja bei uns auslöschen nicht", heißt es in einem alten Lied. Ganz ähnlich wollen auch wir jetzt singen.

LIED   GL 559,1–4 (Mein schönste Zier)

2. Licht vom Licht

SCHRIFTLESUNG   Joh 1,9–14

PSALMVERSE   Ps 104; GL 743,2 (VV. 1–4 – *V/A sprechen*)

IMPULS   Licht ist zunächst ein Bild für Gott selbst. Gott wohnt im Licht, umkleidet sich mit Licht, macht die Finsternis hell: So drücken es die biblischen Schriften immer wieder aus. Vor allem der Evangelist Johannes kleidet die Erfahrung Gottes in das Bild des Lichtes. Gott ist Licht und Liebe: Es scheint, als ob nur die hellste und wärmste Empfindung das wiedergeben kann, was die Erfahrung der Gegenwart Gottes bedeutet. Wie eine Sonne steht er über dem Leben. Er, der Unschaubare, Unbegreifliche, Unnahbare – er ist wie die Sonne, in die man nicht blicken kann, ohne sich die Augen zu zerstören, wie ein Feuer, dem man nicht nahen kann, ohne zu verbrennen.

Durch seine Menschwerdung haben wir Zugang zum göttlichen Licht erhalten; wir können es schauen und be-greifen in Jesus Christus, seinem Sohn. „Wer mich gesehen hat, hat den Vater gesehen", sagt er einmal, und: „Ich bin im Vater und der Vater ist in mir." In ihm erfahren wir das Wesen Gottes, denn er ist Gott von Gott, Licht vom Licht. In Jesus Christus ist der unnahbare Gott jedem von uns nahe, geht uns zur Seite und bleibt bei uns.

LIED   GL 290,1.4–5 (Gott wohnt in einem Lichte)

3. Ihr seid das Licht der Welt

SCHRIFTLESUNG   Eph 5,8–14

PSALMVERSE   Ps 27; GL 719,2 (VV. 1–6 – *V/A sprechen*)

IMPULS   Gott ist Licht, Jesus Christus ist Licht und auch wir sind Licht. Das ist die Erkenntnis, wie sie uns Paulus in der eben gehörten Schriftstelle vermittelt. Können wir das von uns sagen, dürfen wir das sagen: Wir sind Licht, wenn wir zugleich sagen, dass Gott Licht ist? Es ist der Glaube daran, dass wir in Jesus Christus nicht allein einen Begleiter haben, der uns erleuchtet in den Dunkelheiten unseres Lebens, sondern dass wir ihm gleichförmig werden können in der Taufe, an ihm sogar Anteil erhalten können in der Eucharistie. Die Taufe ist nichts anderes, als eingetaucht werden in ihn selbst, Teil seines Leibes werden, Licht von seinem Licht zu sein. Von daher wird bei der Taufe den neu Getauften auch eine brennende Kerze überreicht, die an der Osterkerze entzündet wird, und es wird ihnen damit gesagt: Ihr seid Licht vom Licht Christus.

In der Alten Kirche nannte man die Getauften deshalb auch „Erleuchtete". Erleuchtete sind keine angestrahlten, beleuchteten, besonnten Körper. Ihr Licht kommt von innen heraus, weil sie das Wesen Christi, des Lichtes, in sich tragen. Wer sie sieht, sieht gleichsam den Herrn, deshalb nennt man sie auch „Christen". Ein hoher Anspruch. Ob wir ihm gerecht werden?

LIED   GL 555 (Morgenstern der finstern Nacht)

4. Wandelt im Licht

SCHRIFTLESUNG   Mt 5,14–16

PSALMVERSE   Ps 112; GL 630,2 (VV. 1–6 – *V/A sprechen*)

IMPULS   Wer nicht nur beleuchtet ist, sondern erleuchtet, strahlt von innen, wird selbst zum Licht. Paulus und auch Johannes sprechen wiederholt davon, dass die Erleuchtung durch die Taufe auch ein Leben nach sich zieht, das „im Licht" ist. Johannes gibt ein kleines Beispiel, das ohne weiteres einleuchtet: „Wer sagt, er sei im Licht, aber seinen Bruder hasst, ist noch in der Finsternis" (1 Joh 2,8). Und Paulus nennt, wie wir vorhin gehört haben, eine ganze Reihe von Eigenschaften, die ein Kennzeichen sind für das Licht: Das Licht bringt lauter Güte, Gerechtigkeit und Wahrheit hervor (Eph 5,9).

Das Licht, das wir ausstrahlen in unserem Leben, soll nicht nur anderen den Weg weisen, es soll vor allem zurückverweisen auf Gott selbst, der das Licht ist. So kann eben Jesus sagen, dass wir unser Licht auf den Leuchter stellen sollen. Das sprichwörtliche „Licht nicht unter den Scheffel stellen" ist mehr als ein Ausdruck für Selbstbewusstsein. Es ist ein klarer Handlungsauftrag: Denn nur wenn wir selbst Licht sind, als Licht von Gott erkennbar sind, wird Gott auch erkannt und anerkannt. Das ist in einer Zeit zunehmender Gottvergessenheit lebensnotwendig.

LIED GL 637 (Lasst uns loben, freudig loben) *oder* Ihr seid das Salz der Erde (Liederbücher)

5. Die hell erleuchtete Stadt

SCHRIFTLESUNG Offb 21,2–4.22–25

PSALMVERSE Ps 43; GL 726,3 (VV. 1–6 – *V/A sprechen*)

IMPULS Am Ende des Lebens steht meist nochmals ein Licht. „Herr, nun lässest du deinen Knecht in Frieden scheiden", singt der greise Simeon im Tempel. „Denn meine Augen haben das Heil gesehen, ein Licht zur Erleuchtung der Völker." Im Totengottesdienst wird die Osterkerze entzündet und auf den Friedhöfen stellen wir den Verstorbenen ein Licht an das Grab. Ein tröstliches Zeichen gegen die Dunkelheit des Todes.

Wanderer, die nachts unterwegs sind, die sich vielleicht verirrt haben, sind glücklich über einen Lichtschein, der ihnen ein Ziel zeigt, vielleicht auch anzeigt, dass sie erwartet werden. Wie viel Geborgenheit strahlt ein erleuchtetes Heim gerade in der dunklen Jahreszeit aus. Für den antiken Menschen bot darüber hinaus die Stadt mit ihrer Befestigung und ihren bergenden Häusern ein Bild für Schutz und Bleibe.

Wanderer sind wir auch im Leben. Wir sehnen uns nach einem Ziel, nach Ankommen und Angenommensein. Das Licht im Totengottesdienst, das Licht an den Gräbern oder vor den Bildern der Verstorbenen zuhause ist auch ein Ausdruck unseres Wunsches, dass sie bei Gott angekommen sein mögen, dass sie von ihm angenommen werden, in seinem Haus eine Wohnung und in seiner von ihm erleuchteten ewigen Stadt eine ewige Bleibe finden dürfen.

LIED   GL 473 (Im Frieden dein) *oder* GL 660 (Nun lässest du, o Herr) *oder* GL 656 (Wir sind nur Gast auf Erden)

Abschluss

FÜRBITTEN   Ihr seid das Licht der Welt, sagt Jesus seinen Jüngern und damit allen, die ihm nachfolgen. Wir wollen ihn bitten:
Licht der Welt, leuchte uns, wir rufen zu dir. (*nach* GL 526,4)
- Herr Jesus Christus, wir beten heute für alle, die sich von deinem Licht haben entzünden lassen, um es in die Welt zu tragen: Mache sie zu einem hellen Schein, damit die Welt glaube.
- Für die Bischöfe und alle Priester in den Gemeinden: Gib ihnen den Geist deiner Demut und Dienstbereitschaft, dass sie wahre und liebevolle Hirten der ihnen anvertrauten Menschen sind.
- Für die Diakone: Lass sie ihren Dienst an den Menschen in Freude tun, und denjenigen, die am Rande stehen, ein Licht deiner Liebe aufstrahlen.
- Für alle Männer und Frauen, die sich in einer Ordensgemeinschaft dem Gebet für die Menschen und der Anbetung Gottes widmen: Höre auf ihr Gebet und sei ihnen nahe mit dem Licht deiner Gegenwart.
- Für alle Ordensleute, die den Kranken und Hilfsbedürftigen dienen und sie pflegen: Lass sie auch in schweren Stunden Kraft schöpfen aus dem gläubigen Wissen, dass du es bist, dem sie dienen.
- Wir beten für uns und unsere Gemeinschaft, dass wir einander beistehen auf dem Weg deiner Nachfolge, dass wir so auch zum Licht für andere werden können.

- Für alle unsere verstorbenen Seelsorger und geistlichen Begleiter:
  Lass ihnen dein ewiges Licht leuchte und umfange sie mit deiner nicht
  endenden Liebe.

Herr Jesus Christus, du hast denen, die dir nachfolgen, keinen leichten Weg
verkündet. Aber du hast versprochen, immer mit ihnen zu sein, damit sie
nicht im Dunkeln gehen müssen. Dir sei Dank, heute und alle Tage und in
Ewigkeit.

VATERUNSER

GEBET Heiliger Gott. Du bist unsagbar größer als wir Menschen begreifen,
du wohnst in unzugänglichem Licht, und doch bist du uns nahe in Jesus, deinem Sohn. Wir bitten dich: Mach uns durchlässig für dein Licht, erleuchte
uns, damit der Strahl deiner Herrlichkeit in Wort und Tat durch uns, dein
kleines, schwaches Bild, eindringe in die Dunkelheit der Welt. Darum bitten
wir dich durch Jesus Christus, deinen Sohn, unseren Bruder und Herrn.

nach MB 306

SEGEN

SCHLUSSLIED GL 289,2 (Herr, deine Güt ist unbegrenzt)

ANDACHTEN IM OSTERFESTKREIS

JESUS, DER ARZT
Bußandacht in der österlichen Bußzeit

ZUR ERÖFFNUNG   GL 166,1 (O Mensch, bewein dein Sünde groß)

EINFÜHRUNG   Die österliche Bußzeit will uns wieder auf den Weg zu Gott zurückführen, den wir immer wieder verlassen. Wir spüren das vielleicht auch in uns selbst, dass wir des guten Wortes Gottes bedürfen, dass wir die Frohe Botschaft Jesu als eine helfende und aufrichtende Weisung für unser Leben brauchen. – Jesus sagt von sich, dass er Weg, Wahrheit und Leben ist, er bezeichnete sich auch einmal als Arzt: Als solchen wollen wir ihn heute betrachten und ihm all das hinhalten, was un-heil geworden ist in uns. „Er nahm vielen ihre Krankheit ab", hieß es im Lied, das wir gesungen haben. Bitten wir ihn, dass er auch uns heil macht.

KYRIE-LITANEI   *(mit einem Ruf, z. B. GL 167, Refrain: Mein Herr und Gott, erbarme dich)*

Herr Jesus Christus,
mit dem blinden Bettler rufen wir zu dir:
Sohn Davids, du kannst unsere Augen erleuchten.

Mit dem Hauptmann von Kafarnaum kommen wir voll Hoffnung zu dir:
Du machst unsere Seele gesund.

Mit dem Vater des besessenen Jungen hoffen wir auf deine Hilfe:
Du nimmst von uns, was uns quält.

Mit der gekrümmten Frau stellen uns vor dich:
Du richtest uns wieder auf.

Mit dem Taubstummen wollen wir von dir berührt werden:
Du öffnest und Mund und Ohren für deine Botschaft.

Mit dem Mann, der unter die Räuber fiel, hoffen wir auf dich:
Du handelst an uns barmherzig.

Mit Lazarus, deinem Freund, glauben wir:
Du machst lebendig, was in uns tot ist.

GEBET   Unser Herr Jesus Christus hat gesagt: „Nicht Gesunde brauchen den Arzt, sondern Kranke. Nicht Gerechte zu rufen bin ich gekommen, sondern die Sünder." Darum beten wir:

Barmherziger Gott. Zu Unrecht halten wir uns oft für gut und glauben, gerecht vor dir zu sein. Wecke uns aus unserer falschen Sicherheit, befreie uns von unserer Selbstgerechtigkeit und heile uns durch Jesus Christus, den Arzt der Kranken, den Heiland der Sünder, der in der Einheit des Heiligen Geistes mit dir lebt und herrscht in alle Ewigkeit.   *MB 319*

SCHRIFTLESUNG   Jes 53,1–5

WECHSELGEBET   GL 192 (Durch seine Wunden sind wir geheilt – *wechselseitig sprechen oder V/A singen*)

IMPULS   Jesus bezeichnet sich selbst als Arzt; er sagt: „Nicht Gesunde brauchen den Arzt, sondern Kranke. Nicht Gerechte zu rufen bin ich gekommen, sondern die Sünder." Stellen wir uns einmal Jesus als Arzt, als „Dr. med." vor: Welches medizinische Fach vertritt Dr. med. Jesus? Er ist, so könnte man aus den Texten der Evangelien, aber auch aus unserer eigenen Erfahrung sagen, ein allgemein praktizierender Arzt (Hausarzt) wie auch ein Facharzt:

Hausarzt
Er ist ein Arzt, der sogar auf Wunsch ins Haus kam und dort Menschen heilte, die man vor ihn brachte. Er kommt auch in mein Haus, er kommt zu uns, er ist sich nicht zu schade dafür, er kommt gerade dorthin, wo es krankt, er hört und schaut, um dann zu handeln. :

Hals-, Nasen- und Ohrenarzt
Jesus heilte die Taubstummen. Auch diejenigen, die taub geworden sind für den Ruf ins wahre, echte Leben, die zugedeckt sind von dem, was da sonst so viel wichtiger erscheinen will, die ersaufen und ersticken im eigenen Lebenshorizont.

Augenarzt
Jesus heilte die Blinden. Er heilt auch diejenigen, die für die Spuren Gottes in ihrem Leben blind geworden sind, sie nicht mehr wahrnehmen können.

Orthopäde
Jesus richtete die Gebeugten auf. Er kümmert sich um das, was da in unserem Leben krumm, ausgerenkt, verbogen wurde. Er möchte, dass wir stehen, aufstehen, gar aus dem Tod auferstehen können.

Neurologe

Jesus heilte Menschen von epileptischen Anfällen und ihren Dämonen. Er heilt, was da dunkel in uns wird, uns depressiv macht und resignieren lässt und uns entmutigt, er heilt von wahnhaften Ideen, Gebundenheit und Besessenheit.

Kinderarzt

Jesus nahm sich der sich der Kleinen an. Er lässt die Kinder zu sich kommen, die Anfänger des menschlichen Lebens, die besonderen Schutz brauchen, und ist ihr Anwalt; er spendet ihnen seinen Segen, legt Hände auf.

Frauenarzt

Jesus nahm sich der Frauen an. Er heilt ihre Leiden, sorgt sich um diejenigen Frauen, die sozial am Rande stehen, ausgestoßen und bedroht sind.

Onkologe

Jesus kümmert sich um diejenigen, deren Krankheit wie z. B. Krebs häufig mit Lebensangst und Todesangst verbunden ist. Er schenkt Hoffnung, die weiter reicht und „gegen alle Hoffnung" (Röm 4,18) Leben schenkt.

Chirurg

Jesus heilt, was gebrochen ist, und alles, was da in uns brechen kann: Beziehungen, Hoffnungen, die noch größere Auswirkungen, Schmerzen auslösen können als Knochenbrüche. –

Seine Therapien

Wie behandelt Dr. med. Jesus?
Kern ist die Beziehung zwischen ihm als Arzt und Patient – von beiden Seiten her. Vor allem ist es die Liebe, die steht und bleibt. Manchmal empfangen wir diese Liebe im Zeichen, wie eine Tablette, als „Arznei der Unsterblichkeit": So wurde früher die heilige Kommunion genannt. Seine Hilfsmittel sind das Gespräch, als das Gebet, die Zeit, die man sich für den Heiland nimmt, auch im Gottesdienst. Jesus ist einer, der Leiden am eigenen Leib kennt und in seinem Kreuz unser menschliches Leiden durch Beistand erträglich werden lässt. Er sorgt sich im nicht nur um die Abwehr von Krankheiten, um das Sterben zu verhindern, sondern er müht sich, auch diesen letzten Weg mit uns zu gehen, ihn erträglich, annehmbar zu machen. Ihm geht es um die Prävention, um die Vorsorge, die hilft, nicht falsche Wege zu gehen; auf sein Wort zu hören und sich der Führung des Heiligen Geistes anzuvertrauen, der den Weg zum Leben mit Gott und zum guten Umgang mit den Menschen weist.

BUSSAKT Jesus trägt unsere Leiden und heilt uns dadurch von ihnen. Ihm wollen wir nun all das hinhalten, was in uns unheil ist, aber auch das, womit wir andere verletzt haben, wo wir den guten Weg verlassen haben, der zum Leben führt, wo wir eigene, falsche Wege gegangen sind, die uns schaden.

Stille

GEBET

SCHULDBEKENNTNIS GL 59,3 *(gemeinsam sprechen)*

oder

GEBET EINES KRANKEN Ps 38 (VV. 2–7.9–16.19.22)

Stille

VERGEBUNGSZUSAGE Der Herr, der die gebrochenen Herzen heilt, der die schmerzenden Wunden verbindet, er nimmt sich eurer an und vergibt euch im Namen seines Sohnes, der unsere Schmerzen am Kreuz auf sich nahm und in Heil verwandelte.

LIED GL 166,2

BITTEN UND FÜRBITTEN Lasst uns nun beten zu unserem Herrn Jesus Christus, dem Arzt der Seele, der unsere Schmerzen trug: Herr, erbarme dich.
* Stärke die, die den Kampf gegen ihr Leiden schon aufgegeben haben. Stärke, was in uns schwach geworden ist.
* Erleuchte die, deren Herz und Inneres voller Schatten und Dunkel geworden ist. Erleuchte, was da dunkel in uns ist.
* Trage die, die nicht mehr stehen und nicht mehr bestehen können. Trage uns, wenn wir zu fallen drohen.
* Tröste die, die um einen lieben Menschen trauern und ihnen das eigene Leben nimmt. Tröste uns, wenn wir voller Trauer sind.
* Richte die auf, die unter der schweren Last auf ihrem Herzen und in den Beziehungen gebeugt sind. Richte in uns auf, was darniederliegt.
* Versöhne jene, deren Beziehungen gebrochenen sind und die keine Zukunft mehr in ihnen sehen können.
* Führe, die ihren Weg verloren haben und nicht wissen, wie es weitergeht. Führe uns, wenn wir in die Irre gehen.
* Ermutige, die keine Kraft mehr in sich spüren und resigniert sind. Ermutige uns, wenn wir mutlos geworden sind.

Unsere Bitten fassen wir zusammen in dem Gebet, das uns Jesus selbst zu beten lehrte: Vater unser ...

GEBET   Gott, du selbst hast uns heute verbunden, hast die Wunden, die unsere Sünden geschlagen haben, durch deinen Sohn geheilt. Dafür danken wir dir und preisen dich durch ihn, Jesus Christus, im Heiligen Geist.

SEGEN   Geht den Weg des Mitleids, den uns unser Gott durch seinen Sohn Jesus Christus gezeigt hat.
Habt offene Augen, Ohren und Herzen für die Nöte und Schmerzen eures Nächsten.
Vertraut darauf, dass Gott euch hilft, seinen Willen in dieser Welt zu erfüllen und seine Liebe zu leben.
　　Dazu segne euch der Vater ...

LIED   GL 160,3.5 (Bekehre uns)

Franz Feineis / Guido Fuchs

VORBEREITUNG *Taufort / Taufbecken ist beleuchtet, im Taufbecken ist Weihwasser; vor dem Altar sind die Taufsymbole (Kleid, Osterkerze, Chrisamöl, Krug oder Schale mit Wasser) gerichtet – evtl. auf einem blauen Tuch*

KREUZZEICHEN, LITURGISCHER GRUSS

ZUR ERÖFFNUNG   Orgelspiel *oder* GL 165,1–3 (Sag ja zu mir)

EINFÜHRUNG   „Ich taufe dich im Namen des Vaters und des Sohnes und des Heiligen Geistes." Diese Worte wurden einem jeden von uns bei der Taufe zugesprochen. Damit begann unser Leben als Christ, unser Leben in der Kirche Jesu Christi. Diese Worte wurden uns auf den Kopf zugesagt und wollen ausdrücken, dass wir im Namen des Vaters und des Sohnes und des Heiligen Geistes zum Menschsein und zum Christsein berufen sind: also zunächst nicht für uns, sondern auf Gott hin. Diese Worte sind unwiderrufliche Worte. Die Taufe ist wie ein Siegel, ein Prägemal, etwas was uns durch und durch bleibend prägt.

Was das konkret für unser Leben heißt, das wollen wir nun miteinander bedenken. Vor allem wollen wir einen ehrlichen Blick auf unser Leben wagen. Wir wollen ganz bewusst vor Gott hintreten und um sein Erbarmen bitten, wo wir dem Ruf Gottes ausgewichen sind und unsere Berufung nicht treu gelebt haben.

PSALM   Ps 130; GL 191 *(wechselseitig singen oder sprechen)*

Stille

PSALMORATION   Herr, unser Gott, du nimmst den Sünder an, wenn er deinem Wort der Vergebung vertraut und zurückkehrt auf den Weg zu dir, den er verlassen hat. Sei gepriesen durch Jesus Christus, den guten Hirten, durch den du uns Erlösung in Fülle geschenkt hast.

IMPULS ZUR BESINNUNG   Die Taufe ist das Grunddatum eines jeden Christen. Hier macht Gott mit allen, die sich taufen lassen, einen Anfang und sagt: Du bist mein geliebter Sohn, du bist meine geliebte Tochter! In der Taufe geht es um eine grundsätzliche Ausrichtung des Lebens. Und weil das an uns – zumindest an den meisten von uns – als Baby geschah, gilt es, das Taufbekenntnis als Erwachsener immer wieder einzuholen, sich neu ins Bewusstsein zu rufen: Was bedeutet das Getauftsein auf den dreifaltigen Gott? Zunächst kann dies Dankbarkeit in uns auslösen: Dankbarkeit darüber, dass Gott mich meint, dass Gott mich bei meinem Namen ruft, dass er mit mir eine einzigartige Beziehung eingehen will. Getauftsein ist somit ein Geschenk – die Theologen sagen: eine Gnade –, eine Gabe von Gott her.

Für uns Menschen ist das Getauftsein nicht nur eine Gabe, sondern auch eine Aufgabe; getauft werden hat Konsequenzen. Sehr drastisch bringt das der Täufer Johannes in seiner Predigt zum Ausdruck: Er verkündigte in der Gegend am Jordan Umkehr und Taufe zur Vergebung der Süden. Hier wird deutlich: Taufe und ein entsprechender Lebensstil gehören untrennbar zusammen. „Bringt Frucht hervor, die eure Umkehr zeigt." Und wir können ergänzen: Bringt Frucht hervor, lebt als Getaufte so, dass euer Getauftsein deutlich wird. Es geht schließlich um ein Pro und Contra, um ein Ja oder Nein, um das Widersagen oder Glauben.

Christsein, Getauftsein ist kein Selbstläufer. Als Getaufter habe ich kein automatisches Anrecht auf die Barmherzigkeit Gottes. Dies mahnt Johannes auch an, wenn er sagt: „Meint nicht, ihr könntet sagen: Wir haben ja Abraham zum Vater!" Mit anderen Worten: Wir dürfen uns auch als Christen, als Getaufte und Berufene, nicht in einer falschen Selbstsicherheit wiegen. Es bedarf immer wieder der Umkehr und Erneuerung.

Als getaufter Christ geht es um eine letztgültige Entscheidung und Ausrichtung meines Lebens: Wozu stehe ich in guten und bösen Tagen? Wer oder was gibt meinem Leben letztlich Kraft, Halt und Sinn? Will ich mein Leben für Gott investieren, mich für meine Mitmenschen einsetzen? Meine Entscheidung ist da gefragt – im Kleinen wie im Großen.

ÜBERLEITUNG ZU DEN BESINNUNGSFRAGEN   *Die Besinnungsfragen sind Vorschläge; sie können verändert und der jeweiligen Situation angepasst, gekürzt oder ergänzt werden; zwischen den einzelnen Taufsymbolen ist eine längere Stille oder ein kurzes Orgelstück ratsam.*

Wir wollen uns jetzt Zeit nehmen, um auf unser Leben zu blicken. Wir wissen in dieser Stunde Gott an unserer Seite, der liebevoll mit uns auf unser Leben schaut. Es geht dabei um einen ehrlichen Blick. Denn nur eine ehrliche Einsicht in das, was war, eröffnet mir eine nie erwartete Aussicht auf das, was sein wird: nicht aus mir, sondern von Gott her, unverfügbar und unverdient: Umkehr und Versöhnung.

Anhand der einzelnen Taufsymbole wollen wir uns anfragen lassen. Sie sind hier vorne am Altar gerichtet, sie stehen uns vor Augen und sollen uns Hilfe sein, vom äußeren Schauen zum inneren Betrachten zu kommen.

Das Wasser

Wasser bedeutet Leben, Hoffnung. Es reinigt und erfrischt. Es lässt blühen und wachsen. Wasser kann aber auch Verderben bringen und töten: Wir denken an Flutkatastrophen, an verheerende Überschwemmungen.

- Wie erlebe ich mich zur Zeit? Spüre ich in mir Lebendigkeit, Freude am Leben – oder eher Trockenheit?
- Bejahe ich mein Leben und kann ich zusammen mit dem Psalmisten Gott dafür danken, „dass er mich so wunderbar gestaltet hat"? (Ps 139,14)
- Was kommt in mir zum Blühen? Was darf wachsen und neu werden?
- Was bricht gerade über mich herein – wie eine Welle?
- Wem oder was bin ich ausgeliefert? Meinen Gefühlen und Stimmungen? Den Anforderungen, den hohen Erwartungen, die ich selber an mich stelle? Meinen liebgewordenen Gewohnheiten und Abhängigkeiten?
- Lasse ich mich treiben im Meer meiner Launen, Gefühle und Leidenschaften?

Stille

Das Chrisamöl

Chrisam besteht aus Olivenöl. Früher wurden Könige und wichtige Menschen mit dem Öl gesalbt zum Zeichen ihrer besonderen Würde und Verantwortung. Die Salbung bei der Taufe bringt zum Ausdruck: die einzigartige Verbindung mit Christus, dem Gesalbten, die Stärkung durch den Geist Gottes und die Beauftragung zu einem christlichen Leben.

- Bin ich mir meiner Würde als Mensch und Christ bewusst? Bin ich dankbar für das Wunder des Lebens und des Glaubens?
- Gehe ich würdevoll mit mir selbst und den anderen um? Achte ich die Würde der Menschen, die am Rand unserer Gesellschaft leben?
- Trete ich für die Würde des Lebens ein – von der Zeugung bis zum Tod?

- Nehme ich meine Verantwortung in Familie, Gesellschaft und Kirche wahr? Setze ich meine Talente und Fähigkeiten für andere ein?
- Wie lebe ich meine Berufung als Christ im Alltag, in unserer Gemeinde?
- Erlebe ich meinen Glauben als Geschenk und Bereicherung meines Lebens?

Stille

Das Taufkleid

Das weiße Kleid signalisiert die Zugehörigkeit zu Christus. Der Getaufte zieht Christus als Gewand an, d. h. er ist eingehüllt in Christus, er übernimmt dessen Lebenseinstellung. Mit dem Anlegen des weißen Kleides wird auf den neuen Stand, auf die Veränderung durch das Getauftsein und auf die neue Würde des Menschen von Gott her verwiesen.
- Freue ich mich an meiner Berufung? Feiere ich regelmäßig meinen Glauben zusammen mit anderen in der Gemeinschaft des Glaubens?
- Was tue ich, um meine Beziehung und Zugehörigkeit zu Christus zu pflegen oder zu verbessern?
- Wie wichtig sind mir der Gottesdienst, das persönliche Beten, das Lesen in der Bibel, Zeiten der Stille und Besinnung?
- Lasse ich Gott ganz nah an mich heran oder halte ich ihn auf Abstand, so wie es mir gerade gut tut?
- Bin ich ein froher und glaubwürdiger Zeuge für Jesus Christus?
- Beurteile ich andere und anderes vordergründig nur „auf den ersten Blick"?

Stille

Die Taufkerze

Wenn jemandem „ein Licht aufgeht", dann sieht er wieder klar und gewinnt Orientierung. Für uns Christen ist Jesus das Licht der Welt. Er lässt in uns ein Licht aufgehen und schenkt unserem Leben Sinn und Orientierung. Dafür steht die Taufkerze, die bei der Taufe an der Osterkerze entzündet wird.
- Freue ich mich an meiner Berufung, das Licht Jesu Christi weitergeben zu dürfen?
- Bin ich ein Kind des Lichtes oder liebe ich eher das Dunkle und Abgründige?
- Lasse ich mich von dunklen und lebensfeindlichen Kräften bestimmen oder bin ich bereit, dem Dunklen in meinem Leben das Licht Jesu Christi entgegenzusetzen?

- Brennt in mir ein Feuer, das andere ansteckt, oder stelle ich mein Licht
  – in falscher Bescheidenheit – unter den Scheffel?
- Glaube ich an das Licht Gottes wider alle Dunkelheit in meinem Leben?
- Freue ich mich an meiner Berufung, für Christus das Licht in die Welt
  tragen zu dürfen?

Stille

LIED   GL 622 (Hilf, Herr meines Lebens)

SCHULDBEKENNTNIS   Stellen wir uns nun in das gnädige Erbarmen Gottes und bekennen wir vor ihm und voreinander, dass wir gesündigt haben,
dass wir unserer Berufung zum Menschsein und Christsein nicht immer gerecht geworden sind. Sprechen wir gemeinsam das Schuldbekenntnis:
Ich bekenne ...

VERGEBUNGSBITTE   Der allmächtige Gott erbarme sich unser, er nehme
von uns Sünde und Schuld und er führe uns zum wahren und ewigen Leben.

LIED   GL 165,4–6 (Sag ja zu mir)

ZEICHENHANDLUNG   Als Erinnerung an die Taufe sind Sie jetzt alle eingeladen, an das Taufbecken zu treten und sich mit dem Kreuz auf der Stirn
bezeichnen zu lassen. Die persönliche Zusage soll uns ermutigen und bekräf-
tigen, unsere Berufung als Christen zu leben, in Alltag, Familie, Beruf und
Kirche.

ZUSPRUCH   *des Priesters (Gottesdienstleiters) am Taufbecken:*
„Du bist getauft und Gott geweiht! Kehre um und lebe das Evangelium!"
Währenddessen Orgelspiel

LIED   GL 635,1–2 (Ich bin getauft)

VATERUNSER   „Ich darf ihn rufen ‚Vater mein' ..." (GL 635,2): Wir heißen Kinder Gottes und wir sind es. Das ist unsere Gabe und unsere Aufgabe. Und so beten wir voll Vertrauen miteinander und füreinander zu unserem Vater im Himmel: Vater unser ...

GEBET   Herr, unser Gott, bei dir ist Freude über jeden Menschen, der umkehrt und Buße tut. Denn du bist der Vater, der für alle ein Herz hat. Lass uns darauf vertrauen und deinem Ruf folgen, der seit unserer Taufe an uns ergeht. Denn du willst uns zu dir führen durch Jesus Christus, deinen Sohn, unseren Bruder und Herrn.

SEGENSGEBET   Herr, segne meine Hände,
damit meine Berufung handgreiflich wird,
Gestalt annimmt in Kirche und Welt.

Herr, segne meine Augen,
damit ich das Vordergründige und Selbstverständliche durchdringe,
dass andere sich wohlfühlen unter meinem Blick.

Herr, segne meine Ohren,
dass ich deinen Ruf vernehme,
dass ich hellhörig bin für die Not der Menschen.

Herr, segne meinen Mund,
dass ich mit Worten dich froh und glaubwürdig bezeuge.
dass nichts von mir ausgeht, was dich verletzt.

Herr, segne mein Herz,
dass es Wohnstatt sei für dich,
dass du täglich neu in mir geboren werden kannst.

So segne uns alle der allmächtige und gütige Gott:
der Vater, der Sohn und der Heilige Geist.

LIED   GL 635,3

Jens Maierhof

Wahrheit steht vor Gericht

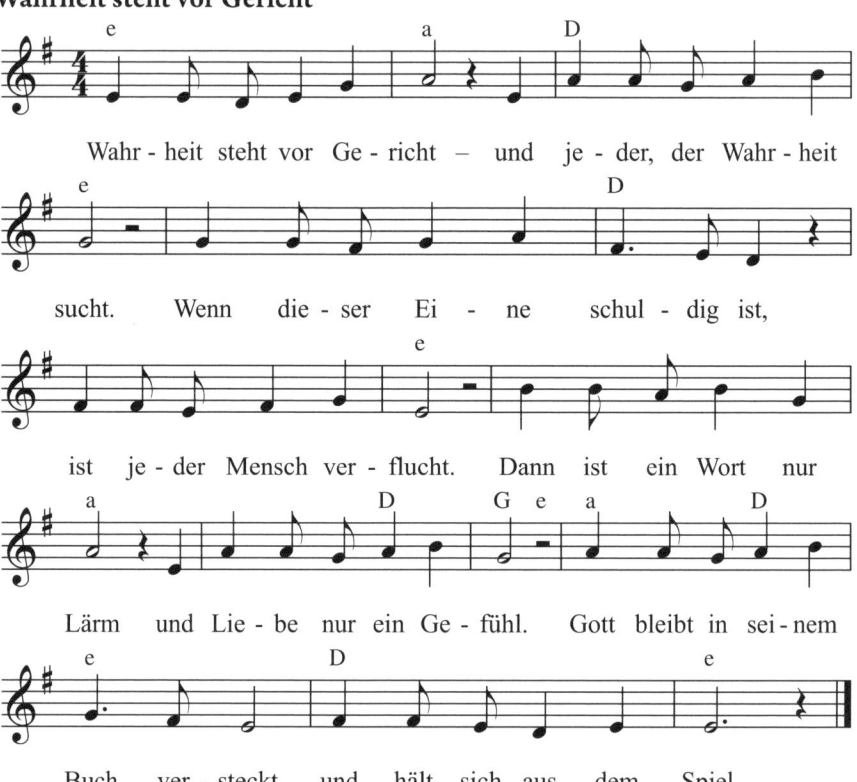

Wahr - heit steht vor Ge - richt – und je - der, der Wahr - heit sucht. Wenn die - ser Ei - ne schul - dig ist, ist je - der Mensch ver - flucht. Dann ist ein Wort nur Lärm und Lie - be nur ein Ge - fühl. Gott bleibt in sei - nem Buch ver - steckt und hält sich aus dem Spiel.

2. Schwer wiegt die Last des Ja, / gestemmt gegen tausend Neins. / Er hatte Schuld und Tod durchkreuzt – und dieses Kreuz wird seins. / Gegen die Schwerkraft an hebt er es zu Gott empor, / dass dort ein Gott des Lebens sei, Liebe mit Herz und Ohr.

3. Denk an das Purpurkleid / und denk an dein Jammerbild! / Nichts, was du wolltest, glückte dir, nichts hat dein Gott erfüllt. / Spürst du? Dein Arm wird schwach, die Knie, sie knicken ein. / Einer, der krumm und stolpernd geht – kann er Erlöser sein?

4. Sag mir, mein Sohn, warum? / Ich seh es und fass es nicht. / Warum die Schande und der Schmerz, der alle Maße bricht? – / Israels Glaubenslied, du sangst es mir oft und oft. / Heute erfüllt sich oder stirbt, was unser Volk erhofft.

5. Gäbe es einen Freund, / der Weg wäre halb so schwer. / Fremder, wie gut du tragen hilfst! / Sag mir, wo kommst du her? – / Freundschaft bewegt mich nicht, / nur Drohung und nackte Angst. / Nein, jene Kraft hast du allein, / die du von uns verlangst.

6. Frau, die mich sanft berührt, / hab Dank für die Freundlichkeit, / dass ich noch einmal Mensch sein darf / für eine kurze Zeit. / Das ist mein wahres Bild: / das Bild, das die Liebe sieht. / Halt es in deiner Seele fest, / was auch mit mir geschieht!

7. Glückwunsch zum nahen Sieg! / Wo bleibt nur das Himmelreich? / Schickt Gott nicht bald sein Engelheer, / wird der Messias weich. / Lass doch den Kampf, gib auf! / Sag allen: Es war Betrug. / Wie, du willst wirklich weitergehn? / Glaub mir, das ist nicht klug.

8. Frauen an meinem Weg, / wie Recht habt ihr, dass ihr weint! / Mein Los hält euch den Spiegel vor, / in dem ihr selbst erscheint. / Alles verschlingt der Tod, / und nichts kann dem Kreuz entgehn. / Weint über Qual und Schuld der Welt! / Dann wird sie auferstehn.

9. Immer noch wortgewandt? / Prophetisch um jeden Preis? / Schon liegt dein Körper hingestreckt, / weil er es besser weiß! / Erde und Sterne ziehn / auch ohne dich ihre Bahn. / glaubst du, dein Anblick kümmert sie? / Stirb nur für deinen Wahn.

10. Das tut die Geißel, seht: / Zerfetzt hat sie meine Haut. / Alles an mir ist weh und wund. / Kommt nur ganz nah und schaut! / Kleidung verhüllt und schont, / schont euch, die ihr sie mir nehmt. / Ich stehe nackt und bloß vor euch. / Ihr aber seid beschämt.

11. Heiland, nun wird es ernst! / Die Nägel hier sind für dich. / Spürst du? Du bist aus Fleisch und Blut / und kein gedachtes Ich. / Beiß auf die Lippen, fest! / Wie unwürdig, dass du schreist! / So also sieht die Freiheit aus, / die du der Welt verheißt.

12. Vater, mein erstes Wort, / mein Jubel und mein Gebet, / Vater, der mit gebrannter Schrift / in mir geschrieben steht, / Vater, du mein Warum, / mein Röcheln und Klageschrei, / Vater, mein letzter Atemzug – / Vater, es ist vorbei.

13. Schlafe, mein Sohn, schlaf tief! / Ruh aus von der langen Qual. / Tröstet nicht jede Frau ihr Kind, / sei's auch zum letzten Mal? / Leben ist eine Saat, / Geburt aus der Todesnacht. / Was jede Mutter glaubt und hofft – / du hast es wahr gemacht.

14. Wahrheit liegt nun im Grab – / und jeder, der Wahrheit sucht. / Wenn dieser Mensch vernichtet ist, / ist jeder Mensch verflucht. / War aber Gott mit ihm, / liegt er hier im Leichentuch, / dann dringt ein Licht ins Totenreich / und widerlegt den Fluch.

T: Peter Gerloff © beim Autor
M: Volksweise aus Israel

Wahrheit steht vor Gericht
Eine Kreuzwegandacht und ein Kreuzweglied

1. Station   Jesus wird zum Tod verurteilt

V Wir beten zu dir, Herr Jesus Christus, und danken dir:

A Du hast dein Kreuz für uns getragen und zu unserem Heil.

V Vor Tagen noch wie ein König empfangen, steht Jesus jetzt in Jerusalem
vor dem römischen Richter. Bis zuletzt legt er Zeugnis ab für den Vater im
Himmel, von dem er gekommen ist, um den Menschen die Botschaft der
Liebe Gottes zu verkünden und zu erweisen.

L Jesus sagt: Ich bin ein König. Ich bin dazu geboren und dazu in die Welt
gekommen, dass ich für die Wahrheit Zeugnis ablege. Jeder, der aus der
Wahrheit ist, hört auf meine Stimme. – Wer die Wahrheit tut, kommt
zum Licht, damit offenbar wird, dass seine Taten in Gott vollbracht sind.

Joh 18,2

WECHSELGEBET   Ps 12; GL 711,2 (VV. 1–4.7–8)

V Herr Jesus, du allein bist der Weg zum Leben mit Gott. Lass uns an dieser
Wahrheit festhalten, auch wenn wir in schweren Situationen sind. Wir
bitten dich:

A Erbarme dich über uns und über die ganze Welt.

LIEDSTROPHE   Wahrheit steht vor Gericht, 1 (S. 88)

2. Station   Jesus nimmt das Kreuz auf seine Schulter

V Wir beten zu dir, Herr Jesus Christus, und danken dir:

A Du hast dein Kreuz für uns getragen und zu unserem Heil.

V Gegen alles Hoffen und Beten der Menschen, die an Jesus hingen, spricht
der Richter sein Urteil: Du wirst das Kreuz besteigen. Den Kreuzesbal-

ken muss Jesus selbst zum Richtplatz tragen, an ihm wird er sein Leben beenden. Der bereit war, unsere Lasten auf sich zu nehmen, er trägt nun unseren Tod.

L   Kommt alle zu mir, die ihr euch plagt und schwere Lasten zu tragen habt. Ich werde euch Ruhe verschaffen. Nehmt mein Joch auf euch und lernt von mir; denn ich bin gütig und von Herzen demütig; so werdet ihr Ruhe finden für eure Seele. Denn mein Joch drückt nicht und meine Last ist leicht.   *Mt 11*

WECHSELGEBET   Ps 116; GL 747,2 (VV. 1–2.6–9)

V   Herr Jesus, du hast dich unter das Kreuz gebeugt, unsere Krankheiten getragen und Schmerzen auf dich genommen. Gib uns die Kraft, auch unser Kreuz zu tragen und dir nachfolgen zu können, wenn es ernst wird. Wir bitten dich:

A   Erbarme dich über uns und über die ganze Welt.

LIEDSTROPHE   Wahrheit steht vor Gericht, 2

3. Station   Jesus fällt zum ersten Mal unter dem Kreuz

V   Wir beten zu dir, Herr Jesus Christus, und danken dir:
A   Du hast dein Kreuz für uns getragen und zu unserem Heil.

V   Jesus wurde die ganze Nacht hindurch verhört, immer wieder geschlagen, gegeißelt. Jetzt schwinden ihm die Kräfte. Den schweren Kreuzesbalken auf den Schultern bricht er zusammen. Doch die römischen Schergen, die ihn und andere zum Hinrichtungsort treiben, kennen kein Mitleid.

L   Ich hielt meinen Rücken denen hin, die mich schlugen, und denen, die mir den Bart ausrissen, meine Wangen. Mein Gesicht verbarg ich nicht vor Schmähungen und Speichel. Doch Gott, der Herr, wird mir helfen; darum werde ich nicht in Schande enden.   *Jes 50*

WECHSELGEBET   Ps 121; GL 752.2 (VV. 1–4.7–8)

V Herr Jesus, du bist uns nahe in den Menschen, die niemand mehr beachtet, weil sie arm, von Krankheit gezeichnet oder im Leben gestrauchelt sind. Lass uns dich ihn ihnen erkennen. Wir bitten dich:

A Erbarme dich über uns und über die ganze Welt.

LIEDSTROPHE Wahrheit steht vor Gericht, 3

4. Station Jesus begegnet seiner Mutter

V Wir beten zu dir, Herr Jesus Christus, und danken dir:
A Du hast dein Kreuz für uns getragen und zu unserem Heil.

V Maria muss es mit ansehen, wie ihr Sohn sich zu seiner Hinrichtung schleppt. Ist es das, was sich eine Mutter bei der Geburt ihres Kindes erträumt? Wo sind die Hoffnungen geblieben, die mit der Verkündigung seiner Geburt verbunden waren? Der Lobpreis auf Gott, der die Niedrigen aus dem Staub hebt – alles umsonst?

L Simeon segnete sie und sagte zu Maria, der Mutter Jesu: Dieser ist dazu bestimmt, dass in Israel viele durch ihn zu Fall kommen und viele aufgerichtet werden, und er wird ein Zeichen sein, dem widersprochen wird. Dadurch sollen die Gedanken vieler Menschen offenbar werden. Dir selbst aber wird ein Schwert durch die Seele dringen.

WECHSELGEBET Magnificat; GL 689 (VV. 1–4.8–9)

V Herr Jesus, du hast die selig gepriesen, die wie deine Mutter auf dein Wort hören, es im Herzen bewahren und danach handeln. Lass uns daran auch festhalten, wenn es uns schwer fällt. Wir bitten dich:

A Erbarme dich über uns und über die ganze Welt.

LIEDSTROPHE Wahrheit steht vor Gericht, 4

5. Station Simon von Cyrene hilft Jesus das Kreuz tragen

V Wir beten zu dir, Herr Jesus Christus, und danken dir:

A Du hast dein Kreuz für uns getragen und zu unserem Heil.

V Wie rasch kann das Wort vom Kreuztragen ernst und Wirklichkeit werden: Simon von Cyrene, der zufällig des Wegs kommt, wird von den Soldaten gezwungen, Jesus zu helfen. Nun gilt es anzupacken. – Manchmal müssen wir gleich handeln, um helfen zu können, dann wird es auch ernst für uns.

L Viele Menschen begleiteten ihn; da wandte er sich an sie und sagte: Wenn jemand zu mir kommt und nicht Vater und Mutter, Frau und Kinder, Brüder und Schwestern, ja sogar sein Leben gering achtet, dann kann er nicht mein Jünger sein. Wer nicht sein Kreuz trägt und mir nachfolgt, der kann nicht mein Jünger sein.

Lk 14

WECHSELGEBET Ps 71; GL 733,2 (VV. 1–2.7–10)

V Herr Jesus, dein Wort von der Kreuzesnachfolge wiegt schwer. Keiner von uns will das gern auf sich nehmen. Wir brauchen auch dazu deine Kraft und Hilfe. Wir bitten dich:

A Erbarme dich über uns und über die ganze Welt.

LIEDSTROPHE Wahrheit steht vor Gericht, 5

6. Station Veronika reicht Jesus das Schweißtuch

V Wir beten zu dir, Herr Jesus Christus, und danken dir:

A Du hast dein Kreuz für uns getragen und zu unserem Heil.

V Wie gut tut es, wenn jemand, auch ohne wirklich helfen zu können, mitleidet. Veronika kann Jesus das Kreuz nicht abnehmen, sie kann das Urteil nicht rückgängig machen. Aber sie wischt ihm den Schweiß von der Stirn. In diesem einfachen Dienst am Nächsten wird sie selbst zum Abbild des dienenden und liebenden Herrn.

L Ich war hungrig und ihr habt mir zu essen gegeben; ich war durstig und ihr habt mir zu trinken gegeben; ich war fremd und obdachlos und ihr habt mich aufgenommen; ich war nackt und ihr habt mir Kleidung gegeben; ich war krank und ihr habt mich besucht; ich war im Gefängnis und ihr seid zu mir gekommen. Was ihr für einen meiner geringsten Brüder getan habt, das habt ihr mir getan.

Mt 25

WECHSELGEBET   Ps 112; GL 630,2 (VV. 1–5.9)

V Herr Jesus, du hast gesagt: Selig, die ein reines Herz haben, denn sie werden Gott schauen. Lass uns mit reinem und gütigem Herzen an den Menschen handeln und in ihnen dich, unseren Gott, erkennen. Wir bitten dich:

A Erbarme dich über uns und über die ganze Welt.

LIEDSTROPHE   Wahrheit steht vor Gericht, 6

94 7. Station   Jesus fällt zum zweiten Mal unter dem Kreuz

V Wir beten zu dir, Herr Jesus Christus, und danken dir:
A Du hast dein Kreuz für uns getragen und zu unserem Heil.

V Wie lächerlich musste das auf die Menschen wirken, die den Kreuzweg säumten, um sich am Leid der Verurteilten zu weiden: Jesus, der Messias, der in drei Tagen einen neuen Tempel bauen wollte, er stolpert und fällt erneut unter dem Kreuz. Da liegt er im Dreck, der Sohn Gottes! Zu Schmerz, Angst und Leid kommt noch der Hohn der Menschen dazu.

L Seht, das ist mein Knecht, den ich stütze; das ist mein Erwählter, an ihm finde ich Gefallen. Ich habe meinen Geist auf ihn gelegt, er bringt den Völkern das Recht. Er schreit nicht und lärmt nicht und lässt seine Stimme nicht auf der Straße erschallen. Das geknickte Rohr zerbricht er nicht und den glimmenden Docht löscht er nicht aus; ja, er bringt wirklich das Recht. Er wird nicht müde und bricht nicht zusammen, bis er auf der Erde das Recht begründet hat.

Jes 42

WECHSELGEBET   Ps 91; GL 698,2 (VV. 10–15)

V Herr Jesus, wie groß war die Versuchung, jetzt alles einfach nur noch geschehen zu lassen? Wie stark war dein Glaube auch in dieser Situation,
da der Spott der Leute das Mitleid verdrängt? Lass uns stark bleiben im
Glauben, auch wenn wir straucheln. Wir bitten dich:

A Erbarme dich über uns und über die ganze Welt.

LIEDSTROPHE   Wahrheit steht vor Gericht, 7

8. Station   Jesus begegnet den weinenden Frauen

V Wir beten zu dir, Herr Jesus Christus, und danken dir:
A Du hast dein Kreuz für uns getragen und zu unserem Heil.

V Wie echt sind Tränen? Das Weinen der Frauen am Weg hilft Jesus nicht
weiter. Ihre Hände wischen nur die eigenen Tränen aus dem Gesicht,
nicht Blut, Schweiß und Tränen aus seinem leidenden Antlitz.

L Jesus wandte sich zu ihnen um und sagte: Ihr Frauen von Jerusalem, weint
nicht über mich; weint über euch und eure Kinder! Denn es kommen
Tage, da wird man sagen: Wohl den Frauen, die unfruchtbar sind, die
nicht geboren und nicht gestillt haben. Dann wird man zu den Bergen sagen: Fallt auf uns!, und zu den Hügeln: Deckt uns zu! Denn wenn das mit
dem grünen Holz geschieht, was wird dann erst mit dem dürren werden?

Lk 23

WECHSELGEBET   Ps 90; GL 736,2 (VV. 5–9.13)

V Herr Jesus, das Leiden und Sterben der Menschen erschüttert und bedrückt uns. Lass uns den Tod als unumgänglich und zum Leben gehörend
begreifen, damit wir an unserem eigenen Sterben reifen, und gib uns helfende Hände. Wir bitten dich:

A Erbarme dich über uns und über die ganze Welt.

LIEDSTROPHE   Wahrheit steht vor Gericht, 8

9. Station   Jesus fällt zum dritten Mal unter dem Kreuz

V Wir beten zu dir, Herr Jesus Christus, und danken dir:
A Du hast dein Kreuz für uns getragen und zu unserem Heil.

V Der Hinrichtungsstätte nahe, wankt Jesus nur noch. Seine Knie geben
nach, er stürzt erneut unter dem Kreuz. Der die Gebeugten aufgerichtet
hat und die Gelähmten aufstehen ließ, er liegt nun selbst wie gelähmt im
Schmutz.

L Zu unserem Heil lag die Strafe auf ihm, durch seine Wunden sind wir
geheilt. Wir hatten uns alle verirrt wie Schafe, jeder ging für sich seinen
Weg. Doch der Herr lud auf ihn die Schuld von uns allen. Er wurde misshandelt und niedergedrückt, aber er tat seinen Mund nicht auf. Wie ein
Lamm, das man zum Schlachten führt, und wie ein Schaf angesichts seiner Scherer, so tat auch er seinen Mund nicht auf.   *Jes 53*

WECHSELGEBET   Ps 22; GL 715,2 (VV. 7–12)

V Herr Jesus, wie schwer wiegt das Kreuz, das du für uns trugst, wie schwer
sind die Lasten, die wir auf dich werfen dürfen! Wie schwer ist die Wirklichkeit des Reiches Gottes, das du verkündet hast? Lass uns im Glauben
daran festhalten, auch wenn Menschen darüber lachen. Wir bitten dich:

A Erbarme dich über uns und über die ganze Welt.

LIEDSTROPHE   Wahrheit steht vor Gericht, 9

10. Station   Jesus wird seiner Kleider beraubt

V Wir beten zu dir, Herr Jesus Christus, und danken dir:
A Du hast dein Kreuz für uns getragen und zu unserem Heil.

V Die wenigen Kleidungsstücke werden Jesus jetzt noch vom Leib gerissen.
Der Verurteilte wird entblößt, vollends entehrt. Sichtbar wird nun auch
allen, wie sehr Jesus bisher gelitten hat. Manche weiden sich an dem Anblick, andere wenden sich beschämt ab. Doch das Furchtbarste steht Jesus
erst noch bevor.

L Er hatte keine schöne und edle Gestalt, sodass wir ihn anschauen mochten. Er sah nicht so aus, dass wir Gefallen fanden an ihm. Er wurde verachtet und von den Menschen gemieden, ein Mann voller Schmerzen, mit Krankheit vertraut. Wie einer, vor dem man das Gesicht verhüllt, war er verachtet; wir schätzten ihn nicht. *Jes 53*

WECHSELGEBET Ps 22; GL 716,2 (VV. 1–6)

V Herr Jesus, die Scham, die du empfinden musstest, sie weist auf uns zurück. Denn Menschenhände haben dich ausgeliefert, ausgelöscht. Lass uns allen Menschen mit Würde begegnen und dich in ihnen erkennen. Wir bitten dich:

A Erbarme dich über uns und über die ganze Welt.

LIEDSTROPHE Wahrheit steht vor Gericht, 10

11. Station Jesus wird ans Kreuz genagelt

V Wir beten zu dir, Herr Jesus Christus, und danken dir:
A Du hast dein Kreuz für uns getragen und zu unserem Heil.

V Den Kreuzesbalken hat Jesus eigenhändig zum Kalvarienberg geschleppt – jetzt werden seine Hände daran angenagelt. Der Balken wird am Stamm hochgezogen und dann werden auch die Füße Jesu mit Nägeln an diesem fixiert. Welche furchtbaren Schmerzen muss Jesus erlitten haben, als er über der Erde hing!

L Über die Einwohner Jerusalems werde ich den Geist des Mitleids und des Gebets ausgießen. Und sie werden auf den blicken, den sie durchbohrt haben. Sie werden um ihn klagen, wie man um den einzigen Sohn klagt; sie werden bitter um ihn weinen, wie man um den Erstgeborenen weint. *Sach 12*

WECHSELGEBET Ps 22; GL 715,2 (VV. 1–2.6–9)

V Herr Jesus, du warst wie Gott, doch du hieltest nicht daran fest sondern wurdest uns Menschen gleich. Du hast dich für uns zum Sklaven erniedrigt und warst gehorsam bis zum Tod am Kreuz. Lass uns von dir lernen, was die wahre Freiheit bedeutet. Wir bitten dich:

A Erbarme dich über uns und über die ganze Welt.

LIEDSTROPHE Wahrheit steht vor Gericht, 11

12. Station Jesus stirbt am Kreuz

V Wir beten zu dir, Herr Jesus Christus, und danken dir:
A Du hast dein Kreuz für uns getragen und zu unserem Heil.

V Was im armseligen Stall von Betlehem begonnen, endet jetzt am Holz des Kreuzes. Bis in das elende Sterben hinein macht sich der Gottessohn den Menschen gleich. – So sehr hat Gott die Welt geliebt, dass er seinen eigenen Sohn für uns hingab.

L Herr, sei mir gnädig, denn mir ist angst; vor Gram zerfallen mir Auge, Seele und Leib. In Kummer schwindet mein Leben dahin, meine Jahre verrinnen im Seufzen. Meine Kraft ist ermattet im Elend, meine Glieder sind zerfallen. – Ich aber, Herr, ich vertraue dir, ich sage: Du bist mein Gott. In deine Hände lege ich voll Vertrauen meinen Geist; du hast mich erlöst, Herr, du treuer Gott. *Ps 31*

WECHSELGEBET Ps 80; GL 735,2 (VV. 1–3.17–19)

V Herr Jesus, dein letzter Schrei am Kreuz galt Gott – deinem Vater, auf den du vertraut hast. Lass auch uns bis zuletzt festhalten an dem Glauben, dass nur Gott allein uns aus dem Tod ins Leben führen kann. Wir bitten dich:

A Erbarme dich über uns und über die ganze Welt.

LIEDSTROPHE Wahrheit steht vor Gericht, 12

13. Station Jesus wird vom Kreuz abgenommen und in den Schoß seiner Mutter gelegt

V Wir beten zu dir, Herr Jesus Christus, und danken dir:
A Du hast dein Kreuz für uns getragen und zu unserem Heil.

V Noch einmal, ein letztes Mal, wird Jesus seiner Mutter in den Arm gelegt. Muss es sie nicht vor Schmerz zerreißen, wenn sie auf ihr totes Kind blickt und an sein grausiges Ende denkt? Maria hat den Weg Jesu bis zum bitteren Ende begleitet, sie hat ihr Ja zu Gottes Heilsplan bis zum Schluss durchgehalten, auch wenn es übermenschliche Anstrengung gekostet hat.

L Weh, wie einsam sitzt da die einst so volkreiche Stadt. Einer Witwe wurde gleich die Große unter den Völkern. Die Fürstin über die Länder ist zur Fron erniedrigt. Sie weint und weint des Nachts, Tränen auf ihren Wangen. Keinen hat sie als Tröster von all ihren Geliebten. Ihr alle, die ihr des Weges zieht, schaut doch und seht, ob ein Schmerz ist wie mein Schmerz.

Klgl 1

WECHSELGEBET Ps 22; GL 717,2 (VV. 1–3.9–11)

V Herr Jesus, gerade in der tiefsten Tiefe erweist sich die Stärke des Glaubens. Maria, deine Mutter, hat Ja gesagt zu allem, was er mit ihr vorhatte. Auch in dieser schweren Stunde. Lass unseren Glauben ebenso stark sein. Wir bitten dich:

A Erbarme dich über uns und über die ganze Welt.

LIEDSTROPHE Wahrheit steht vor Gericht, 13

14. Station Der heilige Leichnam Jesu wird in das Grab gelegt

V Wir beten zu dir, Herr Jesus Christus, und danken dir:
A Du hast dein Kreuz für uns getragen und zu unserem Heil.

V Das lange Sterben hat eine Ende. Nicht in eine Grube wird Jesus geworfen, sondern in ein Felsengrab gelegt. Die Nacht des Todes hat den umfangen, der als Licht in diese Welt gekommen ist.

L Die Stunde ist gekommen, dass der Menschensohn verherrlicht wird. Amen, amen, ich sage euch: Wenn das Weizenkorn nicht in die Erde fällt und stirbt, bleibt es allein; wenn es aber stirbt, bringt es reiche Frucht. Wer an seinem Leben hängt, verliert es; wer aber sein Leben in dieser Welt gering achtet, wird es bewahren bis ins ewige Leben. *Joh 12*

WECHSELGEBET Ps 130; GL 191,2 (VV. 1–2.6–9)

V Herr Jesus, des Todes Nacht hat dich umfangen, das Grab dich eingeschlossen. Aber es konnte dich nicht halten, weil du das Leben selber bist. Lass uns in dieser gläubigen Gewissheit die Gräber dieser Erde betrachten als Ort einer geheimnisvollen Verwandlung. Wir bitten dich:

A Erbarme dich über uns und über die ganze Welt.

LIEDSTROPHE Wahrheit steht vor Gericht, 14

SEGEN Wir sind dem Kreuzweg Christi nachgegangen bis zu seinem Ende. Wir glauben aber, dass am Ende nicht die bittere Wahrheit des Todes, sondern die frei machende und erlösende Wahrheit des Lebens Gottes steht: Im Kreuz ist Heil, im Kreuz ist Segen. –

So segne uns der barmherzige Gott: der Vater ...

DER DICH BEHÜTET, SCHLÄFT NICHT
Ölbergandacht mit Taizé-Gesängen

EINFÜHRUNG   Nach der Übertragung des Allerheiligsten an einen besonderen Ort und der Entblößung des Altars wirkt die Kirche kahl und leer. Was
für die Augen sonst ein gewohnter Anblick ist (Tabernakel, ewiges Licht,
Kerzen, vielleicht auch ein Kreuz), woran sich viele Blicke möglicherweise
sonst „einhalten", weil es vertraut ist und dem Leben Rahmen und Richtung
verleiht, das fehlt heute Abend.

All das sind nur Zeichen, aber selbst diese Zeichen, diese Leere verbrei-
ten eine eigenartige Stimmung. Sie erinnert uns nur ansatzweise an die Stimmung des Abends, an dem Jesus im Garten Getsemani um die richtige Entscheidung rang, den „Kelch zu trinken" oder in letzter Sekunde die Flucht zu
ergreifen.

Nächte der Entscheidung können qualvoll und scheinbar unendlich sein.
Und wenn noch so gute Freunde den eigenen Weg säumen, im Letzten sind
solche entscheidenden Wege im Leben sehr einsam und verlassen – Neuland:
Vertrautes trägt nicht mehr, Neues ist noch nicht in Sicht. Wir fühlen uns
allein auf uns gestellt.

Reinhard Mey besingt in seinem Lied „Allein" solche Situationen des Lebens, in denen er gemerkt hat, dass die entscheidenden Wege des Lebens –
die „Kreuzwege" – allein zu gehen sind.

LIED   *einspielen oder von einem Sprecher/einer Sprecherin vortragen lassen*

Er drang mir in die Seele, weiß Gott, wie er mich traf,
der Spott der guten Kinder, ich war das schwarze Schaf
im Pausenhof, die Tränen niederkämpfend, stand ich stumm –
der Inhalt meines Ranzens lag verstreut um mich herum.
Wie wünscht ich mir beim Aufsammeln eine helfende Hand,
ein Lächeln, einen Trost – und da war keiner, der sich fand.
Und ich hatte keinen Freund, und schlechte Noten, ist ja wahr,
und unmoderne Kleider und widerspenstiges Haar:

Allein – wir sind allein,
wir kommen und wir gehen ganz allein.

Wir mögen noch so sehr geliebt, von Zuneigung umgeben sein,
die Kreuzwege des Lebens gehen wir immer ganz allein.
Allein – wir sind allein,
wir kommen und wir gehen ganz allein.

Wir waren uns alle einig in dem großen Saal,
wir hatten große Pläne und ein großes Ideal;
ich war der Frechste und der Lauteste und hatte Schneid,
ich wusste, unsere Stärke war unsere Geschlossenheit.
Doch mancher, der von großer gemeinsamer Sache sprach,
ging dabei doch nur seiner kleinen eigenen Sache nach –
und als ein Held sich nach dem anderen auf die Seite schlich,
stand einer nur im Regen, und der eine, der war ich.

Allein ...

Und noch ein Glas Champagner, und sie drückten mir die Hand,
und alle waren freundlich zu mir, alle waren charmant;
und mancher hat mir auf die Schulter geklopft, doch mir scheint,
es hat wohl mancher eher sich als mich damit gemeint.

Die Worte wurden lauter und sie gaben keinen Sinn,
das Gedränge immer enger, und ich stand mitten drin
und fühlte mich gefangen wie ein Insekt im Sand:
Je mehr es krabbelt, desto weiter rückt der Kraterrand.

Allein ...

Nun, ein Teil meines Lebens liegt hinter mir im Licht,
von Liebe überflutet und gesäumt von Zuversicht.
In Höhen und in Tiefen, auf manchem verschlungenen Pfad
fand ich gute Gefährten und fand ich guten Rat.
Doch je teurer der Gefährte, desto bitterer der Schluss,
dass ich den letzten Schritt des Wegs alleine gehen muss:
Wie sehr wir uns auch aneinander klammern, uns bleibt nur
die gleiche leere Bank auf einem kalten leeren Flur.

Reinhard Mey

*Das Bild „Am Ölberg" von Siger Köder (1992) [Rottenburger Kunstverlag VER
SACRUM Nr. 855 D] oder ein anderes Ölbergbild wird an die Teilnehmer zur
Betrachtung ausgeteilt.*

Das Gebet in Getsemani (Mt 26,36–46)

Bleibet hier, wachet mit mir (Taizé)

MEDITATION   *zum Bild bzw. zum Gebet in Getsemani*
Zu Tode betrübt – dieses Wort trifft die Stimmung dieser Nacht.
Ich bin am Boden, niedergeschlagen, alles bricht über mir zusammen.
Wenn ich mich so entscheide, gibt es einen Riesenärger, wenn ich mich *so* entscheide, gibt es ein Chaos. Es gibt keinen echten Ausweg, es gibt nur die Sackgasse, ein Dilemma.

Und niemand hilft wirklich. Da sind Leute, die mich bedauern. Da sind andere, die mir viel Glück wünschen. Da gibt es welche, die sagen, sie möchten nicht in meiner Haut stecken. Wieder andere, die genau wissen, dass ich richtig entscheiden werde, und die dann gehen, um mich „nicht weiter zu stören".

Aber das alles ist keine Hilfe für mich. Ich bin allein, ganz allein.

Ich fühle mich manchmal dir, Jesus, im Ölberggarten ähnlich. Auch ganz allein, die Anderen schlafen. Die, die früher mal ein Riesengeschrei gemacht haben, als sie mit dir in einem Boot saßen, als Sturm aufkam. Genau die, die dir vorwarfen, du würdest schlafen und nicht mitbekommen, wie es ihnen ergeht. Gerade sie schlafen jetzt. Aber es ist ja auch zu verstehen – es ist alles zu viel, auch für dich, aber deine Angst ist größer als die Erschöpfung.

Und dennoch weißt du besser als deine Jünger, dass es einen gibt, der niemals schläft: Gott. „Er, der dich behütet, schläft nicht!" (Ps 121,3) Deswegen bist du mit ihm im Gespräch, haderst mit ihm, klagst vor ihm, klagst ihn an, verhandelst, kämpfst. Alles darf man mit diesem Gott, solange man DU zu ihm sagt, ihn anspricht, mit ihm rechnet, ihn ernst nimmt. Denn er, der dich behütet, schläft und schlummert nicht.

Auch wenn ich mich ganz verlassen und allein fühle – ich bin es nicht wirklich.

Jesus im Garten Getsemani, lehre mich, dass ich nie völlig allein bin, dass es EINEN gibt, der auch über meinem größten Unheil wacht, der nicht vor Erschöpfung einschläft, der auch meine einsamsten Entscheidungen liebevoll begleitet.

Nada te turbe (Liederbücher)

Zeit zum persönlichen Nachdenken und Gebet Wo habe ich mich in meinem Leben schon allein und verlassen gefühlt? War es eine Entscheidungssituation – eine entscheidende Wende in meinem Leben, die mich weiter gebracht, ein Stück erwachsen gemacht hat? War ich wirklich ganz allein oder kann ich heute sagen, ich bin trotz allem wundersam geführt worden?

Stille

Gebetsteil

Psalm Ps 121 (GL 752) *oder* Ps 139 (GL 755)

Fürbitten Mit Jesus im Garten Getsemani wenden wir uns an Gott, unseren Vater, der zu keinem Moment unseres Lebens schläft und schlummert:
Liedruf Misericordias Domini in aeternum cantabo (Taizé)
- Gott, unser Vater, wir kommen heute Nacht zu dir mit allen, die nicht schlafen können, weil sie vor einer wichtigen Entscheidung stehen, die sie quält. Halte sie liebevoll in deiner Hand.
- Gott, unser Vater, wir kommen heute Nacht zu dir mit allen, die nicht schlafen können, weil sie krank sind und mit ihrem Schicksal hadern, eine schlechte Diagnose erfahren haben oder erschöpft sind von schier endlosen Therapien. Halte sie liebevoll in deiner Hand.
- Gott, unser Vater, wir kommen heute Nacht zu dir mit allen, die nicht schlafen können, weil ihre Beziehung zerbrochen ist, weil sie einen geliebten Menschen verloren haben, weil ein Gespräch verstummt ist. Halte sie liebevoll in deiner Hand.
- Gott, unser Vater, wir kommen heute Nacht zu dir mit allen, die nicht schlafen können, weil sie an anderen schuldig geworden sind und daran zu zerbrechen drohen. Halte sie liebevoll in deiner Hand.
- Gott, unser Vater, wir kommen heute Nacht zu dir mit allen, die nicht schlafen können, weil sie nicht wissen, wo sie schlafen sollen: weil Krieg, Vertreibung, Obdachlosigkeit ihnen die Lebensgrundlage geraubt haben. Halte sie liebevoll in deiner Hand.
- Gott, unser Vater, wir kommen heute Nacht zu dir mit allen, die nicht schlafen können, weil sie für andere da sind, die nicht schlafen können: mit den Ärzten, den Pflegenden, den Rettungskräften, den Telefonseelsorgern und den Liebenden. Halte sie liebevoll in deiner Hand.

- Gott, unser Vater, wir kommen heute Nacht auch selbst als Wachende zu dir: mit all dem, was uns umtreibt an Erinnerungen, an nicht Verarbeitetem, an Schuld, an Ängsten, an Sorgen. Halt uns liebevoll in deiner Hand.

LIEDRUF   Im Dunkel unsrer Nacht entzünde das Feuer (Taizé)

VATERUNSER

SEGENSZUSPRUCH   Auch in dieser Nacht dürfen wir wissen: „Er, der dich behütet, schläft und schlummert nicht!" Wir schließen unser Gebet mit der Zuversicht, dass Gott immer ein Auge auf uns gerichtet hat:

Der Herr segne uns und behüte uns.
Der Herr lasse sein Angesicht über uns leuchten
und sei uns gnädig.
Der Herr wende uns sein Antlitz zu und schenke uns seinen Frieden.
Amen.

LIEDRUF   Meine Hoffnung und meine Freude (Taizé)

Christoph Seidl

DAS ZEICHEN DES BLUTES
Andacht zur Ölbergwache

ZUR ERÖFFNUNG   Den Herrn in unserer Mitte: / Kommt, wir beten ihn an. (GL 674,8)

Stilles Gebet

EINFÜHRUNG   Gründonnerstagabend und -nacht. Letztes Abendmahl und Beginn des Pascha. Vorübergang und Hindurchgang. Es ist ein blutiger Tag. Und das meint nicht das Blut von tausenden von Lämmern, die für das abendliche Paschamahl am Jerusalemer Tempel geschlachtet wurden. Es geht jetzt um ein blutiges Geschehen außerhalb der Stadt, wo morgen drei Männer ans Kreuz gehängt werden, um am Ende dieses langen Tages daran elend zu krepieren. Es geht um das Blut derer, die an Jesus schuldig wurden und denen es an den Händen klebt; es geht um den neuen Bund, der im Blut Jesu begründet wird, es geht um die Angst, die Schweiß wie Blutstropfen hervorbringt.

Begleiten wir Jesus durch diesen Tag hindurch, an dem er sein wirkliches Menschsein um unsretwillen zeigt, weil er für uns sein Blut gab – aber an dem wir auch wir unsere eigene Bestimmung erkennen können: hineingenommen in das neue und ewige Leben Christi, in den Bund mit Gott in seinem Blut. So beten wir mit den Worten des heiligen Franz von Assisi:

V/A   Herr Jesus Christus, wir beten dich hier und an allen Orten in der Welt an und danken dir, denn durch dein heiliges Blut hast du uns und die ganze Welt erlöst.

1. Blut des Bundes

SCHRIFTLESUNG   Lk 22,14–20

WECHSELGEBET   GL 176,5 *mit* Ps 111 (GL 685,2 – *wechselseitig sprechen*)

GEDANKEN ZUR SCHRIFTLESUNG Ein Bund im Blut? Wir kennen den „Bund fürs Leben", die Ehe, deren Zeichen ein Ring ist. Ein Bund, dessen Zeichen das Blut ist? Manchem mag eine Blutsbrüderschaft in den Sinn kommen, vielleicht selbst in Kindertagen geschlossen oder auch nur davon gelesen bei Karl May.

Einen Bund im Zeichen des Blutes schloss Gott mit dem Volk Israel auf dem Sinai bei der Gesetzesübergabe. Mose schlachtete dabei junge Stiere als Opfer für den Herrn; mit ihrem Blut besprengte er den Altar, den er errichtet hatte, und die Israeliten. Er sagte: „Das ist das Blut des Bundes, den der Herr aufgrund all dieser Worte mit euch geschlossen hat."

Das Blut, auf das Jesus im Abendmahlssaal anspielt, ist mehr als das Blut der Tiere, die sterben müssen, um eine Beziehung auszudrücken. Der Hebräerbrief sagt es so: Wenn schon das Blut von Böcken und Stieren die Unreinen, die damit besprengt werden, so heiligt, dass sie leiblich rein werden, wieviel mehr wird das Blut Christi unser Gewissen von toten Werken reinigen, damit wir dem lebendigen Gott dienen. Denn Jesus, der heilig ist, hat sich selbst zum Opfer gebracht für uns.

Wir bestätigen diesen Bund in jeder Eucharistiefeier, wenn wir die Zeichen des Mahles zu uns nehmen, die dieses Opfer ausdrücken: das Brot, seinen für uns hingegebenen Leib, den Wein, sein für uns hingegebenes Blut. Ein unblutiges Gedächtnis und doch voll der tiefen Symbolik des Blutes.

LIED GL 542 (Sakrament der Liebe Gottes)

V/A Herr Jesus Christus, wir beten dich hier und an allen Orten in der Welt an und danken dir, denn durch dein heiliges Blut hast du uns und die ganze Welt erlöst.

2. Schweiß wie Blut

SCHRIFTLESUNG Lk 22, 39–44

WECHSELGEBET GL 176,4 *mit* Ps 116 (GL 746,3 – *wechselseitig sprechen*)

GEDANKEN ZUR SCHRIFTLESUNG „Da habe ich Blut und Wasser geschwitzt", sagen wir, wenn wir in einer drangvollen Situation waren. Natürlich schwitzen wir nicht wirklich Blut, aber dieses Wort ist abgeleitet aus der schweren Ölbergstunde, in der Jesus der Angstschweiß auf der Stirne stand, der so stark war, dass er auf die Erde herabtropfte – wie Blutstropfen. Verkürzt wurde das zu „Blutschweiß", und auch im Rosenkranzgebet heißt es: „Der für uns Blut geschwitzt hat".

Es gibt aber auch eine medizinische Erklärung für das scheinbare Blutschwitzen: Wenn unter großer Anspannung oder Angst Hautäderchen platzen, Blut austritt und sich mit dem Schweiß vermischt, kann es wie bei Jesus im Ölberggarten den Eindruck haben, als ob Blut zur Erde tropft.

Was immer am Ölberg wirklich geschah: Der Evangelist Lukas zeichnet uns das Bild eines Menschen, der bis in sein Innerstes hinein angespannt und verängstigt ist. Die große Hoheit und Gelassenheit, mit der Jesus im Johannesevangelium auftritt – bei Lukas, dem Arzt, ist davon noch nichts zu lesen. Hier begegnet uns Jesus wirklich als ein Mensch, der weiß, was ihm bevorsteht, dem es graut vor dem, was kommen wird. Die dunkle, tiefschwarze Stunde, auf die er sich zubewegt, sie lässt sich auch jetzt schon nur mit der dunklen Farbe des Blutes malen.

LIED   Bei stiller Nacht (S. 113)

V/A   Herr Jesus Christus, wir beten dich hier und an allen Orten in der Welt an und danken dir, denn durch dein heiliges Blut hast du uns und die ganze Welt erlöst.

3. Blutgeld

SCHRIFTLESUNG   Mt 27,3–8

WECHSELGEBET   GL 728,1 *mit* Ps 49 (GL 728,2 – *wechselseitig sprechen*)

GEDANKEN ZUR SCHRIFTLESUNG   Das Ende des Judas wird uns zweimal im Neuen Testament überliefert. In beiden Fällen ist es ein schreckliches Ende. Nach der Überlieferung der Apostelgeschichte „stürzte er vornüber zu Boden, sein Leib barst auseinander, und alle Eingeweide fielen heraus".

Was Judas getan und zu verantworten hatte, erschien der jungen Christengemeinde als so ungeheuerlich, dass sie sich sein Ende nur in grausigen Bildern und widerlichen Einzelheiten malen konnte. In der Apostelgeschichte steht die Beschreibung seines Endes im Zusammenhang der notwendig gewordenen Nachwahl eines Mannes für das Zwölferkollegium der Apostel – und das zeigt auch den Hintergrund für die Abscheu und das Entsetzen, das die Tat des Judas umgibt: Er war „einer der Zwölf", wie fast stereotyp immer wieder von ihm gesagt wird.

Denn wenn schon einer der Zwölf – das war die Sorge, die dahinter zu erkennen ist –, der Jesus so nahe stand und von ihm zu seinen Freunden gezählt wurde, schwach werden und fallen konnte, wie sehr sind dann wir erst in der Gefahr, Jesus zu verraten, ihn auszuliefern: an unsere Bequemlichkeit, an den Zeitgeist, an das, was uns selbst zum Vorteil dient. Der Blick auf das Ende des Judas, das Blutgeld und den Blutacker soll uns vor falscher Selbstsicherheit bewahren. Bitten wir daher den Herrn, dass er uns immer die Kraft gibt, seine Liebe zu erwidern und zu ihm treu zu stehen.

LIED   GL 558,2.4.6 (Ich will dich lieben)

V/A   Herr Jesus Christus, wir beten dich hier und an allen Orten in der Welt an und danken dir, denn durch dein heiliges Blut hast du uns und die ganze Welt erlöst.

4. Blutgericht

SCHRIFTLESUNG   Mt 27,20–26

WECHSELGEBET   GL 176,3 *mit* Ps 12 (GL 711,3 – *wechselseitig sprechen*)

GEDANKEN ZUR SCHRIFTLESUNG   Wer hat es zu verantworten, dass Jesus starb, dass er einer solch grausamen Hinrichtung am Kreuz unterworfen wurde? Diese Frage hat die Menschen immer bewegt, von Anfang an.

Einer, Judas Iskariot, hat kurz nach seiner Tat noch die Verantwortung weitergeben wollen. „Ich habe euch einen unschuldigen Menschen ausgeliefert", sagte er zu den Pharisäern, die ihm jedoch die Schuldkarte zurückgeben: „Das ist deine Sache."

Pontius Pilatus, römischer Statthalter in Jerusalem und faktisch für die Verhängung des Todesurteils zuständig, weist jede Verantwortung von sich: „Ich bin unschuldig am Tod dieses Menschen. Das ist eure Sache." Zwar hat er das letzte Wort in der Sache Jesu, doch er spürt, es ist der Wille anderer, dass Jesus zu Tode kommt.

Ganz deutlich machen die Evangelisten die Juden und ihre geistlichen Führer dafür verantwortlich, schildern sie als gerissene Advokaten des Teufels, die den ungeliebten Rabbi geschickt als Gegner des römischen Kaisers darstellen, so dass der Statthalter gar nicht anders kann, als ihn zu verurteilen. Die aufgewiegelten Menschen sind bereit, die Verantwortung für den Tod Jesu auf sich nehmen: Sein Blut komme über uns und unsere Kinder. – Ein Satz mit furchtbaren Folgen, denn er diente jahrhundertelang als willkommene Begründung für die Verfolgung und Unterdrückung der Juden.

In der christlichen Tradition aber spielte immer das „Für uns gelitten" eine Rolle; Jesus hat sein Leiden wegen unserer Sünden erduldet. Letztlich sind wir mitschuldig, mitverantwortlich wie Pilatus, untreu wie Judas, wankelmütig wie das Volk, auf eigenen Vorteil bedacht wie die Pharisäer. Wer Schuld von sich weist – „Das ist eure Sache, das ist deine Sache" –, wird Verantwortung nicht los. Wer sie übernimmt und Schuld eingesteht, dem wird sie vergeben. Jesu Blut, um unsretwillen vergossen, wird dann zum Segen für uns.

LIED   GL 179,1.4 (O Haupt voll Blut und Wunden)

V/A   Herr Jesus Christus, wir beten dich hier und an allen Orten in der Welt an und danken dir, denn durch dein heiliges Blut hast du uns und die ganze Welt erlöst.

5. Blut und Wasser

SCHRIFTLESUNG   Joh 19,31–34

WECHSELGEBET   GL 176,1 *mit* Ps 36 (GL 724,2 – *wechselseitig sprechen*)

GEDANKEN ZUR SCHRIFTLESUNG   Um das grausame und lange Sterben am Kreuz abzukürzen, gab es verschiedene Verfahren, auch das Zerschlagen von Schien- und Wadenbein, wodurch sich die Sterbenden von den Beinen her nicht mehr aufrichten und das Gewicht des Körpers entlasten konnten. Bei Jesus sollte der Lanzenstich ins Herz kein gnädiges Ende bereiten, er war bereits tot. Aber dieses Ende mit dem Bild der geöffneten Seitenwunde, aus der Blut und Wasser fließen, hatte die Kraft des neuen Anfangs.

Der tote Christus spendet Leben. Er ist, in übertragenem Sinn, der Felsen, an den Mose schlug, so dass aus toter Materie Leben spendendes Wasser hervorquellen konnte, wie es im alttestamentlichen Buch Exodus beschrieben wird. Und Paulus schreibt im ersten Korintherbrief: „Alle tranken den gleichen gottgeschenkten Trank, denn sie tranken aus dem Leben spendenden Felsen, der mit ihnen zog. Und dieser Fels war Christus."

In einer ähnlichen, uns heute oft fremd anmutendenden Deutung sahen die Kirchenväter in Blut und Wasser, die aus der Seite des gekreuzigten Jesus flossen, ein Bild für die Sakramente, die das Leben für die Kirche bedeuten. Wiederholt wird daher dieses Bild in der Liturgie gebraucht, bei der Taufe, aber auch bei der Weihe des Altares, der ja Christus, den Felsen, versinnbildlicht. Hier am Altar erhalten wir in der Eucharistie Anteil am Leben Gottes, wie Christus selbst sagt: „Wer Durst hat, komme zu mir, und es trinke, wer an mich glaubt. Wie die Schrift sagt: Aus seinem Inneren werden Ströme von lebendigem Wasser fließen" (Joh 8,37–38).

Blut und Wasser – aus Tod und Leben Christi erwächst auch uns das Leben, das den Tod überwindet.

LIED   GL 538,1.3 (O heilger Leib des Herrn)

A   Herr Jesus Christus, wir beten dich hier und an allen Orten in der Welt an und danken dir, denn durch dein heiliges Blut hast du uns und die ganze Welt erlöst.

Abschluss

Der amerikanische Schriftsteller Michael Crichton beschreibt in seinem Roman „Andromeda", wie die Einwohner eines kleinen Ortes in Amerika durch einen fremden Mikroorganismus, mit dem sie durch einen über ihrem Dorf abgestürzten Satelliten in Berührung gekommen waren, alle starben. Ein Arzt untersucht am nächsten Tag die Leichen und findet heraus, dass in den Körpern alles Blut geronnen war: „Beim Anblick der tiefen Einschnitte in Handgelenk und Schenkel, des freigelegten Brustraums, und das alles ohne einen Tropfen Blut, überkam ihn ein eigenartiges Gefühl. Das alles war irgendwie abwegig, unmenschlich. Als ob Bluten ein Zeichen des Menschseins sei. Nun, dachte er, vielleicht ist es das wirklich. Vielleicht macht uns erst die Tatsache, dass wir verbluten können, wirklich zu Menschen." –

„Vielleicht macht uns erst die Tatsache, das wir verbluten können, wirklich zu Menschen." Wir beten Jesus Christus, unseren Gott und Herrn, in der Gestalt des Brotes an, Zeichen seiner Gegenwart unter uns und für uns. Danken wir ihm auch für sein Blut, das er als wirklicher Mensch für uns gegeben hat. Sein Blut für unser Leben – für das Leben der Welt.

Litanei zum heiligen Blut Christi

Herr, erbarme dich unser.
Christus, erbarme dich unser.
Herr, erbarme dich unser.

Christus, höre uns.
Christus, erhöre uns.

Gott Vater vom Himmel, erbarme dich unser.
Gott Sohn, Erlöser der Welt, erbarme dich unser.
Gott Heiliger Geist, erbarme dich unser.
Heilige Dreifaltigkeit, ein einiger Gott, erbarme dich unser.

Blut Christi, des eingeborenen Sohnes des ewigen Vaters, rette uns.
Blut Christi, des Mensch gewordenen Wortes Gottes, rette uns
Blut Christi, des Neuen und Ewigen Bundes, rette uns.
Blut Christi, das bei der Todesangst zur Erde rann, rette uns.
Blut Christi, bei der Geißelung vergossen, rette uns.
Blut Christi, das bei der Dornenkrönung hervorquoll, rette uns.
Blut Christi, am Kreuze verströmt, rette uns.
Blut Christi, Lösepreis für unser Heil, rette uns.
Blut Christi, ohne das es keine Vergebung gibt, rette uns.
Blut Christi, mit dem wir besiegelt sind, rette uns.
Blut Christi, das uns von Sünden reinwäscht, rette uns.
Blut Christi, das uns zum Trank wird, rette uns.
Blut Christi, das uns Leben schenkt, rette uns.

Lamm Gottes, du nimmst hinweg die Sünden der Welt; verschone uns, o Herr.
Lamm Gottes, du nimmst hinweg die Sünden der Welt; erhöre uns, o Herr.
Lamm Gottes, du nimmst hinweg die Sünden der Welt; erbarme dich unser.

Gebet Lasset uns beten: Allmächtiger, ewiger Gott, so sehr hast du die Welt geliebt, dass du deinen Sohn für sie dahingabst. Fleisch und Blut nahm er an, um einer von uns zu sein, in allem uns gleich außer der Sünde. Er hat seinen Leib und sein Blut für uns hingegeben, damit wir leben mit dir in deinem Bund. Gib uns die Kraft, aus diesem Glauben auch füreinander da zu sein, wie er für uns gelebt und uns geliebt hat. Dir sei Dank in Ewigkeit.

Bei stiller Nacht

Bei stil - ler Nacht zur ers - ten Wacht er - tönt ein
ban - ges Kla - gen; am düs - tern Ort, im Gar - ten
dort, be - gann ein Herz _____ zu za - gen.

2. Es war der Herr,
er litt so schwer,
die Seele rang in Qualen;
in großer Not,
betrübt zum Tod,
die Sündenschuld zu zahlen.

3. Zur Erde fällt
der Herr der Welt,
ihm will die Brust zerspringen;
sein Schweiß wird Blut,
ihm sinkt der Mut,
er ruft mit Händeringen:

4. „O lass an mir,
gefällt es dir,
den Kelch vorübergehen;
doch, Vater, nicht,
was mein Herz spricht,
was du willst,
soll geschehen!"

T: nach Friedrich von Spee, 1635
M: Trutz-Nachtigall 1649

KORN, DAS IN DIE ERDE FÄLLT
Totenwache am Karsamstag (vor dem Heiligen Grab)

EINZUG *in Stille*

ERÖFFNUNG   Den Herrn, der ruht im Grabe: / Kommt, wir beten ihn an.
(GL 674)

STILLES GEBET

LIED   GL 188 (O Traurigkeit, o Herzeleid)

1. Ins Grab gelegt

SCHRIFTLESUNG   Lk 23,51–56

Stille

WECHSELGEBET   Ps 90; GL 736,2 *(wechselseitig sprechen)*

2. Die Fruchtbarkeit der Grabesruhe

LESUNG   *Ambrosius: Über den Glauben an die Auferstehung*
Die Auferstehung ist allen zugeteilt, und an dieselbe zu glauben, wird nur
deshalb schwer, weil sie nicht unser eigenes Verdienst, sondern eine Gabe der
göttlichen Güte ist.

Scheint das, was hinabsteigt in den Schoß der Erde, nicht zu sterben?
Scheint nicht zu erstehen, was wieder erblüht? Was gesät ist, was erstorben
war, das ersteht wieder und wird zur selben Gattung und Art neu gebildet.
Diese Erstehungsfrüchte hat zuerst die Erde gebracht; in ihnen hat unsere
Natur die künftige Auferstehung vorgebildet.

Was zweifelst du, dass Leib vom Leibe auferstehen wird? Das Saatkorn
wird eingesenkt, das Saatkorn ersteht; aber es wird mit Blüte und Fruchthaut
umkleidet. So sagt der Apostel auch: „Dieses Verwesliche muss bekleidet
werden mit Unverweslichkeit; dieses Sterbliche muss anziehen die Unsterblichkeit" (1 Kor 15,53). Die Blüte der Auferstehung ist die Unsterblichkeit, ist

die Unverweslichkeit. Gibt es denn nun etwas Fruchtbareres als die Grabes-
ruhe?

Du wunderst dich aber, wie das in Fäulnis Zerfallene sich wieder festigen,
wie das Aufgelöste sich wieder einigen, wie das Geschwundene wieder herge-
richtet werde? Und doch wunderst du dich nicht darüber, daß die Samenkörner, aufgelöst in der warmen Umhüllung der Erde, wieder ergrünen! Denn
diese Samenkörner, welche in der Erde begraben der Fäulnis anheimfallen
und sich auflösen, werden doch, obwohl sie verdeckt und gestorben sind,
von dem Safte des mütterlichen Bodens belebt, und dann hauchen sie mit
der wieder erhaltenen Lebenswärme gewissermaßen die Seele der grünenden
Pflanze aus. [...]

Wir sehen die Beere der Traube verwesen, aber den Weinstock erstehen;
der Schössling wird eingesenkt, der Baum wächst empor. Soll denn nun die
göttliche Vorsehung um das Aufsehen der Baume Sorge tragen und der Menschen nicht gedenken? Wenn sie das, was sie zum Gebrauche der Menschen
geschaffen, nicht zu Grunde gehen lässt: soll sie gestatten, dass der Mensch
vernichtet werde, der doch nach Gottes Ebenbilde geschaffen ist?

Stille

LIED   Canticum 1 Kor 15; GL 87 (Gesät wird in Schwachheit – *wechselseitig
sprechen oder singen*)

3. Jesus, das Weizenkorn

SCHRIFTLESUNG   Joh 12,23–24

Stille

LIED   Korn, das in die Erde *oder* GL 183 (Wer leben will wie Gott)

Abschluss

BITTEN   Lasst uns in Stille beten zu Gott, der das Leben ist:
Für alle unsere verstorbenen Angehörigen und Freunde. – *Stille*
Für alle, die unbekannt in fremder Erde ruhen. – *Stille*
Für alle, die im Tod längst vergessen sind. – *Stille*

Für alle, die trauern und verzweifelt sind. – *Stille*
Für alle, die im Sterben liegen. – *Stille*
Für alle, die ohne Hoffnung auf Auferstehung sind. – *Stille*

VATERUNSER

GEBET Allmächtiger, ewiger Gott, bei dir ist niemand verloren und vergessen, auch keiner, der im Grabe liegt. Bei dir ist unser Leben aufgehoben, weil wir nicht tiefer fallen können als in deine guten Hände. Du schaffst im Tod neues Leben. Am Grab deines Sohnes schöpfen wir die Hoffnung, die auch uns im Leben und Sterben tragen kann. Herr, sei gepriesen in Ewigkeit.

AUSZUG *in Stille*

Korn, das in die Erde

1. Korn, das in die Er - de, in den Tod ver - sinkt.
Keim, der aus dem A - cker in den Mor - gen dringt.

Lie - be lebt auf, die längst er - stor - ben schien:

Lie - be wächst wie Wei - zen, und ihr Halm ist grün.

2. Über Gottes Liebe brach die Welt den Stab, / wälzte ihren Felsen vor der Liebe Grab. / Jesus ist tot. Wie sollte er noch fliehn? / Liebe wächst wie Weizen, und ihr Halm ist grün.

3. Im Gestein verloren Gottes Samenkorn, / unser Herz gefangen in Gestrupp und Dorn – / hin ging die Nacht, der dritte Tag erschein: / Liebe wächst wie Weizen, und ihr Halm ist grün.

T: Jürgen Henkys © Strube Verlag, München – Berlin
M: Noe nouvelet, Frankreich 15. Jh.

DES LEBENS LEBEN LEBET NOCH
Osterandacht zum Lied „Nun freut euch hier"

VORBEMERKUNG   Zur Betrachtung des Liedes von Paul Gerhardt „Nun freut euch hier und überall" (GL 226) kann auch das Bild einer Osterikone – etwa als Bildkarte – ausgeteilt und betrachtet werden (S. 121). Lesung und Besinnung sollten von zwei verschiedenen Sprechern/Sprecherinnen vorgetragen werden.

ZUR ERÖFFNUNG   GL 213 (Christ ist erstanden)

EINFÜHRUNG   „Christ ist erstanden!" Mit diesem alten Ostergruß und -wunsch haben wir die Andacht eröffnet; er erinnert an den Ostergruß der orthodoxen Christen, den sie sich in der Osternacht unzählige Male zurufen: Christus ist auferstanden! – Er ist wahrhaft auferstanden! Wahrhaft auferstanden: Immer wieder vergewissern wir uns der Wirklichkeit dieses Geschehens, das so unglaublich klingt und doch der Grund unseres Glaubens ist. – Der Herr ist auferstanden! So heißt es auch in einem Lied von Paul Gerhardt, über das wir in dieser Andacht meditieren wollen. Noch vor wenigen Tagen haben wir Paul Gerhardts Klagelied um den toten Heiland am Kreuz gesungen, als er das „Haupt voll Blut und Wunden" betrachtete, jetzt können wir mit ihm einstimmen in den Freudenruf: „Des Lebens Leben lebet noch, sein Arm hat aller Feinde Joch mit aller Macht zerbrochen." – Preisen wir zu Beginn den dreifaltigen Gott.

LOBPREIS   GL 781 (Eröffnungsruf)

1. Sein Arm hat aller Feinde Joch zerbrochen

LESUNG   Mose sagte zum Volk: Fürchtet euch nicht! Bleibt stehen und schaut zu, wie der Herr euch heute rettet. Der Herr kämpft für euch, ihr aber könnt ruhig abwarten. Der Herr sprach zu Mose: Sag den Israeliten, sie sollen aufbrechen. Und du heb deinen Stab hoch, streck deine Hand über das

Meer und spalte es, damit die Israeliten auf trockenem Boden in das Meer hineinziehen können. So rettete der Herr an jenem Tag Israel aus der Hand der Ägypter.

Damals sang Mose mit den Israeliten dem Herrn dieses Lied; sie sagten: Ich singe dem Herrn ein Lied, denn er ist hoch und erhaben. Rosse und Wagen warf er ins Meer. Meine Stärke und mein Lied ist der Herr, er ist für mich zum Retter geworden. Deine Rechte, Herr, ist herrlich an Stärke; deine Rechte, Herr, zerschmettert den Feind.   *aus Ex 14 – 15*

WECHSELGEBET   Ps 118; GL 235,4 *mit Kehrvers GL 209,1 (wechselseitig sprechen)*

BESINNUNG   Die Rechte des Herrn ist erhoben: Das Wunder einer Befreiung aus aussichtsloser Situation wird immer wieder im Bild des starken Retter-Gottes ausgedrückt. Gott selbst greift ein: Er befreit Israel aus Ägypten, er holt seinen Sohn aus dem Grab, er wird auch uns aus dem Tod in sein unvergängliches Leben führen. Mit starkem Arm, das heißt: mit Macht hilft er denen, die sich ihm anvertrauen: Mose, der im Vertrauen auf Gottes Kraft mit seinem Volk in das Meer zog, Jesus, der im Vertrauen auf den Willen des Vaters seinen Kreuzweg ging, uns, die wir uns auch in schweren Situationen ihm anvertrauen.

Gott rettet: Das ist die Botschaft des Ostertages, über die wir uns freuen können und sollen, der wir vertrauen dürfen in allen schwierigen Situationen, in denen wir stehen. Gott hilft mit starkem Arm all denen, die ihm vertrauen.

LIEDSTROPHE   GL 226,1 (Nun freut euch hier und überall)

2. Die Sonne war noch nicht erwacht

SCHRIFTLESUNG   Gepriesen sei der Herr, der Gott Israels! Denn er hat sein Volk besucht und ihm Erlösung geschaffen; er hat uns einen starken Retter erweckt im Hause seines Knechtes David. So hat er verheißen von alters her durch den Mund seiner heiligen Propheten. Durch die barmherzige Liebe unseres Gottes wird uns besuchen das aufstrahlende Licht aus der Höhe, um allen zu leuchten, die in Finsternis sitzen und im Schatten des Todes, und unsre Schritte zu lenken auf den Weg des Friedens.   *Lk 1,68–69.78–79*

Besinnung   Die Auferstehung Christi ist ein dunkles, ein nächtliches Geschehen, auch wenn wir sie gern mit der strahlenden Sonne des Ostermorgens in Verbindung bringen .Wann und wie diese Auferstehung Christi von den Toten vonstatten ging, wissen wir nicht, weiß niemand – außer der Nacht selbst, wie es im Osterlobpreis Exsultet heißt: „O wahrhaft selige Nacht, dir allein war es vergönnt, die Stunde zu kennen, in der Christus erstand von den Toten." Keiner der Evangelisten beschreibt die Auferstehung selbst, nur das leere Grab gibt uns Zeugnis davon.

Maria aus Magdala war die erste, die den Weg zum Grab fand. Die Liebe trieb sie am Ersten Tag der Woche dorthin, kaum dass schon ein Licht den Weg erhellte, „frühmorgens, als es noch dunkel war", wie Johannes schreibt. Die Auferstehung Christi ist ein rätselhaftes Geschehen, das für immer ein Geheimnis bleibt, nur im Paradox ausgedrückt werden kann: Die Sonne war noch nicht aufgegangen, als die wahre Sonne schon erstand; mitten in der Nacht erstrahlte das Licht, neue Schöpfung erstand aus dem Tod, in der Verfallenheit der Zeit keimt der Anbruch der Ewigkeit.

119

Liedstrophe   GL 226,2

3. ... da du ihr Tor zerbrochen

Schriftlesung   Christus ist der Sünden wegen ein einziges Mal gestorben, er, der Gerechte, für die Ungerechten, um euch zu Gott hinzuführen; dem Fleisch nach wurde er getötet, dem Geist nach lebendig gemacht. So ist er auch zu den Geistern gegangen, die im Gefängnis waren, und hat ihnen gepredigt. Diese waren einst ungehorsam, als Gott in den Tagen Noachs geduldig wartete, während die Arche gebaut wurde; in ihr wurden nur wenige, nämlich acht Menschen, durch das Wasser gerettet. Dem entspricht die Taufe, die jetzt euch rettet.   *1 Petr 3,18–20*

Wechselgebet   Ps 24; GL 122,1.2 *(wechselseitig sprechen)*

Besinnung   Jesus ist nicht allein für sich auferstanden; schon im Evangelium des Matthäus heißt es, dass sich bei seinem Tode die Gräber öffneten,

„und die Leiber vieler Heiligen, die entschlafen waren, auferweckt wurden" (Mt 27,52). Im Ersten Petrusbrief wird gesagt, dass Jesus in das Reich des Todes hinabgestiegen sei und dort gepredigt habe. Eine spätere Schrift, das so genannte Nikodemus-Evangelium, hat diese Szene, die wir gehört haben, breit ausgemalt: Wie der Lebensfürst die Tore der Unterwelt zerbricht, die eisernen Riegel zerschlägt und seinen Einzug hält, so dass die Hölle und alle Teufel zu Tode erschrecken und ihn, Christus, als Herrn anerkennen. Dann nimmt er Adams Hand und steigt mit ihm aus der Hölle empor, und alle Heiligen, wie sie auch hier genannt werden, folgen ihm. –

Es ist auch das Osterbild der orthodoxen Christen, das hier aufleuchtet, und in dem wir uns selbst in der Person des Adam, des Menschen, der von Christus erfasst und zum Leben geführt wird, erkennen können. Auch darum dürfen wir uns heute freuen: Es ist unser Leben, das wir in der Auferstehung Christi feiern.

LIEDSTROPHE   GL 226,3

4. Ich will zum andern Leben gehn

SCHRIFTLESUNG   Mit Christus wurdet ihr in der Taufe begraben, mit ihm auch auferweckt, durch den Glauben an die Kraft Gottes, der ihn von den Toten auferweckt hat. Ihr wart tot infolge eurer Sünden, und euer Leib war unbeschnitten; Gott aber hat euch mit Christus zusammen lebendig gemacht und uns alle Sünden vergeben. Er hat den Schuldschein, der gegen uns sprach, durchgestrichen und seine Forderungen, die uns anklagten, aufgehoben. Er hat ihn dadurch getilgt, dass er ihn an das Kreuz geheftet hat. Die Fürsten und Gewalten hat er entwaffnet und öffentlich zur Schau gestellt; durch Christus hat er über sie triumphiert.   *Kol 2,12–15*

WECHSELGEBET   Ps 23; GL 718,1.2 *(wechselseitig sprechen)*

BESINNUNG   „Das Leben ist doch lauter Tod!" Diese Zeile aus der vierten Strophe unseres Liedes mag Paul Gerhardt in seinem Leben oft gespürt und ausgesprochen haben. Der Tod war den Menschen zu der Zeit, da er sein Lied schrieb, ein steter Begleiter. Paul Gerhardt verlor vier seiner fünf Kinder schon früh, er erlebte den ganzen Dreißigjährigen Krieg mit all seinen furchtbaren Schrecken. Doch er hat nicht den Glauben und die Zuversicht an ein endgültiges, glückliches und ewiges Leben verloren, denn Christus ist nicht für sich auferstanden, sondern für uns.

Dies bleibt für uns nicht ohne Konsequenzen: So wie Jesus von den Toten auferstand, sagt es der Apostel Paulus, so sollen auch wir als neue Menschen leben. Unser alter Mensch wurde mit ihm gekreuzigt, damit wir tot sind für die Sünde, frei für eine Leben mit Gott (Röm 6,1–6). Auch das ist der Sinn von Ostern: Einen neuen Anfang mit Gott wagen, der uns einen Vorgeschmack gibt auf das ewige Leben mit ihm. In dieser Nähe Gottes dürfen wir den Dichter Paul Gerhardt jetzt wissen. Und wir sind eingeladen, mit ihm in das Lied einzustimmen, das neue Lied des ewigen Osterfestes.

LIEDSTROPHE   GL 226,4

5. Taufgedächtnis

In seinem Lied bekennt sich Paul Gerhardt am Ende zu seinem Gott und Herrn: „Ich aber will, Herr Jesu Christ, / so lang ein Leben in mir ist, / bekennen, dass du lebest. / Ich will auch, Herr, durch deinen Geist /mich dir zur Seiten stellen / und mit dir sterben, wie du stirbst ... / Ich will von Sünden auferstehn, / wie du vom Grab aufstehest: / Ich will zum andern Leben gehn, / wie du zum Himmel gehest."

In der Taufe nehmen wir teil an Jesu Tod und Auferstehung; wir wollen noch einmal zum Taufbrunnen ziehen und dieses großen Geheimnisses eingedenk sein, das wir in der Osternacht gefeiert haben.

ZUG ZUM TAUFBRUNNEN   *instrumentale Musik*

GEMEINSAMES GEBET   GL 777,5 *(ab:* „Wir alle, die in Christus Jesus getauft wurden ..."*einschließlich Gebet)*

ZUR BESPRENGUNG   GL 220,3–5 (Das ist der Tag, den Gott gemacht)

VATERUNSER   Beten wir mit den Christen aller Konfessionen, auf der ganzen Welt und aller Zeiten das Gebet, das uns der Herr selbst geschenkt hat: Vater unser ...

Guter Gott, wir danken dir für das Geschenk des Lebens, das du uns mit der Auferstehung deines Sohnes gemacht hast. Öffne auch uns dereinst die Tore unseres Grabes und lass uns Einzug halten bei dir. In unserem jetzigen Leben aber wollen wir als neue Menschen im Licht der Auferstehung Zeugnis geben von deiner Größe und Macht. Das erbitten wir durch Jesus Christus, deinen Sohn, unseren Bruder und Herrn in Ewigkeit.

SEGEN, ENTLASSUNG

MARIENGRUSS   GL 574 (Regina caeli)

JESUS, DER UNSER GUTER HIRTE IST
Rosenkranzandacht in der Osterzeit

ZUR ERÖFFNUNG   GL 474,1–3 (Nun jauchzt dem Herren alle Welt)

EINFÜHRUNG   Immer wieder begegnet uns in den Gottesdiensten der Osterzeit der „gute Hirte". Wir sehen hier das Bild Gottes, der sich um die Menschen kümmert, wie es die Propheten schon verkündet haben. Jesus Christus bezieht es auf sich und lässt uns diese Hirtensorge auch leibhaftig erfahren. Er kennt seine Schafe. Er weiß um jedes einzelne, er ruft sie beim Namen – auch mich: Es ist gut, mir vor Augen zu halten, dass ich selbst auch von ihm gekannt, gerufen und geliebt werde.

Jesu Hingabe an die ihm Anvertrauten gipfelt darin, dass er sogar sein Leben zu geben bereit ist: Keiner hat eine größere Liebe; der gute Hirte leidet für die Schafe. Und wie er seinen ihm Anvertrauten nahe ist, so wünscht er sie sich untereinander als Gemeinschaft: Liebet einander, wie ich euch geliebt habe.

Wir wollen diesem Bild des guten Hirten in der Andacht nachspüren und es mit Gesätzen des Rosenkranzes und Liedern vertiefen. Beten wir zu Beginn zu Jesus Christus.

WECHSELGEBET   GL 781,5

LIED   GL 474,4–5

1. Jesus, der unser guter Hirte ist

SCHRIFTWORT   Ich bin der gute Hirt.   *Joh 10,11*

IMPULS   „Ich möcht, dass einer mit mir geht, der's Leben kennt, der mich versteht, der mich zu allen Zeiten kann geleiten" heißt es in einem neueren geistlichen Lied – ein Wunsch, den wohl viele haben. „Zu allen Zeiten – in guten und in bösen Tagen, in Gesundheit und Krankheit", im Leben und im Sterben wünschen wir uns einen treuen Begleiter, der Freude und Trauer mit uns teilt, uns an der Hand nimmt und begleitet. Nicht gängeln soll er uns, sondern bei aller Freiheit, die er uns lässt, im rechten Augenblick da sein – auch und gerade dann, wenn wir uns verirrt haben. Das will Jesus Christus für uns sein. Der Apostel Petrus schreibt über ihn in seinem ersten Brief: „Denn ihr hattet euch verirrt wie Schafe, jetzt aber seid ihr heimgekehrt zum Hirten und Bischof eurer Seelen" (1 Petr 2,25).

Beten wir in diesem Gesätz für alle, die in ihrem Leben auf der Suche sind nach einem treuen und liebenden Begleiter.

GESÄTZ   Jesus, der unser guter Hirte ist.

LIED   GL 538,5 (O heilger Leib des Herrn)

2. Jesus, der seine Schafe kennt

SCHRIFTWORT   Ich bin der gute Hirt; ich kenne die Meinen und die Meinen kennen mich, wie mich der Vater kennt und ich den Vater kenne.

Joh 10,14 f

IMPULS   Nicht um ein oberflächliches Kennen geht es Jesus, sondern um das Erkennen in der Tiefe – ein wechselseitiger Vorgang: Jesus kennt die Seinen, die Seinen kennen ihn. Dieses Kennen hat zu tun mit Liebe: Jesus schaut uns mit der ganzen Liebe seines Herzens an, so wie er ganz aus der Liebe des Vaters lebt. In dieser Liebe schaut er bis in die dunkelsten Winkel unserer Seele, um sie zu heilen und uns zu geben, wessen wir in der Tiefe unseres Herzens bedürfen. –
„Die schwachen Tiere stärkt ihr nicht, die kranken heilt ihr nicht, die verletzten verbindet ihr nicht, die verscheuchten holt ihr nicht zurück, die verirrten sucht ihr nicht und die starken misshandelt ihr", wirft Gott den falschen Hirten seines Volkes vor (Ez 34,4). Weil sie versagt haben, will er selber kommen. „Auf gute Weide will ich sie führen, im Bergland Israels werden ihre Weideplätze sein. Dort sollen sie auf guten Weideplätzen lagern, auf den Bergen Israels sollen sie fette Weide finden. Ich werde meine Schafe auf die Weide führen, ich werde sie ruhen lassen – Spruch Gottes, des Herrn. Die verloren gegangenen Tiere will ich suchen, die vertriebenen zurückbringen, die verletzten verbinden, die schwachen kräftigen, die fetten und starken behüten. Ich will ihr Hirt sein und für sie sorgen, wie es recht ist" (Ez 34,14 ff). Durch seinen geliebten Sohn hat Gott diese Verheißung erfüllt.

Beten wir für alle Verletzten, Verirrten, seelisch kranken, verstörten und vertriebenen Menschen.

GESÄTZ   Jesus, der seine Schafe kennt.

LIED   Mein Hirt ist Gott, der Herr, 1–2 (GL-Diözesananhänge)

3. Jesus, der auch mich beim Namen ruft

SCHRIFTWORT   Wer aber durch die Tür hineingeht, ist der Hirt der Schafe. Ihm öffnet der Türhüter und die Schafe hören auf seine Stimme; er ruft die Schafe, die ihm gehören, einzeln beim Namen und führt sie hinaus.

Joh 10,2 f

IMPULS   Eine der berührendsten Geschichten des Neuen Testaments ist die Erzählung von der Begegnung des Auferstandenen mit Maria Magdalena (Joh 20,9–18). Sie erkennt ihren Meister erst, als er sie nicht mehr allgemein als „Frau" anspricht, sondern bei ihrem Namen: „Maria!" Der heilige Papst Gregor der Große spricht davon in einer Homilie: Es ist, „als sagte er deutlich: ‚Erkenne den, von dem du erkannt bist. Ich kenne dich nicht nur im Allgemeinen, wie die anderen dich kennen; ich kenne dich in deiner Einmaligkeit".

Auch wir haben seit der Taufe bei ihm einen Namen, sind einmalig und einzigartig. Immer wieder ruft Christus uns beim Namen, ruft uns in seine Nachfolge und wird uns einmal, so hoffen wir, mit allen Geretteten zu sich rufen.

Beten wir für alle, die seit ihrer Taufe den Christennamen tragen, um die Kraft, zu meiden, was diesem Namen widerspricht, und zu tun, was unserem Glauben entspricht.

GESÄTZ   Jesus, der auch mich beim Namen ruft.

LIED   GL 635,3 (Ich bin getauft und Gott geweiht)

4. Jesus, der sein Leben für die Schafe gibt

SCHRIFTWORT   Der gute Hirt gibt sein Leben hin für die Schafe ... und ich
gebe mein Leben hin für die Schafe   *Joh 10,11.15b*

IMPULS   Daran erkennt man den guten Hirten: Er ist bereit, sein Leben
aufs Spiel zu setzen, um seine Schafe zu verteidigen. Jesus gibt nicht nur sein
Leben hin für die Schafe, er selbst ist das Lamm Gottes, das alle Schuld der
Welt auf sich nimmt, der sein Leben gibt, damit wir aus dem Tod in das Leben hinübergehen können. Ja, nach dem Bericht des Evangelisten Johannes
opferte Jesus sein Leben zu der Stunde, in der im Tempel die Lämmer für das
Paschamahl geschlachtet wurden (vgl. Joh 19,31). Darum jubelt die Kirche im
Exsultet der Osternacht: „O unfassbare Liebe des Vaters: Um den Knecht zu
erlösen, gabst du den Sohn dahin".

Beten wir für alle, die sich das Leben von Menschen oder Dingen dieser Welt
erwarten.

GESÄTZ   Jesus, der sein Leben für die Schafe gibt.

LIED   GL 180,1.4 (Herzliebster Jesu)

5. Jesus, der seine Herde in Liebe eint

SCHRIFTWORT   Ich habe noch andere Schafe, die nicht aus diesem Stall
sind; auch sie muss ich führen und sie werden auf meine Stimme hören; dann
wird es nur eine Herde geben und einen Hirten.   *Joh 10,16*

IMPULS   Zwar sagt Jesus, er sei nur zu den verlorenen Schafen des Hauses
Israel gesandt (Mt 15,24), und er sendet auch seine Jünger zunächst nur zu
ihnen (Mt 10,6), aber in der Hirtenrede wird deutlich: Die Sendung Jesu und
auch seiner Kirche geht über Israel hinaus. Alle Menschen sind in das Reich
Gottes gerufen. So kann Paulus bekennen: „Es gibt nicht mehr Juden und
Griechen, nicht Sklaven und Freie, nicht Mann und Frau; denn ihr alle seid
‚einer' in Christus Jesus" (Gal 3,28).
    Diese Einheit ist auch wichtig und ein Herzensanliegen Jesu schon in sei-
nem hohepriesterlichen Gebet beim Letzten Abendmahl: „Alle sollen eins
sein: Wie du, Vater, in mir bist und ich in dir bin, sollen auch sie in uns sein,
damit die Welt glaubt, dass du mich gesandt hast" (Joh 17,21).

Beten wir um das Geschenk der Einheit unter den Christen, damit sie glaubwürdig Zeugnis geben können von der Liebe Gottes.

GESÄTZ Jesus, der seine Herde in Liebe eint.

LIED GL 638,4–5 (Nun singe Lob, du Christenheit) *oder* GL 640,3 (Gott ruft sein Volk zusammen)

Abschluss

LIED Deinem Heiland, deinem Lehrer, 1 (GL-Diözesananhänge)

WECHSELGEBET GL 779,5 (Das Brot des Lebens – *einschließlich Lesung und Gebet*)

SEGEN MIT DEM ALLERHEILIGSTEN

LIED Deinem Heiland, deinem Lehrer (*Strophe:* Guter Hirt, du wahre Speise – GL-Diözesananhänge)

Johannes Putzinger **127**

Maria, vereint mit den Jüngern im Gebet
Maiandacht (in der Pfingstnovene)

ZUR ERÖFFNUNG   GL 573,1–2 (Gegrüßet seist du, Königin)

GRUSS UND EINFÜHRUNG   Beginnen wir unsere Andacht zur Ehren der Mutter Gottes mit dem Zeichen unseres Glaubens und unserer Erlösung: Im Namen des Vaters ...

Das Fest „Christi Himmelfahrt", das wir gefeiert haben, bedeutet: Christus ging nach seiner Auferstehung heim zu seinem Vater; sein Auftrag, in der Welt das Reich Gottes zu verkünden und die Menschen zu erlösen, war erfüllt. Die Evangelien erwähnen nichts davon, dass Maria die Himmelfahrt ihres Sohnes persönlich miterlebt hat. Die Apostelgeschichte berichtet, dass sie danach mit den Jüngern einmütig im Gebet verharrte und auf die Sendung des Heiligen Geistes wartete. Auch wir sind hier versammelt, um gemeinsam zu beten und dadurch Gott zu loben und ihn zu ehren.

GEBET   GL 783 (Lobpreis)

LIED   GL 573,3–5

IMPULS   Maria hat sicher zutiefst das Geheimnis ihres Sohnes erfasst. Im stillen, verborgenen Glauben hat sie ihm die Treue gehalten. Sie zieht sich nach der Himmelfahrt nicht in die Einsamkeit zurück, sondern wird ein wichtiger Halt für die Jünger, indem sie zusammen mit ihnen um den Beistand betet.

Die Aufgabe Marias liegt in der Verborgenheit. An den wichtigen Stationen des Lebens ihres Sohnes wird sie in der Schrift erwähnt – aber auch nur in der Form, dass sie auf ihn hinweist, dass er im Mittelpunkt steht. Sie hat es uns vorgelebt, was es heißt: „Immer geht es um ihn!" Und gerade darin liegt ihre Kraft, um die auch wir sie bitten dürfen.

Öffnen wir uns dem Vorbild der Mutter Jesu. Nehmen wir ihren Sohn an, wie sie ihn angenommen hat, und glauben wir ihm, wie sie ihm geglaubt hat.

Hören wir dazu nun einen Abschnitt aus dem Lukasevangelium.

SCHRIFTLESUNG   Lk 24,44–53

LIED   GL 228 (Christ fuhr gen Himmel)

BESINNUNG   „Während er sie segnete, verließ er sie und wurde zum Himmel emporgehoben; sie aber fielen vor ihm nieder. Dann kehrten sie in großer Freude nach Jerusalem zurück." So haben wir eben im Evangelium gehört. Auf den ersten Blick scheint uns dies nicht verständlich zu sein: Wie kann ich mich freuen, wenn ein geliebter Mensch mich verlässt, der mir viel bedeutet hat, der mir Halt und Sicherheit schenkte? Müsste es den Jüngern nicht ebenso ergehen?

Kennen wir das aus unserem Leben? Stellen wir uns vor, wir haben etwas sehr Schönes erlebt: Ein Fest, ein frohes sehnsüchtig erwartetes Wiedersehen, ein einmaliges Erlebnis. Und unsere Reaktionen: Wir haben nicht geweint, als es vorbei war, sondern uns gefreut, dass wir es erleben durften. Wieviel hatten wir uns zu erzählen, mussten unsere Begeisterung, unser Staunen, unser Beeindrucktsein immer wieder mit anderen teilen. Wieviel Freude durften wir verspüren, dabei gewesen zu sein, es erlebt zu haben.

Übertragen wir dieses Erleben auf die Reaktion der Jünger. Da war wohl kein Platz für Abschiedstränen. Die Erkenntnis, das dieser Jesus wirklich Gottes Sohn war, ist der Grund ihrer Freude. Wieviel werden sie sich zu berichten haben!? Das gemeinsame Erleben bindet sie noch enger zusammen.

In der Apostelgeschichte wird ausdrücklich erwähnt, dass auch Maria, die Mutter Jesu nun ständig mit ihnen zusammen war, bei ihnen war. Sie hat die Gemeinschaft der Jünger unterstützt, aus Treue zu ihrem Sohn. Sie hat sicher in hohem Maße dazu beigetragen, dass die Gemeinschaft der Jünger zusammenblieb. Das Gebet war ihre Stärke. Eine Gemeinschaft, die vom Gebet getragen, vom gemeinsamen Gotteslob geprägt ist, ist offen für das Wirken Gottes. Sie befähigt die Mitglieder, auch als Einzelne stark zu sein.

Lukas schreibt: Und sie waren immer im Tempel und priesen Gott. Die Apostelgeschichte berichtet, dass sie in das Obergemach hinaufgingen, wo sie nun ständig blieben. Im verborgenen Gebet bereiten sie sich vor auf Sendung des Heiligen Geistes, bevor sie den Auftrag des Herrn erfüllen: Geht zu allen Völkern ...

Nach dieser kurzen Schilderung wird Maria in der Schrift nicht mehr namentlich erwähnt. Sie tritt zurück in die Verborgenheit, in die Stille. Sie lässt ihrem Sohn den Vortritt. So still und unauffällig wie ihr Lebensweg war, so still wird es auch jetzt wieder um sie. Hat auch sie in gewisser Weise – wie ihr Sohn – ihren Auftrag erfüllt?

Maria lehrt uns, dass auch das Verborgene und Stille einen wichtigen Platz im Leben hat, dass sie ein wichtiger Teil auch unseres Lebens sein muss. In der Stille und im Verborgenen liegt eure Kraft, heißt es beim Propheten Jesaja (Jes 30,15). Maria hat es uns vorgelebt.

MEDITATIVE MUSIK   *z. B. aus dem „Hymnos akathistos"*

GEBET   GL 783,8–9

LIED   GL 576,1–4

FÜRBITTEN UND VATERUNSER   Jesus kehrte zu seinem Vater zurück, um uns eine Wohnung zu bereiten, damit auch wir dort sind, wo er ist. Ihn wollen wir bitten:

- Herr, sende Boten zu allen Völkern, die Zeugnis von dir geben und andere zum Glauben an dich führen.
  Christus, höre uns.
- Steh all denen bei, die sich Gerechtigkeit und Frieden in der Welt einsetzen.
- Hilf allen, die in ihrem Leben keinen Sinn mehr sehen, und lass sie sich an der gelebten Hoffnung von Christen wieder aufrichten.
- Schenke den Kranken, Leidenden und Bedrückten die Gewissheit, dass du bei ihnen bist und ihnen beistehst.
- Erfülle uns mit deinem Geist und befähige uns, dich durch unser Leben zu verkünden.

Jesus Christus, du bist unser Mittler bei Gott. Mit dir zusammen rufen wir zu ihm, deinem und unserem Vater:
Vater unser …

SEGENSBITTE   Gott, der Christus zu seiner Rechten erhöht und uns den Zugang zum Leben erschlossen hat, gewähre uns die Fülle seines Segens.

Vor den Augen seiner Jünger wurde Christus zum Himmel erhoben; er sei uns ein gnädiger Richter, wenn er wiederkommt.

Er thront in der Herrlichkeit des Vaters und bleibt dennoch inmitten seiner Kirche; er schenke uns den Trost seiner Gegenwart.

Das gewähre uns der dreieinige Gott …

ZUR ENTLASSUNG   GL 594,1.5–6 (Maria, dich lieben)   *Cornelia Bothe*

KOMM HERAB, O HEILGER GEIST
Besinnungen zur Pfingstsequenz in der Pfingst-Novene

VORBEMERKUNG   Die einzelnen Abschnitte dieser Besinnung widmen sich jeweils einer Strophe der Pfingstsequenz (GL 244) und erschließen sie so während der Novene als ganze. Sie eignen sich als Besinnung nach der Kommunion, lassen sich aber auch als kleine tägliche Andacht ausbauen. Dazu empfiehlt sich zu Beginn ein Lied bzw. eine Liedstrophe (z. B. GL 242); ihr schließt sich eine kurze Einführung und das Lesen – besser noch: singen (V/A) – der jeweiligen Strophe an. Ihrer Erschließung folgt ein (im Wechsel gesprochener) Psalm; Ruf und Gebet schließen den Teil ab.

ABSCHLUSS JEDEN ABSCHNITTS
V   Sendest du deinen Geist aus, so werden sie all erschaffen,
A   und du erneuerst das Gesicht der Erde.
V   Lasset uns beten. – Gott, du hast die Herzen deiner Gläubigen durch die Erleuchtung des Heiligen Geistes gelehrt. Gib, dass wir in dieem Geist erkennen, was recht ist, und allezeit seinen Trost und seine Hilfe erfahren. Darum bitten wir durch Christus, unseren Herrn.

1. Licht-Macher

Komm herab, o Heilger Geist,
der die finstre Nacht zerreißt,
strahle Licht in diese Welt. (GL 244,1)

SCHRIFTWORT   Im Anfang schuf Gott Himmel und Erde; die Erde aber war wüst und wirr, Finsternis lag über der Urflut und Gottes Geist schwebte über dem Wasser. Gott sprach: Es werde Licht. Und es wurde Licht. Gott sah, dass das Licht gut war. Gott schied das Licht von der Finsternis und Gott nannte das Licht Tag und die Finsternis nannte er Nacht. Es wurde Abend und es wurde Morgen: erster Tag.   *Gen 1,1–5*

IMPULS Die Zeit vor Pfingsten ist eine adventliche Zeit, so paradox das klingt. Doch nur in diesen Tagen rufen wir so ausdauernd: Komm! – „Komm herab, o Heilger Geist", singen wir an Pfingsten und den Tagen davor, in immer neuen Variationen: „Komm, Schöpfer Geist", „komm, o Tröster, Heilger Geist", „komm, Heilger Geist, der Leben schafft". Wir erwarten das Kommen, die Ankunft des Geistes, seinen Advent unter uns.

Und nicht nur sein Kommen; wir erwarten – mehr noch – sein Wirken. Es ist ja der Geist Gottes, der zu Beginn der Schöpfung die Ur-Finsternis zerriss und Licht in dieser Welt werden ließ. Kann die Kraft dieses Geistes Gottes, die soviel vermag, nicht auch die kleine Finsternis in uns selbst zerreißen, in unserer Kirche, in unserer Gesellschaft? Die Menschen sehnen sich nach Licht, im wirklichen und im übertragenen Sinne, nach Erkenntnis, nach Wegweisung, nach einem Ziel, das ihnen dieses Licht leuchtet und erkennen lässt. Die Strophen der Pfingstsequenz, die wir im einzelnen betrachten werden, sind eine fortwährende Variation dieser Bitte: der Bitte um das Leben Gottes, das uns sein Geist ermöglicht.

GEMEINSAMES GEBET Ps 18; GL 712,1.2

2. Arme-Seligmacher

Komm, der alle Armen liebt,
komm, der gute Gaben gibt,
komm, der jedes Herz erhellt. (GL 244,2)

SCHRIFTWORT Der Geist des Herrn ruht auf mir; denn der Herr hat mich gesalbt. Er hat mich gesandt, damit ich den Armen eine gute Nachricht bringe; damit ich den Gefangenen die Entlassung verkünde und den Blinden das Augenlicht; damit ich die Zerschlagenen in Freiheit setze und ein Gnadenjahr des Herrn ausrufe.   *Lk 4,18–19*

IMPULS Die guten Gaben des Geistes erbitten wir, auf seine Erleuchtung unseres Herzens hoffen wir. Warum aber rufen wir ihn an als denjenigen, der alle Armen liebt?

Der Geist Gottes, der Tröster und Helfer, ist nicht nur in geistigen und körperlichen Nöten unser Beistand. Er wendet sich auch gerade denen zu, die zu den Kleinen, Armen und Hilflosen gehören. Ihnen war Jesus in besonderer

Weise zugetan; die Armen pries er selig, die Kleinen nahm er gewissermaßen unter seinen Schutz. Dazu wusste er sich von Geist gesalbt und gesandt. Sie sind mehr als andere, die materiell und geistig alles haben, auf Gott angewiesen und bezogen. Sie setzen ihre Hoffnung auf ihn. Sie finden daher leichter Zugang zu ihm und zum Reich der Himmel als die Reichen.

Wir müssen leer sein, um Sehnsucht erfahren zu können. Der Geist, der die Armen liebt, weckt auch unsere Sehnsucht nach Gott.

GEMEINSAMES GEBET   Ps 34; GL 723,1.2 (VV. 1–10)

3. Herzens-Gast

Höchster Tröster in der Zeit,
Gast, der Herz und Sinn erfreut,
köstlich Labsal in der Not.

SCHRIFTWORT   Wenn ihr mich liebt, werdet ihr meine Gebote halten. Und ich werde den Vater bitten und er wird euch einen anderen Beistand geben, der für immer bei euch bleiben soll. Es ist der Geist der Wahrheit, den die Welt nicht empfangen kann, weil sie ihn nicht sieht und nicht kennt. Ihr aber kennt ihn, weil er bei euch bleibt und in euch sein wird.   *Joh 14,15–17*

IMPULS   Als Tröster hat uns Jesus den Geist versprochen, er wird uns beistehen auch in unseren Nöten. So ist er ein Gast, der Herz und Sinn erfreut.

Dieses Gast-Sein des Heiligen Geistes ist keine vorübergehende Phase, er hat bei uns nicht nur einen zeitweiligen Gast-Status inne. Jesus hat uns den Geist versprochen, der für immer bei uns bleiben soll, wie er selbst sagt. Warum aber wird er dann als Gast bezeichnet? Ein Gast, der für immer bleibt: Das erscheint ja nicht unbedingt erstrebenswert!

„Gast" ist der Geist in dem Sinne, dass er nicht von Anfang an bei uns ist; dass wir sein Kommen erwarten und erbeten. Aber wenn er kommt, bringt er seine Gaben mit – wie der dreifaltige Gott, als er bei Abraham und Sara in Mamre zu Gast war und Sara die Geburt eines Sohnes ankündigte.

Bereiten wir uns auf sein Kommen – und seien wir der Überraschung seiner Gaben und seines Handelns gewiss.

GEMEINSAMES GEBET   Ps 147; GL 254,1.2

4. Zur-Ruhe-Führer

In der Unrast schenkst du Ruh,
hauchst in Hitze Kühlung zu,
spendest Trost in Leid und Tod.

SCHRIFTWORT Gott, wie köstlich ist deine Huld! Die Menschen bergen
sich im Schatten deiner Flügel, sie laben sich am Reichtum deines Hauses;
du tränkst sie mit dem Strom deiner Wonnen. Denn bei dir ist die Quelle des
Lebens, in deinem Licht schauen wir das Licht.   *Ps 36,8–10*

Der Geist und sein Wirken begegnet uns immer dort, wo wir etwas ersehnen
und brauchen, weil wir es nicht haben: bei Leid und Tod ist es der Trost anderer Menschen, den wir erfahren, in hitzigen Situationen der kühle Kopf, den
wir bewahren. Vor allem aber ist es die Ruhe in einer ruhelosen Zeit.

„Ruht euch ein wenig aus", sagte Jesus seinen Jüngern, als sie wegen der
vielen Leute, die kamen und gingen, nicht einmal Zeit zum Essen fanden
(Mk 6,31). Im Psalm 23 heißt es, dass sich gerade in drangvoller Situation der
Herr wie ein Hirt um einen sorgt. „Er führt mich zum Ruheplatz am Wasser,
er deckt mir den Tisch inmitten meiner Feinde." Inmitten der Feinde, also
inmitten dessen, was einen bedrängt und geschäftig umschwirrt, sich auszu-
klinken, sich trotzdem und gerade dann und deshalb eine Auszeit nehmen
zu können, ist eine besondere Gabe des Geistes. Kaum etwas brauchen wir
heute dringender.

GEMEINSAMES GEBET Ps 23; GL 718,1.2

5. Seele-Durchdringer

Komm, o du glückselig Licht,
fülle Herz und Angesicht,
dring bis auf der Seele Grund.

SCHRIFTWORT Seht doch, wie gut und schön ist es, wenn Brüder miteinander in Eintracht wohnen. Das ist wie köstliches Salböl, das vom Kopf
hinabfließt auf den Bart, auf Aarons Bart, das auf sein Gewand hinabfließt.
Das ist wie der Tau des Hermon, der auf den Berg Zion niederfällt. Denn dort
spendet der Herr Segen und Leben in Ewigkeit.   *Ps 133*

Lässt sich die Nähe, die ein Mensch zu Gott findet, äußerlich erkennen? Von Mose wird gesagt, dass nach seinen Unterredungen mit Gott die Haut seines Gesichtes Licht ausstrahlte. Der Mensch als ein Widerschein der Güte Gottes: Kann man unser Christsein und seinen Anspruch nicht schöner ausdrücken?

Aber es ist eben kein nur äußerlicher Ausdruck, obwohl auch der wichtig ist. Es kommt jedoch darauf an, was im Inneren vorhanden ist. Und darum bitten wir, dass der Geist nicht nur das Angesicht leuchten lasse, sondern auch das Herz erfülle, so in uns eindringt, wie Öl durch einen Stoff; dass er das Innere unserer Seele wandle, damit wir als glaubensfrohe Menschen auch äußerlich sichtbar werden: Gottes Geist ist mit uns, in uns und gibt uns Kraft, so dass unser Gesicht leuchten kann aus einer inneren Freude heraus.

GEMEINSAMES GEBET   Ps 46; GL 650,1.2

6. Heil- und Heiligmacher

Ohne dein lebendig Wehn
kann im Menschen nichts bestehn,
kann nichts heil sein noch gesund.

SCHRIFTWORT   Wisst ihr nicht, dass euer Leib ein Tempel des Heiligen Geistes ist, der in euch wohnt und den ihr von Gott habt? Ihr gehört nicht euch selbst; denn um einen teuren Preis seid ihr erkauft worden. Verherrlicht also Gott in eurem Leib!   *1 Kor 6,19–20*

IMPULS   „Heil" und „heilig" – diese Worte hängen zusammen. Wer heilig ist, ist in gewisser Weise auch heil, was ursprünglich soviel bedeutet wie „ganz". Und wer heil ist, der ist in besonderer Weise von Gott berührt, dem Heiligen schlechthin. „Seid heilig, denn ich, der Herr, euer Gott, bin heilig", sagt es Gott selbst, und Jesus fordert die Menschen auf: „Seid vollkommen, wie auch euer Vater im Himmel vollkommen ist." Das ist kein moralischer Anspruch, es ist ein Streben nach dem Ganz-Sein mit Gott, dem Heil-sein mit ihm.

Der Geist ist es, der uns zum Tempel Gottes macht, so dass wir ihn, den Heiligen, in uns wohnen lassen können. Auch das äußere Heil, die Gesundheit, wird in dieser Strophe der Pfingstsequenz mit dem Geist in Verbindung gebracht. Wir müssen uns daher immer auch bemühen, unseren Körper so zu behandeln, dass er ein würdiger Tempel Gottes ist, dass er heil ist und gesund.

7. Leben-Spender

Was befleckt ist, wasche rein,
Dürrem gieße Leben ein,
heile du, wo Krankheit quält.

SCHRIFTWORT   Ihr ausgetrockneten Gebeine, hört das Wort des Herrn! So spricht Gott, der Herr, zu diesen Gebeinen: Ich selbst bringe Geist in euch, dann werdet ihr lebendig. Ich spanne Sehnen über euch und umgebe euch mit Fleisch; ich überziehe euch mit Haut und bringe Geist in euch, dann werdet ihr lebendig. Dann werdet ihr erkennen, dass ich der Herr bin.   *Ez 37,4–6*

IMPULS   Jesus ist der „Christos", der Gesalbte. Er wusste sich mit dem Heiligen Geist gesalbt, den Blinden das Augenlicht zu verkünden und die Zerschlagenen in Freiheit zu setzen. Und er tat es auch: Er heilte die Blinden, gab den Taubstummen Gehör und Stimme wieder, die Gekrümmten richtete er auf und die Lahmen hieß er wieder gehen. Er handelte in der Kraft des Geistes, machte die Menschen heil, war ihr Heiland.

Diese Kraft des Geistes erbitten wir auch bei der Weihe des Salböls, das bei der Krankensalbung gebraucht wird. Es soll für alle, die damit gesalbt werden, ein Zeichen der fürsorgenden Liebe Gottes sein, das Krankheit, Schmerz und Bedrängnis vertreibt und heilsam ist an Leib und Seele.

Gott will, dass wir das Leben haben und es in Fülle haben; sein Geist ist es, der dieses Leben immer wieder neu hervorbringt – auch dort, wo Dürre, Krankheit und Tod sind.

GEMEINSAMES GEBET   Ps 104; GL 253,1.2

8. Zurecht-Bieger

Wärme du, was kalt und hart,
löse, was in sich erstarrt,
lenke, was den Weg verfehlt.

SCHRIFTWORT   Erschaffe mir, Gott, ein reines Herz und gib mir einen neu-
en, beständigen Geist! Verwirf mich nicht von deinem Angesicht und nimm
deinen heiligen Geist nicht von mir! Mach mich wieder froh mit deinem Heil
mit einem willigen Geist rüste mich aus!   *Ps 51,12–14*

IMPULS   Der Heilige Geist ist ein große Kraft. Er ist die Kraft des Lebens
Gottes, und diese Kraft will im Menschen und in der Welt immer wieder Leben schaffen: Was erfroren und hart ist, auftauen und wieder zum Leben bringen; was in sich gelähmt und tot ist, in Bewegung setzen; und die Menschen
auf den Weg führen, der zum Leben führt. Er biegt gerade, was verkrümmt
ist oder abgewichen.

Wie spüren wir diese Lebenskraft? Indem wir uns dem Wort Gottes öffnen, das für unser Leben nicht nur gute Weisung enthält, sondern Geist und
Leben selbst ist. Das Wort Gottes, zuhause gelesen oder im Gottesdienst gehört, kann uns so treffen, dass wir daraus unmittelbare Kraft beziehen: umzu-
kehren, wo wir uns verrannt haben; aufzubrechen, wo wir still stehen – aber
auch für Menschen und für Gott wieder Wärme spüren, wo wir nur noch
erkaltet sind.

Der Herr öffne uns für die Lebens-Weisung in seinem Wort, er öffne uns
für seinen Geist, dass er uns den Weg weise, der zum Leben führt.

GEMEINSAMES GEBET   Ps 119; GL 750,1 *mit* GL 751,2

9. Guter Weg-Geleiter

Gib dem Volk, das dir vertraut,
das auf deine Hilfe baut,
deine Gaben zum Geleit.

Lass es in der Zeit besteht,
deines Heils Vollendung sehn
und der Freuden Ewigkeit.

SCHRIFTWORT   Lass mich deine Huld erfahren am frühen Morgen; denn
ich vertraue auf dich. Zeig mir den Weg, den ich gehen soll; denn ich erhebe
meine Seele zu dir. Lehre mich, deinen Willen zu tun; denn du bist mein
Gott. Dein guter Geist leite mich auf ebenem Pfad.   *Ps 143,8.10*

IMPULS   Sind wir eine geistliche Kirche? Von „Geist-Vergessenheit" war in den zurückliegenden Jahrzehnten oft die Rede, der Blick der Theologen richtet sich eher auf den Sohn Gottes als auf den Heiligen Geist. Wir befinden uns seit längerem in einer gewaltigen Umbruchs-Zeit, spürbar auch in den einzelnen Gemeinden. Wir packen viel an, ordnen neu, suchen die Auseinandersetzung auch mit dem Zeit-Geist. All das können wir nicht aus uns allein schaffen. Es wäre vermessen, auf sich selbst zu bauen. Wir brauchen die Gaben des Geistes zum Geleit durch diese Zeit:

Den Geist der Stärke zum Bekenntnis unseres christlichen Glaubens, auch wo er angefeindet oder belächelt wird; den Geist der Erkenntnis, um Gottes Wort und Weisung zu verstehen und tatkräftig umzusetzen; den Geist der Heiligkeit, um uns unserer eigenen Berufung und Nähe zu Gott inne zu werden; den Geist der Liebe, die uns mit den Menschen so umgehen lässt, wie Jesus es uns aufgetragen und selbst vorgelebt hat. In diesem Geist können wir nicht nur die Aufgaben unserer Zeit angehen, er führt uns auch durch trostlose und dunkle Wege hin zu dem Licht, das Gott selber ist, zur Freude, die wir in der Gemeinschaft mit ihm haben werden.

GEMEINSAMES GEBET   Ps 84; GL 649,1.2

Jesus, du bist hier zugegen

1. Jesus, du bist hier zugegen,
wie der Glaube fest bekennt:
Gib uns deinen milden Segen
in dem heilgen Sakrament;
deine Gnade, dein Erbarmen
sei gepriesen ohne End.

2. Jesus, Quelle unsres Lebens,
Gott-mit-uns, der Menschen Hirt.
Jesus, Weg, auf dem wir gehen,
der zu deinem Vater führt.
Du die Wahrheit, die wir glauben,
die den leitet, der verirrt.

3. Jesus, Korn, das in die Erde
ward im Tode eingesenkt.
Du das Brot, von dem wir leben,
Wein, der uns die Freude schenkt.
Herr, dein Segen uns begleitet
und zu Gott, dem Vater, lenkt.

4. Jesus, unser Trost und Leben,
wahrhaft gegenwärtig hier,
woll'st uns deinen Segen geben!
Tief gebeuget rufen wir:
„Heilig, heilig, heilig bist du,
ewig Lob und Dank sei dir!"

T: Ernst Xaver Turin (Str. 1 u. 4); Guido Fuchs (Str. 2 u. 3)
Zu singen nach GL 541 (Tantum ergo)

GOTTES GEIST – UNS GESCHENKT
Andacht zum Heiligen Geist

ZUR ERÖFFNUNG   GL 249 (Der Geist des Herrn)

GEBET   Allmächtiger Gott, du hast deinen Sohn zu dir erhöht und uns den Heiligen Geist gesandt, der uns zu einem Leben führen will, das deinem Willen entspricht. Mach uns immer mehr offen für deinen Geist, damit wir im Glauben wachsen und dich und die Menschen lieben. Darum bitten wir durch Jesus Christus.

1. Der Geist Gottes

SCHRIFTWORT   In jenen Tagen kam Jesus aus Nazaret in Galiläa und ließ sich von Johannes im Jordan taufen. Und als er aus dem Wasser stieg, sah er, dass der Himmel sich öffnete und der Geist wie eine Taube auf ihn herabkam. Und eine Stimme aus dem Himmel sprach: Du bist mein geliebter Sohn, an dir habe ich Gefallen gefunden. *Mk 1,9–11*

V Der Geist Gottes, der vor Erschaffung der Welt über den Wassern schwebte, der aus den Propheten sprach, der Jesus gesalbt hat, damit der das Reich Gottes verkündet – er ist auch uns geschenkt worden. Wir spüren ihn vielleicht nicht immer, denn er ist eine stille Kraft. Bitten wir, dass er in uns ganz und gar erfülle, dass wir immer mehr Christus, dem Gesalbten, gleich sind.

V Wohne in uns, Heiliger Geist.
A Komm und wohn in uns.

V Der du aus dem Vater und dem Sohn hervorgehst: Komm …
Der du mit dem Vater und dem Sohn angebetet und verherrlicht wirst.
Der du Herr bist und lebendig machst.
Der du gesprochen hast durch die Propheten.
Der du am Jordan auf Jesus herabgekommen bist.
Der du von Christus den Jüngern gegeben wurdest.

Der du in der Kirche lebst.
Der du uns in der Taufe geschenkt wurdest.
Der du in uns bei der Firmung erneuert wurdest.

2. Der Geist des neuen Lebens

SCHRIFTWORT Herr, wie zahlreich sind deine Werke! Mit Weisheit hast du sie alle gemacht, die Erde ist voll von deinen Geschöpfen. Verbirgst du dein Gesicht, sind sie verstört; nimmst du ihnen den Atem, so schwinden sie hin und kehren zurück zum Staub der Erde. Sendest du deinen Geist aus, so werden sie alle erschaffen und du erneuerst das Antlitz der Erde. *Ps 104,24.29–30*

V Neues Leben beginnt nicht nur durch die leibliche Geburt. In der Taufe sind wir so mit Christus verwurzelt, dass wir mit ihm, dem Auferstandenen, als neue Menschen leben sollen. Dieses neue Leben aus dem Wasser und dem Geist drückt sich auch immer dann aus, wenn in uns Altes in Neues gewandelt wird.

V Wandle uns, Heiliger Geist.
A Komm und wandle uns.

V Mache rein, was befleckt ist: Komm ...
Wärme, was kalt und erstarrt ist.
Löse, was in sich verhärtet ist.
Lass erblühen, was dürr ist.
Heile, wo Krankheit quält.
Tröste, wo man trostlos weint.
Richte auf, was niederliegt.
Bekehre, wo der Weg verfehlt.
Gib Leben, wo der Tod regiert.

3. Der Geist des Rates

SCHRIFTWORT Wenn jener kommt, der Geist der Wahrheit, wird er euch in die ganze Wahrheit führen. Denn er wird nicht aus sich selbst heraus reden, sondern er wird sagen, was er hört, und euch verkünden, was kommen wird. Er wird mich verherrlichen; denn er wird von dem, was mein ist, nehmen und es euch verkünden. *Joh 16,13–14*

V Was ist Wahrheit? So fragte Pilatus. So fragen auch wir in vielen Ausein-
andersetzungen unserer Zeit. Nicht nur in kirchlichen Zusammenhängen,
sondern auch innerhalb der Gesellschaft. Wir brauchen den Geist, der uns
geschenkt ist, um den Weg zu finden, der zur Wahrheit Gottes führt, die
den Menschen hilft und ihnen gut tut.

V Rate uns, Heiliger Geist.
A Komm und rate uns.

V In den Problemen unserer Zeit: Komm ...
   Im Wandel unserer Gesellschaft.
   In der Auseinandersetzung der Kulturen.
   In den Fragen unserer Gemeinde.
   In der Suche der Kirchen nach Einheit.
   Im Ringen um den rechten Glauben.
   Im Umgang mit unseren Kindern.
   In den Sorgen um die Arbeit.
   In den vielen Anliegen, die wir haben.

LIED GL 245,1–2 (Komm, Schöpfer Geist)

4. Der Geist, der für uns eintritt

SCHRIFTWORT Der Geist nimmt sich unserer Schwachheit an. Denn wir
wissen nicht, worum wir in rechter Weise beten sollen; der Geist selber tritt
jedoch für uns ein mit Seufzen, das wir nicht in Worte fassen können. Und
Gott, der die Herzen erforscht, weiß, was die Absicht des Geistes ist: Er tritt
so, wie Gott es will, für die Heiligen ein.   *Röm 8,26–27*

V Es gibt viele Situationen, in denen wir nicht wissen, wie wir reagieren, was
wir sagen sollen. Vor allem wenn unser Glaube angefragt ist in der Begegnung mit Menschen, in Situationen, in denen uns die Worte fehlen – auch
im Gebet. Bitten wir den Geist, dass er uns dann die rechten Gedanken
und Worte schenkt.

V Sprich du in uns, Heiliger Geist
A Komm und sprich in uns.

V Wenn wir nicht beten können: Komm ...
   Wenn uns die Worte fehlen.

Wenn wir das Evangelium weitergeben.
Wenn unser Glaube angefragt ist.
Wenn wir zum Vater sprechen.
Wenn wir dem Herrn danken.
Wenn wir anderen begegnen.
Wenn wir Worte des Friedens suchen.
Wenn wir Worte des Trostes brauchen.

5. Der Geist, der uns leitet

SCHRIFTWORT Herr, erhöre mich bald, denn mein Geist wird müde; verbirg dein Antlitz nicht vor mir, damit ich nicht werde wie Menschen, die längst begraben sind. Lehre mich, deinen Willen zu tun; denn du bist mein Gott. Dein guter Geist leite mich auf ebenem Pfad. *Ps 143,7.10*

V Wie oft werden wir auf dem Weg unseres Lebens schwach und müde, verrinnen gute Vorsätze, lassen wir die Hände in den Schoß sinken. Immer wieder brauchen wir daher den Anstoß, der uns handeln lässt. Bitten wir den Geist, dass wir hellhörig bleiben, dass wir die Augen offen halten, wo wir gebraucht werden und so den Weg gehen, auf den wir gestellt sind.

V Leite uns, Heiliger Geist.
A Komm und leite uns.

V Öffne unsere Ohren für die Nöte der Menschen: Komm ...
Öffne unsere Augen für das Leid der Welt.
Löse unsere Zungen, wenn wir für andere eintreten sollen.
Rühre unsere Hände zum Teilen.
Bewege unsere Füße zu unseren Nächsten.
Reiß uns heraus aus aller Trägheit.
Erneuere unser Herz.
Erfrische unseren Geist.
Mach uns zu neuen Menschen, die Gott gefallen.

6. Der Geist der Stärke

SCHRIFTWORT Johannes hat mit Wasser getauft, ihr aber werdet schon in wenigen Tagen mit dem Heiligen Geist getauft. Ihr werdet die Kraft des Heiligen Geistes empfangen, der auf euch herabkommen wird; und ihr werdet meine Zeugen sein in Jerusalem und in ganz Judäa und Samarien und bis an die Grenzen der Erde. *Apg 1,5.8*

V Firmung nennen wir das Sakrament, in dem wir den Heiligen Geist empfangen, damit wir gestärkt werden zum Zeugnisgeben für Jesus. Das lateinische Wort firmare bedeutet „stärken". Doch die Stärke des Heiligen Geistes brauchen wir auch in anderen Situationen, wann immer wir uns zu schwach fühlen, allein oder auf verlorenem Posten. Dann kann und will er für uns eintreten.

V Stärke uns, Heiliger Geist.
A Komm und stärke uns.

V Wenn wir entmutigt sind: Komm ...
Wenn wir keine Hoffnung mehr sehen.
Wenn wir krank sind und leiden.
Wenn wir im Sterben liegen.
Wenn wir schwach werden im Glauben.
Wenn wir keine Hoffnung mehr haben.
Wenn unsere Liebe nachlässt.
Wenn wir uns aufgeben.
Wenn wir immer wieder entmutigt werden.

LIED GL 245,3–4

7. Der Geist, der bewegt

SCHRIFTWORT Jesus antwortete Nikodemus: Amen, amen, ich sage dir: Wenn jemand nicht aus Wasser und Geist geboren wird, kann er nicht in das Reich Gottes kommen. Was aus dem Fleisch geboren ist, das ist Fleisch; was aber aus dem Geist geboren ist, das ist Geist. Wundere dich nicht, dass ich dir sagte: Ihr müsst von neuem geboren werden. Der Wind weht, wo er will; du hörst sein Brausen, weißt aber nicht, woher er kommt und wohin er geht. So ist es mit jedem, der aus dem Geist geboren ist. *Joh 3,5–9*

V Der Geist weht, wo er will, sagen wir in Anspielung auf die gehörten Worte Jesu. Das Wehen ist dabei ein gutes Bild, denn der Geist will in Bewegung bringen. Die Jünger erlebten die Herabkunft des Geistes als ein Brausen vom Himmel, wie wenn ein heftiger Sturm daherfährt und das ganze Haus erfüllt. Bitten wir, dass er auch uns durchweht, dass wir immer neu für das Reich Gottes in Bewegung bleiben.

V Durchwehe, Heiliger Geist.
A Komm, durchwehe uns.

V die Kirche, dass sie jung bleibt: Komm ...
Unsere Gemeinde, dass man in ihr die Nähe Gottes erlebt.
Alle, die einen Dienst in der Kirche tun, dass ihre Freude spürbar wird.
Unsere Familien, dass die Gemeinschaft ihnen lebendig ist.
Die Eheleute, dass die Liebe zwischen ihnen bleibt.
Die Alten und die Jungen, dass sie einander verstehen.
Unser Land, dass es neu erblühe.
Die Gemeinschaft der Völker, dass zu einander finden.
Uns alle, dass wir unsere Kreativität entfalten.

8. Der Geist der Heiligkeit

SCHRIFTWORT Am letzten Tag des Festes, dem großen Tag, stellte sich Jesus hin und rief: Wer Durst hat, komme zu mir, und es trinke, wer an mich glaubt. Wie die Schrift sagt: Aus seinem Inneren werden Ströme von lebendigem Wasser fließen. Damit meinte er den Geist, den alle empfangen sollten, die an ihn glauben. *Joh 7,37–39*

V Gott ist der Heilige. Als Getaufte haben wir Anteil an seiner Heiligkeit, die wir auch spürbar machen sollen. Die Ausstrahlung vieler großer Männer und Frauen, die wir heilig nennen, kann uns dabei ein Vorbild sein. Vor allem ist es Jesus Christus, der Helige Gottes, dem wir in Wort und Tat nachfolgen sollen.

V Steh uns bei, Heiliger Geist.
A Komm und steh uns bei.

V In unserem Leben aus der Taufe: Komm ...
In der Nachfolge Christi.
Im Eifer für das Reich Gottes.

Im Bemühen, einander zu vergeben.
In der Liebe zueinander.
In der Heiligkeit und Lauterkeit.
Im Tragen unseres Kreuzes.
In aller Bedrängnis.
Bei unserem Heimgang zum Vater,
Auf dem Weg der Wahrheit.
In unserer Arbeit und unserem Streben.
Bei unserem Lernen und Studieren.
Bei unserem Forschen und Erkunden.

9. Der Geist der Freiheit

SCHRIFTWORT   Ihr seid zur Freiheit berufen, Brüder. Nur nehmt die Freiheit nicht zum Vorwand für das Fleisch, sondern dient einander in Liebe! Denn das ganze Gesetz ist in dem einen Wort zusammengefasst: Du sollst deinen Nächsten lieben wie dich selbst! Wenn ihr einander beißt und verschlingt, dann gebt Acht, dass ihr euch nicht gegenseitig umbringt. Darum sage ich: Lasst euch vom Geist leiten, dann werdet ihr das Begehren des Fleisches nicht erfüllen. Die Frucht des Geistes ist Liebe, Freude, Friede, Langmut, Freundlichkeit, Güte, Treue, Sanftmut und Selbstbeherrschung.

Gal 5,13–16.22–23

V   Geist und Fleisch stehen einander gegenüber. Oftmals ist der Geist willig und das Fleisch schwach. Es bedarf daher der Anstrengung und Überwindung, ein christliches Leben so zu führen, dass es der Frohen Botschaft Christi entspricht. Der Geist Gottes hilft uns dabei, denn er befreit uns zur Freiheit.

V   Befreie uns, Heiliger Geist.
A   Komm, befreie uns.

A   von allen Abhängigkeiten und Süchten: Komm ...
Von Unglauben und Aberglauben.
Von Furcht und Zukunftsangst.
Von Neid und Missgunst.
Von Zwist und Spaltung.
Von Stolz und Hochmut.
Aus der Enge unserer Gedanken.

Aus dem Kreislauf des Bösen.
Aus jeglicher Gefahr.

LIED GL 245,5–6

Abschluss

Es kann ein Weihrauchgefäß durch den Raum getragen werden. Die Gottesdienst-teilnehmer können sich den heiligen Rauch zufächeln. Dazu wird gesungen:

LIED Veni sancte spiritus (Taizé; *mit Vorsängerstrophen) oder* GL 243 (Veni Sancte Spiritus)

FÜRBITTEN Wir haben für uns gebetet. Wir wollen auch die nicht vergessen, die unsere Gebet brauchen. Darum bitten wir:
- Um den Geist der Liebe für alle, die in Streit und Hass leben.
  Gott, unser Vater:
  Wir bitten dich, erhöre uns.
- Um den Geist des Rates für alle, die suchen und im Glauben zweifeln.
- Um den Geist des Trostes für alle, die leiden und trauern.
- Um den Geist der Stärke für alle, die mühselig und beladen sind.
- Um den Geist der Weisheit für alle, die Entscheidungen für andere treffen müssen.
- Um den Geist der Gottesfurcht für alle, die an der Zukunft der Menschen arbeiten.

Vater unser ...

ABSCHLIESSENDES GEBET Gott, unser Vater, in der Taufe haben wir den Heiligen Geist empfangen. Er begleitet unser Leben und steht uns bei in unseren Anliegen. Wir danken dir dafür und bitten dich: Lass uns immer wieder neu seine Kraft erfahren, damit wir für dich leben und Zeugen deines Reiches sind. Darum bitte wir durch Jesus Christus, unseren Bruder und Herrn.

LIED GL 249,4

SCHÖPFER – ERLÖSER – BEGLEITER
Andacht am Dreifaltigkeitsfest

ERÖFFNUNG *mit Kreuzzeichen und Gruß*

LIED   GL 635,1 (Ich bin getauft) *oder* GL 265 (Nun lobet Gott)

EINFÜHRUNG   Einst ging Augustinus – so wird es erzählt – am Meer spa-
zieren und dachte über das Geheimnis der Dreifaltigkeit nach. Da bemerkte
er ein Kind, das mit seinem Eimerchen Wasser aus dem Meer in einen kleinen, abgegrenzten Bereich schöpfte. „Was machst du da?", fragte er das Kind.
„Ich möchte das Meer in meinen Teich schöpfen!" Da lachte Augustinus und
sagte: „Das wird dir nie gelingen!" Da richtete sich das Kind auf und sagte:
„Ich mache es genauso wie du: Du willst mit deinem kleinen Verstand das
Geheimnis des dreieinigen Gottes verstehen!" –

Wir wollen in diesem Gottesdienst gar nicht erst versuchen, das Geheimnis des dreifaltig einen Gottes zu ergründen. Aber diese kleine Erzählung vom Meer, das auszuschöpfen das Kind sich vornahm, schenkt uns ein
schönes Bild des unergründlichen Gottes: Wie das Wasser des Meeres unter der Sonne verdunstet, aufsteigt und sich zu Wolken sammelt, aus denen
der Regen fällt, der die Erde benetzt, in sie einsickert und dann irgendwann
in Bächen und Flüssen seinen Weg eben wieder zum Meer zurückfindet, so
kommen wir aus der Quelle des dreifaltigen Gottes und kehren dereinst auf
verschlungenen Wegen wieder dorthin zurück, dürfen eingehen in das Meer
seiner unendlichen Liebe.

LIED   All meine Quellen entspringen in dir (Liederbücher) *oder* GL 289,2
(Herr, deine Güt)

WECHSELGEBET   Wir beten gemeinsam einen Psalm, der uns helfen kann,
über das schon im Alten Testament verborgene Geheimnis des dreifaltig-ei-
nen Gottes nachzusinnen. – (Ps 143 – *wechselseitig sprechen*)

Kehrvers: Gott ist dreifaltig Einer: Der Vater schuf die Welt, der Sohn hat uns erlöset, der Geist uns auserwählt. (GL 489)

Herr, höre mein Gebet, vernimm mein Flehen;
in deiner Treue erhöre mich, in deiner Gerechtigkeit!

> Geh mit deinem Knecht nicht ins Gericht;
> denn keiner, der lebt, ist gerecht vor dir.

Mein Geist verzagt in mir, /
mir erstarrt das Herz in der Brust.

> Ich denke an die vergangenen Tage, sinne nach über all deine Taten,
> erwäge das Werk deiner Hände.

Kehrvers

Ich breite die Hände aus und bete zu dir;
meine Seele dürstet nach dir wie lechzendes Land.

> Herr, erhöre mich bald,
> denn mein Geist wird müde

verbirg dein Antlitz nicht vor mir,
damit ich nicht werde wie Menschen, die längst begraben sind.

> Lass mich deine Huld erfahren am frühen Morgen;
> denn ich vertraue auf dich.

Kehrvers

Zeig mir den Weg, den ich gehen soll;
denn ich erhebe meine Seele zu dir.

> Lehre mich, deinen Willen zu tun; denn du bist mein Gott.
> Dein guter Geist leite mich auf ebenem Pfad.

Um deines Namens willen, Herr, erhalt mich am Leben,
führe mich heraus aus der Not in deiner Gerechtigkeit!

> Ehre sei dem Vater und dem Sohn und dem Heiligen Geist,
> wie im Anfang, so auch jetzt und allezeit und in Ewigkeit. Amen.

Kehrvers

Stille

PSALMGEBET   Wenn wir über den Psalm nachsinnen und uns umschauen, erkennen wir dein Wirken, du dreifaltiger Gott!

„Ich erwäge das Werk deiner Hände": Die Schöpfung, an deren Schönheit wir uns in diesen Wochen erfreuen, ist das Werk deiner Hände. Sie singt bis heute das Lied des Anfangs, als du, unser Vater und Schöpfer Gott, sie ins Dasein gerufen und dem Menschen anvertraut hast. Auch ihn hast du wunderbar geschaffen – und von seinem Tod noch wunderbarer erlöst durch das Kreuz.

„Ich breite die Hände aus": Am Kreuz hast du, Jesus Christus, unser Bruder, sterbend die Arme ausgebreitet. Doch am frühen Morgen des ersten Tages hat dich Gottes Huld und Liebe aus dem Dunkel des Todes in sein göttliches Leben zurückgeholt, von wo aus du zu uns Menschen gekommen bist, um uns Gottes Reich mit Hand und Mund zu verkünden.

„Dein guter Geist leite mich": Und wenn wir uns umschauen, erkennen wir auch dein Wirken, Heiliger Geist. Du führst uns Menschen zusammen, du machst uns zu Glaubenden, du machst aus einzelnen Christen Christi Kirche. Du führst uns alle den Weg unseres Lebens auf gutem, auf ebenem Pfad unserer ewigen Heimat entgegen.

Wir danken dir, dreifaltiger Gott, Vater, Sohn und Heiliger Geist, heute und alle Tage bis der Ewigkeiten Ewigkeit.

LIED   GL 638 (Nun singe Lob)

FÜRBITTEN UND VATERUNSER   Lasst uns nun beten zum dreifaltigen Gott und ihn bitten:

- Für die Menschen: um Einsicht und Verantwortungsbewusstsein für die Schöpfung, die ihnen anvertraut ist.
  Gott Vater im Himmel:
  Erbarme dich unser. (GL 762,4)
- Für die Völker, die Kulturen und Religionen dieser Welt: um Achtung und Respekt voreinander.
- Für alle, die ein schweres Kreuz tragen: um Kraft aus dem Glauben an dich, der du unsere Last tragen willst.
  Gott Sohn, Erlöser der Welt:
  Erbarme dich unser.
- Für alle Christen, die das Evangelium mit Hand und Mund anderen weitergeben: um Liebe zu Gott und den Menschen.
- Für alle, die sich in ihrem Leben verrannt haben, dass sie auf einen guten Weg zurück finden.

Gott Heiliger Geist:
Erbarme dich unser.

- Für unsere Kirche und alle, die in ihr einen Dienst übernommen haben,
  dass sie die Zeichen der Zeit erkennt und richtig deutet.
- Für die Christen alle: um die Bestärkung des gemeinsamen Glauben
  an dich, den dreieinen Gott, und um das gemeinsame Wachsen in der
  Einheit.
  Heiliger dreifaltiger Gott:
  Erbarme dich unser.

V Sprechen wir das Gebet, das Jesus uns gelehrt hat, und in dem wir Gott als
  unseren Vater ansprechen dürfen: Vater unser ...

SEGENSGEBET   GOTT, allmächtiger VATER,
allerster Ursprung und Schöpfer,
selbst ohne Anfang und Ende
erschaffst und trägst du die Welten:
gib uns des Glaubens Licht
und Brot, das uns Heil bringt und Segen. – Amen.

CHRISTUS, Gedanke des Vaters
und Licht aus dem Lichte geboren,
sein gleichgöttliches Du,
sein Wort und vertrauter Gefährte:
Heiland, Lebendiger du,
verleihe uns ewiges Leben. – Amen.

HEILIGER GEIST, Gottes Kraft,
unser Freund und Erleuchter und Beistand,
Hauch von Vater und Sohn
und Flamme der göttlichen Liebe:
wandle zum Tempel uns um,
zum Haus des lebendigen Gottes. – Amen.

GOTT dem VATER sei Ruhm,
seinem SOHN, dem Ewiggezeugten,
und auch dem HEILIGEN GEIST,
ihnen ebenbürtig an Hoheit:
Dir, dem DREIFALTIGEN GOTT,
sei Ehrfurcht und Lobpreis und Liebe. – Amen.

Friedrich Dörr

So segne uns der dreifaltige Gott:
der Vater und der Sohn und der Heilige Geist.

LIED GL 266 (Nun danket alle Gott) *oder* GL 303,1–4 (In Gottes Namen fahren wir)

Gott ist gegenwärtig

Gott ist ge-gen - wär - tig. Lasset uns an - be - ten und in Ehr-
Gott ist in der Mit - te. Al-les in uns schwei-ge und sich in -

furcht vor ihn tre-ten. Wer ihn kennt, wer ihn nennt;
nigst vor ihm beu-ge.

schlag die Au - gen nie - der; kommt, er - gebt euch wie - der.

2. Du durchdringest alles; / lass dein schönstes Lichte, / Herr, berühren mein Ge-
sichte. / Wie die zarten Blumen / willig sich entfalten / und der Sonne stille halten, /
lass mich so / still und froh / deine Strahlen fassen / und dich wirken lassen.

3. Herr, komm in mir wohnen , / lass mein' Geist auf Erden / dir ein Heiligtum noch
werden; / komm, du nahes Wesen, / dich in mir verkläre, / dass ich stets dich lieb und
ehre. / Wo ich geh, / sitz und steh / lass mich dich erblicken / und mich vor dir bücken.

T: Gerhard Tersteegen (vor 1727) 1729
M: Joachim Neander 1680

DAS BROT DES LEBENS
Andacht mit Anbetung an Fronleichnam

ZUR ERÖFFNUNG   Den Herrn, das Brot des Lebens: / Kommt, wir beten ihn an. (*nach* GL 674)

ZUR AUSSETZUNG   Jesus, du bist hier zugegen (S. 138) *oder* GL 547 (Das Heil der Welt)

HINFÜHRUNG ZUR ANBETUNG   Das Hochfest Fronleichnam lädt uns ein, das Geheimnis der Eucharistie zu feiern, zu bedenken und dafür zu danken. Immer wieder hat Jesus Brot gebrochen, es den Menschen ausgeteilt. Er hat Mahl mit den Menschen gehalten und sie dabei gelehrt. Er hat sich selbst hingegeben wie ein Weizenkorn, wie Brot. Schauen wir Jesus in verschiedenen Situationen, schauen wir auf zu ihm, beten wir zu ihm und danken wir ihm.

Stille

L   Jesus Christus,
  geboren in Betlehem, dem „Haus des Brotes“:
  Du machst dich uns Menschen gleich,
  bis in die bitterste Armut hinein,
  du teilst unsern Hunger nach Leben.

Stille

V/A   Herr, wir beten dich an und danken dir. (*nach* GL 526,4)

Stille

L   Jesus Christus,
  bei der Hochzeit zu Kana:
  Du füllst die Krüge mit Wein,
  du lässt die Hoffnung nicht leer ausgehn,
  du schenkst den Menschen Freude.

Stille

V/A   Herr, wir beten dich an und danken dir.

Stille

L   Jesus Christus
     bei der Bergpredigt:
     Du zeigst den Menschen das Vertrauen auf den Vater,
     du lehrst sie die Bitte um das tägliche Brot,
     du nimmst ihnen die Sorge um das Essen und Trinken.

Stille

V/A   Herr, wir beten dich an und danken dir.

Stille

LIED   GL 300,1.3–4 (Solang es Menschen gibt)

L   Jesus Christus
     im Haus des Zachäus:
     Du nimmst dich der Kleinen an,
     du kommst zu Gast auch zu den Verachteten,
     du lässt ihnen Heil widerfahren.

Stille

V/A   Herr, wir beten dich an und danken dir.

Stille

L   Jesus Christus
     im Haus des Pharisäers:
     du heilst die Kranken am Sabbat,
     du erhöhst bei Tisch die Niedrigen,
     du lädst die Armen und Leidenden zu deinem Mahl.

Stille

V/A   Herr, wir beten dich an und danken dir.

Stille

L   Jesus Christus
     bei der wunderbaren Brotvermehrung:
     Du hast Mitleid mit den Menschen,
     du sättigst die Hungernden,
     du gibst Nahrung in Fülle.

Stille

V/A   Herr, wir beten dich an und danken dir.

Stille

LIED   GL 618,3–5 (Brich dem Hungrigen dein Brot)

L   Jesus Christus
    in der Synagoge Kafarnaum:
    Du bist das Brot des Lebens,
    du bist das wahre Manna, das vom Himmel kommt,
    du gibst dein Fleisch, dich selbst, für das Leben der Welt.

Stille

V/A   Herr, wir beten dich an und danken dir.

Stille

L   Jesus Christus
    beim Paschamahl in Jerusalem:
    Du wäscht den Jüngern die Füße,
    du gibst das Brot – deinen Leib,
    du reichst den Becher – dein Blut.

Stille

V/A   Herr, wir beten dich an und danken dir.

Stille

L   Jesus Christus
    mit den Jüngern im Emmaus:
    Du legst ihnen die Schrift aus,
    du brichst das Brot,
    du gibst dich als der Lebendige zu erkennen.

Stille

V/A   Herr, wir beten dich an und danken dir.

Stille

LIED   GL 538,1–2.4 (O heilger Leib des Herrn)

GEBET Herr Jesus Christus, du hast uns in der Mahlgemeinschaft ein Zeichen des Reiches Gottes gegeben, bei deinem letzten Mahl hast du uns das Gedächtnis deiner Liebe in Brot und Wein anvertraut. Lass uns dieses Geheimnis immer recht bedenken und daraus leben.

Hilf uns, dass wir deiner Gemeinschaft nicht untreu werden wie Judas, der dich verraten hat, obwohl er mit dir zu Tische lag. Vielmehr wollen wir dir die Tür unseres Herzens aufmachen wie Zachäus, den du zu dir gerufen und dem du dein Heil verheißen hast. Schenke uns die Gnade wie den beiden Emmausjüngern, dich beim Brotbrechen als den Lebendigen zu erkennen, dass uns das Herz aufgeht.

Und lass uns mit allen unseren Verstorbenen und mit allen Heiligen dereinst Gast sein bei deinem himmlischen Hochzeitsmahl und uns deiner Gegenwart freuen.

Darum bitten wir dich, unseren Bruder und Herrn in Ewigkeit.

V/A   Herr, wir beten dich an und danken dir.

LIED   GL 540 (Sei gelobt, Herr Jesus Christ)

AUS DEM INNERSTEN GOTTES
Andacht mit Anbetung an Herz-Jesu

ZUR ERÖFFNUNG   GL 549 (O Herz des Königs aller Welt)

KREUZZEICHEN UND GRUSS   Der Herr, der uns einlädt: „Kommt alle
zu mir, die ihr euch plagt und schwere Lasten zu tragen habt. Ich werde euch
Ruhe verschaffen", er sei mit euch (ist mit uns – heute und in Ewigkeit).

Seiner Einladung wollen wir folgen; ihm, dem „Träger aller Bürd und
Last", dürfen wir dabei das anvertrauen, was uns bedrückt und niederdrückt.
Er möchte uns freimachen und aufrichten, weil wir ihm am Herzen liegen.

ÜBERTRAGUNG UND AUSSETZUNG DES ALLERHEILIGSTEN

LOBPREIS   GL 779,1 *oder* GL 780,1

PSALM   Ps 34; GL 723,3.4 *(wechselseitig sprechen oder singen)*

Stille

PSALMGEBET   Herr Jesus, Christus, du bist nahe den zerbrochenen Herzen,
du hilfst den Menschen, die zu dir kommen, aus ihren Nöten, denn du bist
gütig und uns von Herzen zugetan. Lass uns nach deinem Vorbild handeln,
damit die Welt auch durch uns deine Liebe spürt. Sei gepriesen in Ewigkeit.

SCHRIFTLESUNG   Joh 1,1–4.14–17

IMPULS   „Weil du ein Herz hast wie ein Bergwerk", singt der österreichische
Sänger Reinhard Fendrich in einem Lied („Weust a Herz host wia a Bergwerk
[...] steh i auf di"). Ein sehr populäres Lied, das gern auch bei Hochzeiten ge-
spielt wird, weil darin die unerschütterliche Liebe eines Menschen besungen
wird, der zu einem steht in allen Lebenslagen.

Eigentlich ja ein sehr merkwürdiger Vergleich: ein Herz wie ein Bergwerk.
Man möchte es sich gar nicht bildlich vorstellen. Es soll auch nur Assoziati-
onen wecken: vielleicht an Inneres und Tiefes, an Größe und Weite, an Kraft

und Energie. Und genau genommen ist es ja auch nicht das Herz, das mit dem Bergwerk verglichen wird, sondern die Liebe eines Menschen.

Es ist damit nicht viel anders, als wenn man die Liebe eines Menschen mit einem Herzen vergleicht. Dass das organische Herz nicht der Sitz der Liebe ist, wissen wir alle. Doch dass das Herz von den Gefühlen der Liebe nicht unberührt bleibt, das wissen wir auch. Daher kann man Herz und Liebe durchaus zueinander in Beziehung bringen. Auch das Herz steht für das Innere eines Menschen und seine Tiefe und Mitte, für seine Größe und seine Kraft, für sein Wollen und Leiden. Nur wenn man anfängt, dieses Bild wörtlich zu nehmen, wird es ein schiefes Bild. Das Herz Jesu, das wir verehren, ist also nicht das organische Herz, auch wenn man dabei an die geöffnete Seite des toten Jesu am Kreuz denken mag.

Aus dem Innersten

Das Herz Jesu ist Ausdruck für seine aus dem tiefsten Inneren kommende – innige! – Liebe zu den Menschen, vor allem zu den gebeugten und erschöpften. Als Jesus sie sah, heißt es einmal bei Matthäus, hatte er Mitleid mit ihnen. Mitleid – lateinisch „misericordia"; und in dem „cordia" steckt das Wort „cor", Herz. In seinem Erbarmen leidet er mit ihnen bis in sein Herz hinein, sie „barmen ihn", wie das alte deutsche Wort sagt. Auch das Wort „Erbarmen" drückt dieses Innere aus, denn das althochdeutsche „barm", das ihm zugrundeliegt, bedeutet, der Schoß, das Innere des Menschen, sein Herz: Barmherzigkeit.

Jesus leidet mit, bis in sein Inneres, das am Kreuz geöffnet wird. Ja, so sehr macht er sich mit uns eins, dass er als Toter in der Erde liegt, wie er einmal selbst prophezeit hat: Der Menschensohn wird drei Tage und drei Nächte im Innern – wörtlich: im Herzen – der Erde sein. Bis in das Innerste – oder Äußerste, wie man will – wird er uns gleich, um damit auch uns zum Leben bei Gott zu führen, von wo er kommt und wo er jetzt ist.

Aus dem Herzen des Vaters

Das führt zu einem letzten Gedanken: Auch Jesus selbst ist gleichsam ein Bild: Er ist das Abbild des unsichtbaren Gottes, heißt es im Brief an die Kolosser. Jesus selbst sagt es so. Wer mich sieht, sieht den Vater. Und bei Johannes hörten wir: Der Einzige, der Gott ist und am Herzen des Vaters ruht, er hat Kunde gebracht. – Ist das Herz Jesu das Bild seiner Liebe zu uns, so Jesus selbst wiederum das Abbild von Gottes Liebe, seines tiefsten und innersten Wesens. Gott hat ein Herz für die Menschen: Jesus ist dieses Herz.

Stille

LIED GL 552 (Alles Leben ist dunkel)

WECHSELGEBET GL 781,7

Evtl. stille Zeit der Anbetung

FÜRBITTEN UND VATERUNSER Jesus nimmt sich der Menschen an, die zu ihm kommen und Sorgen und Lasten zu tragen haben. So wollen wir ihn bitten: Herr Jesus, du bist gütig von Herzen – erbarme dich unser .(GL 679, Vers)

- Herr, wir kommen zu dir mit all denen, die dein Hirtenamt für die Menschen teilen und denen manchmal ihre pastorale Arbeit schwer wird, und bitten dich: Herr Jesus, ...
- Herr, wir kommen zu dir in Gedanken an die Männer und Frauen, die Sorge und Verantwortung tragen für das Wohlergehen der Menschen und Völker und die den Beistand deines Geistes brauchen, und bitten dich.
- Herr, wir kommen zu dir mit allen unseren Kranken und Leidenden; mit den Menschen, die an ihrem Alter schwer zu tragen haben, mit allen, die im Laufe ihrer Jahre einsam und traurig geworden sind, und bitten dich.
- Herr, wir kommen zu dir mit allen, die niedergedrückt sind von Sorgen, die nicht schlafen können, weil sie Angst haben vor der Zukunft, die keinen Ausweg sehen aus ihren Irrwegen, die sie gegangen sind, und bitten.
- Herr, wir kommen zu dir mit den Nöten der Menschen, die unter Katastrophen leiden, die ihr Hab und Gut verloren haben, die keine Heimat mehr haben und nicht wissen, wie es für sie weitergehen kann, und bitten.
- Herr, wir kommen zu dir mit allen, die uns am Herzen liegen: unsere Kindern und Enkel, unsere Angehörigen, unsere lieben Verstorbenen, und bitten.
- Herr, wir kommen zu dir mit unseren eigenen Sorgen und Anliegen, von denen niemand weiß als du allein, und bitten dich.

Stille

Jesus, der am Herzen Gottes ruht, hat uns gelehrt, Gott als Vater zu erkennen und anzusprechen. So dürfen wir beten: Vater unser ...

Wir bitten dich, Herr, unser Gott. Bilde unser Herz nach dem Herzen deines Sohnes und wecke in uns die Kraft der Liebe, damit wir ihm gleichförmig werden und die Erlösung empfangen, die er uns für immer erworben hat, der in der Einheit des Heiligen Geistes mit dir lebt und herrscht in alle Ewigkeit.

MB 1132

ZUM SEGEN GL 544,1–2 (Das Geheimnis lasst uns künden)

ZUM REPONIEREN/SCHLUSS GL 550,1.4–6 (O lieber Jesu, denk ich dein)

Unruhig ist unser Herz

2. Kommt all zu mir, spricht der Herr, / kommt all zu mir, spricht der Herr –
und dann ruht ein wenig, ruht ein wenig aus.

3. Gütig und weit ist mein Herz, / gütig und weit ist mein Herz –
und mein Joch drückt nicht und meine Last ist leicht.

4. Lernet von mir, spricht der Herr, / lernet von mir, spricht der Herr –
und ihr werdet eure Ruhe finden bei mir.

5. So werde ruhig, mein Herz, / so werde ruhig, mein Herz –
wie ein kleines Kind auf seiner Mutter Schoß.

6. Unruhig ist unser Herz, / unruhig ist unser Herz –
bis es Ruhe findet, Ruhe findet in Dir.

T: nach Augustinus, Conf. 1,1; Mt 11,28–30 und Ps 131,2
M: Guido Fuchs 2009/2011 © beim Komponisten

Andachten im Jahreskreis

NACH EINIGEN TAGEN machte sich Maria auf den Weg und eilte in eine Stadt im Bergland von Judäa. Sie ging in das Haus des Zacharias und begrüßte Elisabet. Als Elisabet den Gruß Marias hörte, hüpfte das Kind in ihrem Leib. Da wurde Elisabet vom Heiligen Geist erfüllt und rief mit lauter Stimme: Gesegnet bist du mehr als alle anderen Frauen und gesegnet ist die Frucht deines Leibes. Wer bin ich, dass die Mutter meines Herrn zu mir kommt? In dem Augenblick, als ich deinen Gruß hörte, hüpfte das Kind vor Freude in meinem Leib. Selig ist die, die geglaubt hat, dass sich erfüllt, was der Herr ihr sagen ließ.

Lk 1,39–45

AUFBRECHEN ZUR LIEBE

Betrachtung zum Titelbild

Etwas kommt zum Ziel. Ein Kreis schließt sich. Ein Schlussakkord wird gesetzt. Und: Etwas öffnet sich. Unsagbar Großes beginnt. Betont festlich, ja zeremoniell ist das Bild. Die Symmetrie ist vollkommen. Nur wenige Einzelheiten – umso bedeutsamer – weichen davon ab.

Ein Zentralbau, zum Einblick geöffnet, bildet den baulichen Rahmen. Seine verzierte Spitze stößt in der Mitte über die obere Bildbegrenzung. Von dort senkt sich ein Zeltdach auf den turmartigen Hauptbaukörper und setzt sich nach beiden Seiten flügelartig fort. Ein Arkadenfries ist Verbindung und Halt für die Flügel. Goldene Zierleisten gliedern die Dachkonstruktion. Zwei lange schmale Säulen tragen das Ganze und grenzen das Zentrum von der Peripherie ab. Aber durch die weit geschwungenen Hälften eines Vorhangs, von zwei Dienerinnen demonstrativ geöffnet, werden die Randbereiche wieder einbezogen. Abgrenzung und Öffnung zugleich sind damit angedeutet. Zugang zum eigentlich Unzugänglichen. Denn was dort in der Mitte zur Schau gestellt wird, ist intim. Es gehört hinter den Vorhang des „Frauenzimmers". Aber diese höchst private Begegnung wird der Welt präsentiert als heilsbedeutsam für alle und immer.

Vorhang auf! Der entscheidende Akt des Weltdramas hat begonnen. Der blaue Himmel Gottes ist zur Tapete eines Menschenhauses geworden. Zwei Frauen grüßen und umarmen sich – Gott selbst grüßt und umarmt die Welt. Zwei Frauen tragen werdendes Leben in sich – Gottes Wort kommt zu Besuch bei seinem Propheten. Er ist dort, bei den Frauen, und durch sie auch hier, beim Betrachter. Uns geschieht, was wir an ihnen sehen: Besuch und Willkommen.

Nur leicht verschoben ist die Symmetrie der beiden Frauengestalten. Aber in der Bühnensymmetrie der Gesamtkomposition sind die leichten Abweichungen auffällig und bedeutsam. Im erreichten Ziel, der freudigen Umarmung, bleibt der Reiseweg enthalten: Marias Weg, in Leserichtung gedacht, von links nach rechts. Sie ist die Ankommende, ihre Füße zeigen noch die Stellung des letzten Schritts, ihre Bewegung drängt beide Frauen aus der Mittelachse nach rechts.

Maria konnte nicht verharren und statisch bei sich bleiben. Sie musste aufbrechen und ek-statisch zu Elisabet eilen. Warum? Weil Gott selbst nicht verharrte und bei sich blieb, sondern im Sohn aufbrach aus der sicheren Mitte des Seins und ekstatisch hineinging in seine Schöpfung – angefangen bei Maria.

Sie kommt herein, kommt an in der Umarmung. Zum vollen Kreis schließen sich ihre Arme und Hände um Elisabets Schultern, vorbehaltlos Nähe und Gemeinschaft suchend. Elisabet hingegen zögert und verharrt halb in der Willkommensgeste. Mit großer Kunst ist der Ausdruck ihrer linken Hand getroffen, die auf halber Höhe innehält, nicht geschlossen, aber auch nicht gestreckt, nicht abweisend, aber auch nicht heranziehend: sichtbar gewordene Frage. Wer bin ich, dass du zu mir kommst mit deinem Messiaskind – und nicht ich zu dir? Was für ein Gott ist das, der seinen Propheten besucht?

Dicht beieinander sind die Gesichter, die Blicke treffen sich, die Lichtkreise der Gottesnähe verschmelzen. Doch ernst und fragend schaut Elisabet, schlicht und direkt Maria. Dabei ist sie, die von Gott höher Erhobene, die Jüngere und Kleinere, dem ehrwürdigen Alter unterlegen nach Menschenmaß. Was für ein Gott ist das, der auf die Niedrigkeit seiner Magd schaut!

Gott ist aufgebrochen – darum ist Maria aufgebrochen. Darum geschah auch in Elisabets Leben ein unerwarteter Aufbruch. Gott, der Allmächtige und Allbesitzende, ist aufgebrochen und hat sich liebend zugewendet – zuerst und von Ewigkeit her dem Sohn, durch ihn aber Maria und Elisabet – und uns. Er umarmt uns vorbehaltlos und lässt sein ewiges Licht mit unserem geschaffenen Licht verschmelzen. Aber er bleibt der Freie, der Anfangende. In aller Verschmelzung bleibt er Gott und wir seine Kinder. Der Moment seiner Ankunft ist auf unserer Seite der Moment des Erschreckens, Zögerns und Fragens: bei Maria, bei Elisabet, bei den Hirten auf dem Feld, beim erwachsenen Täufer, bei Petrus, Thomas und all den anderen. Wir erkennen, dass Gott tut, was wir zu tun schuldig gewesen wären: aufbrechen zur Liebe. Das ist für uns Ende und Anfang zugleich.

Peter Gerloff

GOTTES WORT HÖREN, BETRACHTEN, LEBEN
Besinnungsgottesdienst zur „Lectio divina"

VORBEMERKUNG   Vor dem Gottesdienst bekommen alle die beiden Lesungstexte in Form einer kleinen Schriftrolle überreicht oder an den Platz gelegt.

ZUR ERÖFFNUNG   *Feierlicher Einzug mit dem Lektionar / mit einer Bibel*

LIED   GL 270,1–3.6 (Kommt herbei)

EINFÜHRUNG   Tag für Tag sind wir vielen Worten ausgesetzt. Und schnell spüren wir: Es gibt flüchtige Worte, die nur so dahergesagt sind, und es gibt starke, wirkmächtige Worte: Worte, hinter denen mehr steckt.

Von Karl Rahner stammt der Satz: „Gott hat sein letztes, sein tiefstes, sein schönstes Wort im fleischgewordenen Wort in unsere Welt hineingesagt. Und dieses Wort heißt: Ich liebe Dich, Du Welt, Du Mensch." Es ist ein Wort, das nicht mehr rückgängig gemacht werden kann, weil es Gott selbst ist, Jesus Christus, der als Gottes Wort Fleisch wurde. Er gibt sich hinein in unsere Welt. Er teilt sich mit im gesprochenen und geschriebenen Wort.

Wer Gott sucht, wird in der Bibel fündig, denn in der Heiligen Schrift lesen wir von Gott, wir begegnen ihm. Wir lesen die Bibel nicht wie das Werk eines verstorbenen Schriftstellers. Gottes Wort ist nicht ein Wort aus alten Zeiten – es ist hineingesprochen in unsere Welt, in unsere Zeit, in unser Leben.

Das ist auch der Ausgangspunkt der „Lectio divina", was soviel heißt wie: Göttliche Lesung – oder noch besser: Gott lesen. Wenn wir Gottes Wort lesen und hören, lesen und hören wir von Gott selbst.

GEBET   Jesus hat gesagt: „Nicht vom Brot allein lebt der Mensch, sondern von jedem Wort, das aus Gottes Mund kommt." Darum bitten wir: Gott, unser Vater. Verwirrt vom Geschwätz unserer Tage, erschöpft von Arbeit und Sorgen suchen wir dich und rufen: Komm uns entgegen. Rede uns an. Gib uns ein Wort, das uns ändert und heilt, das uns nährt und befreit. Darum bitten wir durch Jesus Christus.   *MB 320*

Hinführung zur Lesung   Das Volk Israel ist nach der Verbannung in Babylon wieder heimgekehrt nach Jerusalem. Die Rückbesinnung auf das Gesetz und die Verkündigung des Wortes Gottes durch den Priester Esra geraten zu einer eindrücklichen und frohen Glaubenserfahrung: Gott ist in seinem Wort gegenwärtig, er berührt die Herzen der Menschen.

Das Wort hören

Lesung   Neh 8,1–10

Das Wort betrachten

Stille. – In der Stille kann jeder noch mal den Text still für sich lesen – Satz für Satz, Wort für Wort – mit der Frage: Was sagt mir der Text, was sagt mir Gott?

Das Wort bedenken

Gestatten Sie, dass ich mich Ihnen kurz vorstelle: Mein Name ist Akkub. Ich bin einer der Leviten, die bei dieser großen Glaubensfeier auf dem Platz vor dem Wassertor dabei waren.

Es war eine ganz eigene Stimmung auf dem großen Platz. Viele Menschen waren zusammengekommen. Die Mauer des neuen Tempels stand. Niemand hatte noch vor ein paar Monaten damit gerechnet. Viele von uns waren nach und nach zurückgekommen aus der Fremde, in die Heimatstadt, in unsere Stadt. Doch sie war uns fremd. Vieles war zerstört, kein Stein lag auf dem andern, so vieles war seit der Belagerung und Vertreibung geschehen. Und nicht nur die Stadt mit ihren Mauern und Häusern war ein einziger Torso, auch unser Volk war niedergeschlagen, ohne Hoffnung und Perspektive, ohne Orientierung und Halt. Die Jahre in der Fremde sind nicht spurlos an uns vorüber gegangen. Und doch war da die Sehnsucht …

Dann kam der große Festtag. Eine große Menschenmenge versammelte sich. Sie warteten auf ein Wort der Ermutigung und Stärkung. Mitten hinein in das große Palaver der Menschen trat der Priester Esra mit dem großen

Buch. Eine feierliche Stille entstand. Esra stellte sich auf eine Kanzel vor die Menge und fing an zu lesen. Er las aus der Thora, den Gesetzesbüchern, vor. Alle hörten andächtig zu und lauschten den Worten. Wort für Wort, Satz für Satz sogen sie auf. Esra rief uns allen in Erinnerung, dass Gott mit uns einen unauflöslichen Bund geschlossen hat. Durch die Worte der Heiligen Schrift wurden wir an den Anfang, an der Ort der ersten Liebe geführt: Gott hat uns, sein Volk, aus der Knechtschaft Ägyptens befreit und in die Freiheit geführt. In den Zehn Geboten hat er uns allen seinen Willen kundgetan. Vielen kam es so vor, als würde sich das, was damals unsere Vorfahren erlebten, wieder neu ereignen an uns. Das Vergangene stand allen lebendig vor Augen. Schließlich rief Esra den großen Lobpreis Gottes aus und alle antworteten ergriffen wie aus einem Mund: Amen, amen! – so sei es! Viele warfen sich zu Boden, so überwältigt waren sie. Die Worte hatten ihre Wirkung nicht verfehlt. Gott hatte die Herzen angerührt.

Dann kamen wir Leviten ins Spiel, wir scharten kleinere Menschengruppen um uns, erklärten, was nicht verstanden worden war, und es entstand ein lebhaftes Gespräch. Menschen spürten plötzlich, dass die gehörten Worte ihnen galten, dass Gott selbst zu ihnen gesprochen hat. Vielen wurde bewusst, wie sehr sie die vergangenen Jahre Gott aus dem Blick verloren hatten, wie verarmt sie waren. Manche waren so ergriffen, dass sie weinten. Einige beteten spontan, priesen Gott. Andere trösteten und sprachen den Niedergeschlagenen Mut zu.

Esra spürte, wie aufgewühlt und ergriffen die Menschen waren, und so ergriff er noch einmal das Wort. Er traf den Nerv der Menschen, er sprach ihnen Worte der Ermutigung zu: „Heute ist ein heiliger Tag zu Ehren des Herrn, eures Gottes. Seid nicht traurig und weint nicht. Macht euch keine Sorgen; denn die Freude am Herrn ist eure Stärke." Das erfuhren die Menschen an diesem Tag hautnah: Das Wort Gottes will Freude schenken, Gott will Freude schenken. Wir brauchen nicht bekümmert sein. Gott macht mit uns einen Neuanfang. Und wer mit Gott geht, wer auf sein Wort vertraut, der kann sich freuen aus ganzem Herzen.

Bis zum heutigen Tag feiern die Juden den Tag der Thora-Freude. An diesem Tag tanzen sie mit der Thora-Rolle, mit der großen Schriftrolle, im Arm. So kommt zum Ausdruck: Gottes Wort schenkt Freude. Gott in seinem Wort schenkt Leben. Das ist wirklich ein Grund zum Feiern!

Dem Wort antworten

<small>Antwortgesang</small> Ps 119; GL 751,1.2 *oder* GL 687 (Dein Wort ist Licht und Wahrheit)

Feierliche Prozession mit dem Lektionar durch die Kirche zum Ambo; währenddessen: Halleluja-Ruf und Inzens des Lektionars

<small>Ruf vor dem Evangelium</small> GL 530,1 *mit* GL 149,6

<small>Evangelium</small> Lk 4,16–21

Danach feierliche „Inthronisation" des Lektionars auf einem Lesepult (ähnlich wie bei der eucharistischen Anbetung); dazu wird das Halleluja wiederholt.

<small>Impuls zum Evangelium</small> Heute.
Heute hat sich das Schriftwort erfüllt.
Heute ist das Wirklichkeit, was ihr eben gehört habt.
Jetzt.
Jetzt finden die Worte aus den alten Schriften ihr Heute.
Jetzt spricht Gott zu uns durch sein Wort.

Wir Christen sind keine Archäologen, die alten Zeiten verhaftet sind,
wir sind auch keine Historiker, die sich dem Vergangenen mehr widmen
als dem Gegenwärtigen.
Wir Christen sind geistes- und gottgegenwärtig.
Wir glauben daran, dass Gott sich mit dem Heute verwebt,
sich mit dem menschlichen Leben unauflöslich verstrickt.
Wir glauben daran, dass Gott uns durch die uralten Worte neu anspricht
und anrührt.

Die Bibel ist kein Geschichtsbuch.
Sie ist ein Lebensbuch – immer aktuell.
Die Lectio divina kann dabei eine Hilfe sein,
dieses Heute in der Bibel zu entdecken,
das zu entdecken, was Gott für mich bereit hält
an Trost, Ermutigung, Orientierung, Herausforderung.
Die Lectio divina will Wort und Leben,
Gott und mich zusammenbringen,
Begegnung schenken
und bewegen.

Überleitung zur Wort-Gottes-Litanei Wir wollen das Wort Gottes ehren, nicht die Buchstaben, die Seiten, den Einband, sondern die Geist- und Gottesgegenwart im Wort. So wollen wir mit unseren Worten Gott preisen, seine Gegenwart und Nähe mitten unter uns – im Wort.

Wort-Gottes-Litanei *(gesprochen)*
V Wort Gottes, du bist in unserer Mitte.
A Wir preisen dich.

V Wort Gottes, du ewiges Wort vom Vater.
   Wort Gottes, du menschgewordenes Wort in Jesus Christus.
   Wort Gottes, du geisterfülltes Wort.

V Wort Gottes, du geöffnetes Herz Gottes.
A Erfülle uns mit deiner Kraft.

V Wort Gottes, du Spiegel für die menschliche Seele.
   Wort Gottes, du bergender Hafen.
   Wort Gottes, du nie versiegende Quelle.
   Wort Gottes, du ungetrübte Freude.
   Wort Gottes, du Heilmittel für die Wunden der Seele.
   Wort Gottes, du unerschöpflicher Schatz.
   Wort Gottes, du Nahrung für die Seele.
   Wort Gottes, du Brot des Lebens.
   Wort Gottes, du berauschender Wein.
   Wort Gottes, du Kraft in der Anfechtung.
   Wort Gottes, du Licht in der Nacht.
   Wort Gottes, du nie erlöschendes Feuer.
   Wort Gottes, du Leben und Kraft.

oder

Wort-Gottes-Litanei *zu singen auf die Melodie des Hymnos akathistos*
Sei gegrüßt, Gottes Wort, Wahrheit und Leben schenkst du.
Sei gegrüßt, ich habe meine Freude an dir.
Sei gegrüßt, meinen Fuß eine Leuchte bist du.
Sei gegrüßt, im Elend schenkst du mir Tröstung.

Sei gegrüßt, Gottes Wort, nie vergesse ich dich.
Sei gegrüßt, du belebst mich stets neu.
Sei gegrüßt, deiner schäme ich mich nicht.
Sei gegrüßt, du Glück, das mir zufiel.

Sei gegrüßt, Gottes Wort, zuverlässig in allem bist du.
Sei gegrüßt, süßer als Honig für meinen Mund.
Sei gegrüßt, mehr als Rot und Weißgold liebe ich dich.
Sei gegrüßt, ich will dich im Herzen bewahren.

Sei gegrüßt, Gottes Wort in Ewigkeit!

nach Ps 119

nach Worten des Neuen Testaments
Sei gegrüßt, Gottes Wort, das der Welt den Anfang gab.
Sei gegrüßt, du führst dein Volk durch die Zeit.
Sei gegrüßt, zuverlässig bist du und wahr.
Sei gegrüßt, du bist die Erfüllung der Propheten.

Sei gegrüßt, Gottes Wort, menschliches Fleisch nahmst du an.
Sei gegrüßt, du wohnst in deinem ganzen Reichtum bei uns.
Sei gegrüßt, du lässt uns deine Herrlichkeit sehn.
Sei gegrüßt, du bist voll Gnade und Wahrheit.

Sei gegrüßt, Gottes Wort, Geist und Leben bist du.
Sei gegrüßt, du machst unsre Seele gesund.
Sei gegrüßt, wer auf dich baut, handelt klug.
Sei gegrüßt, wer nach dir handelt, wird selig.

Sei gegrüßt, Gottes Wort in Ewigkeit.

FÜRBITTEN UND VATERUNSER In seinem Wort ist Gott uns nahe. Er schreibt uns allen sein Wort ins Herz. So schenkt er uns Gemeinschaft und Stärkung für unseren Weg. Ihm vertrauen wir unsere Anliegen an:

- Wir beten für alle Menschen dieser Welt: Lass sie aufmerksam auf dein Wort hören und ihr Leben danach ausrichten.
  Herr, unser Gott, erhöre uns.
- Wir beten für alle, die sich nach einem Wort der Hoffnung und des Trostes sehnen: Komm ihnen entgegen und ermutige sie durch deine Gegenwart.
- Wir beten für alle, die im Dienst der Verkündigung stehen: Lass sie in aufrichtiger Weise dein immer noch neu und unerhörtes Wort verkünden und den Menschen einen Zugang zu dir ermöglichen.
- Wir beten für unsere Gemeinde/Gemeinschaft: Lass uns durch dein Wort neue Freude am Glauben finden und so zu glaubwürdigen Zeugen des Evangeliums werden.

Dein Wort, guter Gott, ist wie Licht in den Dunkelheiten unseres Lebens. Es gibt Hoffnung und Zuversicht, es schenkt Trost und Halt. Dankbar wenden wir uns an dich und beten gemeinsam, wie es Jesus uns gelehrt hat: Vater unser ...

SCHLUSSGEBET Gott, in dieser Feier durften wir erfahren: Dein Wort bringt Licht und Freude in die Welt, es macht unser Leben reich. Gib, dass wir es nicht achtlos überhören, sondern bring dein Wort in uns zu hundertfältiger Frucht. Darum bitten wir durch Jesus Christus. *nach MB 307*

WORT AUF DEN WEG Was bringt das Lesen und Beten der Heiligen Schrift? Was ist die Frucht der Lectio divina? Eine kurze Geschichte bringt dies eindrucksvoll zur Sprache: Ein alter japanischer Mönch saß täglich in einer Bibliothek und meditierte. Der Bibliothekar sprach ihn an und sagte, dass er ihn die Sutren, Buddhas Worte, lesen sähe. Der Mönch erwiderte, dass er nie lesen gelernt habe. Der Bibliothekar bot dem Mönch an, es ihn zu lehren. Der Mönch nahm das Angebot dankend an und fügte, auf sich deutend, hinzu: „Sagt mir, was bedeutet dieses Schriftzeichen?" *nach Anthony de Mello*

Darum geht es bei der Lectio divina: Durch das regelmäßige Lesen und Betrachten der Heiligen Schrift, durch die Begegnung mit Gottes Wort, werde ich selbst zu einem lebendigen Schriftzeichen Gottes; ein „Brief Christi" (2 Kor 3,3), wie es der Apostel Paulus formuliert; ohne viele Worte zu machen, so wie der Mönch in der Geschichte.

SEGEN

LIED GL 614 (Wohl denen, die da wandeln) *oder* Lass uns in deinem Namen, Herr (Liederbücher)

Jens Maierhof

Maria und die Eucharistie
Maiandacht mit Rosenkranzgebet

ZUR ERÖFFNUNG   Im Maien hebt die Schöpfung an (S. 178)

EINFÜHRUNG   „Sein Leib uns nährt, sein Blut uns tränkt – der Sohn, den du der Welt geschenkt, macht uns zu Himmelserben." (4. Strophe)
Der Monat Mai stellt uns nicht nur Maria, die Gottesmutter, besonders vor Augen, in diesen Tagen und Wochen steht oft auch die Eucharistie im Mittelpunkt. In vielen Gemeinden gehen die Kinder erstmals an den Tisch des Herrn, auch Fronleichnam, das Hochfest des Leibes und Blutes Christi, ist nicht mehr fern. Und beide – die Gottesmutter Maria und die Eucharistie – stehen zueinander in Beziehung. Der frühere Papst Johannes Paul II. sagte: Die Kirche blickt auf Maria, weil sie im Hören und Glauben ihr Urbild ist; deshalb soll sie Maria auch in ihrer Beziehung zum heiligen Sakrament der Eucharistie nachahmen. –
  Auf Maria zu schauen, kann uns also helfen, die tiefe Bedeutung der Eucharistie zu erfassen – aber auch, uns von ihr erfassen zu lassen und aus diesem Geheimnis zu leben.

LOBPREIS GOTTES   GL 783 (Lobpreis)

Was hat Maria mit der Eucharistie zu tun? Die Evangelien schweigen dazu. Im Bericht über ihre Einsetzung am Abend des Gründonnerstags ist von Maria nicht die Rede. Doch war sie dann schon unter den Aposteln zugegen, die nach der Himmelfahrt des Herrn in Erwartung des Geistes versammelt waren. Und wir dürfen sie auch bei den Gläubigen der Urgemeinde vermuten, die am „Brechen des Brotes" in ihren Häusern festhielten. Mehr aber noch kann die Beziehung Marias zur Eucharistie indirekt, ausgehend von ihrer inneren Haltung, dargelegt werden. In fünf Betrachtungen und Rosenkranzgesätzen wollen wir uns dies vor uns Auge führen.

MARIENRUFE *zu singen nach den* Grüssauer Marienrufen

V/A Mutter Gottes, wir rufen zu dir.

V Dich loben die Chöre der Engel.

A Maria, wir rufen zu dir.

V Dich loben die Heiligen alle.
Dich loben wir Menschen auf Erden.
Du Mutter der heiligen Kirche.
Du Hilfe des Volkes Gottes.
Du Schwester der glaubenden Menschen.

A Mutter Gottes, wir rufen zu dir.

V Du Ursache unserer Freude.
Du kostbarer Kelch des Geistes.
Du Lade des ewigen Gottes.
Du offene Pforte des Himmels.
Du Zelt, in dem Christus sich zeigte.
Du Haus, das uns Brot schenkt zum Leben.

A Mutter Gottes, wir rufen zu dir.

1. Jesus, der uns aufgetragen hat, sein Gedächtnis zu feiern

SCHRIFTWORT Joh 2,1–5

IMPULS Wann immer wir uns zur Feier der Eucharistie versammeln, dann tun wir dies, weil es uns von Christus selbst aufgetragen wurde. Es geschieht also nicht aus unserem Antrieb heraus. Und doch kann es uns bisweilen so erscheinen, als ob wir diese Feier machen. Und vielleicht überkommen uns manchmal auch Fragen nach dem Sinn und Zweifel an der Wahrheit und Wirklichkeit dieses Geschehens. Maria kann uns dabei zur Stütze und Führung werden.

Johannes Paul II. sagte: „Unser Wiederholen der Geste Christi beim Letzten Abendmahl als Erfüllung seines Auftrages ‚Tut dies zu meinem Gedächtnis‘ wird gleichzeitig zur Annahme der Einladung Marias, ihm ohne Zögern zu gehorchen: ‚Was er euch sagt, das tut.‘ Mit der mütterlichen Sorge, die sie bei der Hochzeit zu Kana an den Tag legte, scheint Maria uns zu sagen:

‚Schwankt nicht, vertraut dem Wort meines Sohnes.' Er, der Gottessohn, der fähig war, Wasser in Wein zu wandeln, ist gleichermaßen fähig, aus dem Brot und dem Wein seinen Leib und sein Blut zu machen und den Gläubigen ein lebendiges Gedächtnis an ihn und seine Hingabe zu hinterlassen.'"

GESÄTZ   Jesus, der uns aufgetragen hat, sein Gedächtnis zu feiern.

LIED   GL 594,1 (Maria, dich lieben)

2. Jesus, der von uns im Glauben empfangen wird

SCHRIFTWORT   Lk 1,26–31.38

IMPULS   Das „Geheimnis des Glaubens", das wir in der Eucharistie feiern, bestätigen wir alle zusammen mit dem „Amen", das wir am Ende des Hochgebetes sprechen. Und beim Kommunionempfang werden wir nochmals als Einzelne zu diesem Glaubenszeugnis aufgerufen, wenn uns Leib und Blut Christi gezeigt wird und wir unser Amen dazu sagen. Wie Maria vertrauen auch wir der Botschaft, die uns dabei verkündet wird: Ihr empfangt den Sohn Gottes leibhaftig in euch. –

Bei der Verkündigung durch den Engel empfing Maria den göttlichen Sohn, auch seinen wahren Leib und sein wahres Blut, und nahm in sich das vorweg, was sich auf sakramentale Weise bei der Kommunion ereignet. Johannes Paul II. schrieb: „Es besteht ein Zusammenhang zwischen dem ‚Mir geschehe, wie du gesagt hast', womit Maria auf die Worte des Engels geantwortet hat, und dem ‚Amen', das jeder Gläubige spricht, wenn er den Leib des Herrn empfängt. Von Maria wurde verlangt zu glauben, dass der, den sie durch das Wirken des Heiligen Geistes empfing, der ‚Sohn Gottes' war. In Fortführung des Glaubens der Jungfrau wird von uns verlangt zu glauben, dass derselbe Jesus, der Sohn Gottes und der Sohn Mariens, im eucharistischen Mysterium unter den Zeichen von Brot und Wein mit seinem ganzen gott-menschlichen Sein gegenwärtig wird."

GESÄTZ   Jesus, der von uns im Glauben empfangen wird.

LIED   GL 594,2

3. Jesus, der uns in seine Hingabe mit hineinnimmt

SCHRIFTWORT   Joh 19,25–27

IMPULS   In der Eucharistie feiern wir die Hingabe Jesu Christi an Gott und die Menschen. Sein Opfer am Kreuz wird auf unblutige Weise Gegenwart – uns zum Heile. Aber nicht nur zur Anschauung und Danksagung, sondern auch als Maßgabe unseres eigenen christlichen Lebens. Mit Christus durch die Taufe verbunden zu sein, bedeutet ja auch, aus seinem Geist zu leben. „Seid untereinander so gesinnt, wie Jesus Christus es war", sagt der Apostel Paulus.

Maria hat nicht nur – als das furchtbarste Erleben einer Mutter – unter dem Kreuz das Opfer Christi mitgetragen. Johannes Paul II. schrieb: „Schon während ihres ganzen Lebens an der Seite Christi war sie zum eigenen Opfer gefordert. Als sie das Jesuskind nach Jerusalem in den Tempel brachte, um es dem Herrn zu weihen, musste sie die Ankündigung des greisen Simeon hören, dass dieses Kind ‚ein Zeichen des Widerspruchs‘ sein und „ein Schwert" auch ihre Seele durchdringen werde. Indem sich Maria Tag für Tag auf Golgota vorbereitete, lebte sie eine Art ‚vorweggenommener Eucharistie‘, man könnte sagen, eine ‚geistliche Kommunion‘ der Sehnsucht und der Hingabe, die in der Vereinigung mit dem Sohn im Leiden ihre Vollendung fand und dann, in der Zeit nach Ostern, in ihrer Teilnahme an der Eucharistie, die von den Aposteln zum ‚Gedächtnis‘ des Leidens gefeiert wurde, zum Ausdruck kam."

GESÄTZ   Jesus, der uns in seine Hingabe mit hineinnimmt.

LIED   GL 594,4 (Du hast unterm Kreuze)

4. Jesus, dessen Geist uns zur Einheit führt

SCHRIFTWORT   Apg 1,12–14

IMPULS   Die Feier der Eucharistie ist eine Feier der Gemeinschaft. In der Kommunion werden wir im Anteil an dem einen Brot selbst zu dem einen Leib Christi. Darum bitten wir auch, wenn wir zu Gott im Hochgebet sprechen: „Schenke uns Anteil an Christi Leib und Blut und lass uns eins werden durch den Heiligen Geist."

Der Geist Gottes ist es, der uns zur Gemeinschaft führt. Der Tradition nach befanden sich die Apostel zusammen mit der Gottesmutter Maria nach der Himmelfahrt des Herrn im Abendmahlssaal zum Gebet vereint, als der Heilige Geist mit Macht über sie kam und sie befähigte, das Werk ihres Herrn weiterzuführen. So sind auch wir bei der Eucharistie mit Maria vereint, die uns Jesus bei seinem Sterben zur Mutter geschenkt hat. Johannes Paul II. schrieb:

„In der Eucharistie das Gedächtnis des Todes Christi zu leben, schließt auch ein, fortwährend dieses Geschenk der Kindschaft zu empfangen. Das bedeutet, dass wir diejenige, die uns jedes Mal als Mutter gegeben wird, nach dem Beispiel des Johannes zu uns nehmen. Es bedeutet, dass wir zugleich die Mühe auf uns nehmen, Christus gleichförmig zu werden, indem wir uns in die Schule der Mutter begeben und uns von ihr begleiten lassen. Mit der Kirche und als Mutter der Kirche ist Maria in jeder unserer Eucharistiefeiern anwesend. Wenn die Kirche und die Eucharistie untrennbar miteinander verbunden sind, muss dasselbe auch von Maria und der Eucharistie gesagt werden."

GESÄTZ   Jesus, dessen Geist uns zur Einheit führt.

LIED   GL 594,5

5. Jesus, durch den wir dem Vater in Ewigkeit danken

SCHRIFTWORT   Lk 1,46–49

IMPULS   Eucharistie ist ein griechisches Wort und bedeutet „Danksagung". Es geht zurück auf den Dank und Lobpreis, der beim jüdischen Mahl über Brot und Wein ausgesprochen wird. Im eucharistischen Mahl danken wir dem Vater besonders für alles, was er in Jesus Christus uns zum Heile getan hat. Wir dürfen aber auch immer innehalten und unser eigens Leben betrachten und Gott danken, der an uns immer wieder Wunderbares tut. Wir können diesen Gedanken noch vertiefen, wenn wir auf den Gesang Mariens, das Magnificat, schauen. Johannes Paul II. schrieb:

„Wenn Maria ausruft: ‚Meine Seele preist die Größe des Herrn, und mein Geist jubelt über Gott meinen Retter', trägt sie Jesus in ihrem Schoß. Sie lobt den Vater ‚wegen' Jesus, aber sie lobt ihn auch ‚in' Jesus und ‚mit' Jesus. Zugleich gedenkt Maria der Wundertaten Gottes in der Heilsgeschichte gemäß der Verheißung, die an die Väter ergangen ist, und verkündet jenes Wunder, das alle anderen überragt: die erlösende Menschwerdung.

Jedes Mal, wenn sich der Sohn Gottes in der ‚Armut' der sakramentalen Zeichen von Brot und Wein uns zeigt, wird der Keim jener neuen Geschichte in die Welt gelegt, in der die Mächtigen vom Thron gestürzt und die Niedrigen erhöht werden. Maria besingt diesen ‚neuen Himmel' und diese ‚neue Erde', die in der Eucharistie ihre Vorwegnahme finden."

GESÄTZ   Jesus, durch den wir dem Vater in Ewigkeit danken.

LIED   GL 594,6

ZUM MAGNIFICAT   Das Magnificat, so sagte es Papst Johannes Paul II., „bringt die Spiritualität Mariens zum Ausdruck; nichts kann uns mehr helfen, das eucharistische Mysterium zu leben, als diese Spiritualität. Die Eucharistie ist uns gegeben, damit unser Leben, so wie das Leben Marias, ganz und gar ein Magnificat sei!" So wollen wir mit ihr diesen großen Lobgesang anstimmen und damit Gott, unserem Retter, danken für seine Nähe zu uns in Jesus Christus.

MAGNIFICAT   GL 688/689 *(mit Inzens)*

FÜRBITTEN UND VATERUNSER   Mit Maria wollen wir nicht nur Gott danken und ihn loben. Sie ist es auch, die sich mit uns an den Sohn wendet und ihn bittet: Herr Jesus Christus, höre uns.

- Herr, wir bitten dich für unsere Kirche. Geleite sie durch dein Wort und Sakrament auf ihrem Weg durch die Zeit.
- Wir bitten dich für unser Land und für alle, die es regieren und die in der Gesellschaft Einfluss haben. Lass dein Evangelium die Richtschnur eines menschenfreundlichen Handelns sein.
- Wir bitten dich für alle unsere Kranken, für die Leidenden, für alle, die trostlos weinen, und besonders für die Sterbenden. Sei ihnen nahe als der Heiland der Welt.
- Wir bitten dich für unsere Kinder und Jugendlichen, besonders für die Erstkommunikanten und Firmlinge. Lass sie deine Gegenwart in der Eucharistie spüren und führe sie durch deinen Heiligen Geist.
- Wir bitten dich für uns und einander, für alle, die wir im Herzen haben und an die wir denken. Sei uns nahe mit deiner Liebe.

Und wir beten zu deinem und unserem Vater, in den Worten, die du uns geschenkt hast: Vater unser …

ORATION Herr, unser Gott, dein Sohn hat uns als Zeichen seiner bleibenden Gegenwart die Eucharistie geschenkt, in der wir mit ihm und untereinander in gemeinschaftlicher Verbindung blieben. Lass uns dabei in der Gesinnung der Mutter Maria feiern, die das Leiden deines Sohnes ertrug und jetzt die Freude seiner unendlichen Herrlichkeit teilt. Darum bitten wir durch ihn, Jesus Christus, der unser Bruder ist und unser Herr.

ZUR ENTLASSUNG Maria, Maienkönigin (GL-Diözesananhänge) *oder* GL 595 (Maria, breit den Mantel aus)

Im Maien hebt die Schöpfung an

1. Im Mai - en hebt die Schöp - fung an zu blü - hen
die Er - de hat sich auf - ge - tan – uns neu - e
und zu sin - gen;
Frucht zu brin - gen.
Den Gna - den - früh - ling
vol - ler Pracht hast du, Ma - ri - a, uns ge -
bracht: Dir soll das Lob er - klin - gen.

2. Du bist das blütenreiche Land, / die segensvolle Erde, / an der Gott Wohlgefallen fand, / du allzeit Unversehrte. / Du trugst – o wunderbares Los / den Gottessohn in deinem Schoß, / daß uns Erlösung werde.

3. Du allerschönster Rosenstrauch, / der je auf Erden blühte, / befruchtet durch des Geistes Hauch, / betaut von Gottes Güte: / Den Heiland, der aus die entsprang, / du nahmst ihn auf mit Lobgesang / und liebendem Gemüte.

4. Als Weizenkorn gab sich dein Sohn / in Erdenleid und Sterben, / um uns als seines Todes Lohn, / das Leben zu erwerben. / Sein Leibuns nährt, sein Blut uns tränkt – / der Sohn, den du der Welt geschenkt, / macht uns zu Himmelserben.

T: Friedrich Dörr 1973   M: Trier 1653

AUFBRUCH UND ANKUNFT
Andacht mit eucharistischer Anbetung

ZU BEGINN *Zeichen durch einen Gong-Schlag; in Ruhe ausklingen lassen.*
Oder ruhige Instrumentalmusik

LITURGISCHER GRUSS Aufbrechen und ankommen. –
Ankommen und verweilen. –
Verweilen und zur Ruhe kommen. –
Zur Ruhe kommen und Kraft schöpfen. –
Kraft schöpfen und aufleben. –

Der Herr, der uns einlädt, bei ihm zur Ruhe zu kommen,
er sei gepriesen in Ewigkeit.

EINFÜHRUNG Menschen sind unterwegs. Sie müssen an einem anderen Ort arbeiten als an dem, wo sie wohnen; sie wollen jemanden besuchen
oder anderswo etwas erleben; sie fahren in Urlaub, wollen andere Orte und
Menschen kennen lernen. Menschen sind mobil. Doch das Unterwegssein
ist auch oft nur ein Ausdruck von Unruhe. Wir sehnen uns im Inneren nach
einem Ziel, das wir fortlaufend im wahrsten Sinne des Wortes zu erreichen
suchen, ohne doch jemals dahin zu gelangen. Unruhig ist unser Herz, bis es
Ruhe findet in Gott. –
   Jesus spürte die Unruhe der Menschen seiner Zeit. Er spürte, dass sie wie
Schafe waren, die keinen Hirten haben. Und so lädt er sie ein, bei ihm Ruhe
zu finden. Auch wir können bei ihm jetzt ein wenig verweilen und zur Ruhe
kommen.

Stille

ZUR AUSSETZUNG Gott ist gegenwärtig, 1–2 (S. 151) *oder* GL 474,1.3–4
(Nun jauchzt dem Herren)

Stille

PSALM   Ps 84; GL 649,1.2 (*wechselseitig sprechen*)

Stille

PSALMGEBET   Herr, unser Gott, wir sind unterwegs zu dir. Du führst uns durch die dunklen Täler unseres Lebens zum Licht deines Sohnes, in dem wir dich schauen, die Quelle des Lebens. Hier finden wir Kraft und Ruhe. Dir sei Lob in Ewigkeit.

SCHRIFTLESUNG   Mk 6,30–34

Stille

LIEDSTROPHE   Gott ist gegenwärtig, 3 *oder* GL 474,5–6

Stille

BESINNUNG   *Hinweis: Die Verse aus Ps 23 innerhalb der Besinnung lassen sich solistisch singen nach Kantorenbuch 47*

Kehrvers   GL 535,6 (Der Herr ist mein Hirt)

L   Der Herr ist mein Hirte,
 nichts wird mir fehlen.
 Er lässt mich lagern auf grünen Auen
 und führt mich zum Ruheplatz am Wasser.
 Er stillt mein Verlangen. –

V   In Gottes Nähe brauchen wir nicht viele Worte zu machen.
 Wir können still werden und dürfen ihm alles vor ihn bringen,
 was uns bewegt.
 Als guter Hirt weiß er um uns und kennt uns:
 auch unsere Sorgen und inneren Nöte,
 das, was uns beschäftigt, aufwühlt und erregt,
 das, was uns traurig oder verbittert macht.
 Auch das, worüber wir uns freuen
 oder auch freuen würden.
 Er weiß, wohin er uns führen will.

Kehrvers

L   Er leitet mich auf rechten Pfaden, treu seinem Namen.
 Muss ich auch wandern in finsterer Schlucht,
 ich fürchte kein Unheil; denn du bist bei mir,
 dein Stock und dein Stab geben mir Zuversicht. –

V Der Herr leitet uns noch immer.
  Gerade als der zu Gott Erhöhte ist er für uns da.
  Gottes Wort ist unserem Fuß eine Leuchte,
  heißt es in den Psalmen.
  Und Christus sagt von sich selbst,
  dass er unser Weg und die Wahrheit ist.
  So ist er immer bei uns,
  auch wenn es mitunter dunkel ist auf unserem Weg.
  Wir sind nicht allein,
  auch wenn es uns so scheinen mag.
  Wenn wir auf sein Wort hören,
  gibt es uns Weisung auf dem Weg.

Kehrvers

L Du deckst mir den Tisch
  vor den Augen meiner Feinde.
  Du salbst mein Haupt mit Öl,
  du füllst mir reichlich den Becher.
  Lauter Güte und Huld werden mir folgen mein Leben lang
  und im Haus des Herrn darf ich wohnen für lange Zeit. –

V Im Wort und in seinen Zeichen ist er uns nah.
  Er ist mit uns auf dem Weg
  und bricht uns das Brot.
  Er hat Teil an unserem Leben, unserem Alltag.
  Er schenkt uns aber auch den Wein der Freude,
  denn wir sind zur Freude geschaffen.
  Unsere Bestimmung ist Gott selbst.
  Einmal dürfen und sollen wir bei ihm sein,
  sollen ihn schauen dürfen von Angesicht zu Angesicht.
  Für lange Zeit, für ewige Zeit.

Kehrvers   GL 535,6

STILLE ANBETUNG   *5–10 Minuten*

LIED   Unruhig ist unser Herz (S. 159)

FÜRBITTEN UND VATERUNSER Lernt von mir, sagt Jesus. Wie er wollen auch wir für andere da sein, indem wir für sie beten: Herr und Gott, sei ihnen nahe.

- Wir beten für die Menschen, deren Ziele und Sehnsüchte sich nicht erfüllen und die kein Ziel mehr vor Augen haben.
- Wir beten für alle, deren Lebenszusammenhänge zerbrochen sind: Ehe, Familie, Beruf, und die keine innere Heimat mehr haben.
- Wir beten für alle, die auf der Flucht sind vor Krieg oder Bürgerkrieg, die wegen ihrer Volks- oder Religionszugehörigkeit verfolgt werden.
- Wir wollen beten für alle, die dich suchen und nach einem Sinn in ihrem Leben streben.
- Wir wollen beten für unsere Kinder und Jugendlichen, für alle, die am Beginn eines Berufes oder einer Ausbildung stehen und in eine oft ungewisse Zukunft gehen.
- Wir wollen beten für alle, für die wir besonders denken in allen ihren Sorgen, Anliegen, Wünschen und Nöten.
- Wir wollen beten für unsere Verstorbenen, die auf Gott gehofft haben, und für alle, die ohne Hoffnung gestorben sind.

Gott kommt uns als barmherziger Vater entgegen. Zu ihm beten wir, wie Jesus es uns gelehrt hat: Vater unser …

GEBET UND SEGEN Herr, unser Gott, du hast dein Wort zu uns gesprochen, as unser Leben hell machen kann. Du hast auf unser Gebet gehört und weißt, was uns bewegt. Wir bitten dich: Lass uns durch die Begegnung mit dir ruhig werden in dem, was uns bewegt, und unsere Seele still – wie ein Kind auf der Mutter Schoß. Darum bitten wir durch Jesus Christus.

Und so segne euch (uns) der allmächtige und gute Gott: der Vater …

ZUM REPONIEREN GL 268,1–2.4 (Singt dem Herrn ein neues Lied)

JESUS ALS GAST

ZUR ERÖFFNUNG GL 519 (Komm her, freu dich mit uns)

EINFÜHRUNG Der Herr will unter uns sein, er will unter den Menschen sein ... Diesem Wort aus dem Lied, das wir gesungen haben, wollen wir heute besonders nachspüren: Jesus, der Herr, will unser Gast sein. – Wer kennen und verwenden viele Titel und Anreden, um unsere Beziehung zu Christus auszudrücken und seine Beziehung zu uns: Herr, König, Hirte, Bruder, Freund. Aber auch in der Bezeichnung „Gast" drückt sich sein Wesen und seine Nähe zu uns in besonderer Weise aus.

KYRIE-RUFE
Jesus, du Gast und Lehrer bei Marta und Maria. Kyrie eleison.
Jesus, du Gast und Mahlherr der Jünger von Emmaus: Christe eleison.
Jesus, du Gast und Freund der Zöllner und Sünder. Kyrie eleison.

GEBET Gott. Dein Sohn ist gekommen, nicht um sich bedienen zu lassen, sondern um uns zu dienen, um uns zu lehren, zu helfen und zu heilen. Gib, dass wir heute von ihm lernen, dass wir das Neue, das er uns lehrt und zeigt, erkennen und danach leben. Darum bitten wir durch ihn, Jesus Christus.

1. Ein Gast in der Welt hie ward

SCHRIFTLESUNG Lk 2,1–7

IMPULS Die Menschwerdung Gottes, die Geburt Jesu, wird uns in den Evangelien unterschiedlich erzählt. Aber gleich ist diesen Schilderungen allen die Darstellung der Unerwünschtheit des Gastes: Lukas fasst dies bei seiner Schilderung der Geburt Jesu in die gehörten Worte: „Sie wickelte ihn in Windeln und legte ihn in eine Krippe, weil in der Herberge kein Platz für sie war." Johannes sagt: „Er kam in sein Eigentum, aber die Seinen nahmen ihn nicht auf." Und Matthäus schildert, dass der Neugeborene sogar von Ermordung bedroht ist und seine Eltern mit ihm fliehen müssen. Jesus, der Gast, stößt auf keinerlei Gastfreundschaft.

Aber das ist durchaus konsequent zu seiner Menschwerdung, das ist gewissermaßen in seinem Programm schon vorgegeben, wie es uns ein Hymnus über Jesus sagt: Er war wie Gott, aber er hielt nicht daran fest, wie Gott zu sein, sondern er entäußerte sich, wurde wie ein Sklave und den Menschen gleich. Sein Leben war das eines Menschen; er erniedrigte sich und war gehorsam bis zum Tod, bis zum Tod am Kreuz. (Phil 2,6–11)

Der Gast, der Fremde: Wer diesen Status annimmt, muss bereit sein, auch etwas auf sich zu nehmen. Christus als Gast: Das zeigt uns, wie sehr Gott sich entäußert um unsretwillen.

LIED   GL 130,5–7 (Gelobet seist du, Jesus Christ)

ROSENKRANZGEBET   Jesus sagte einem Schriftgelehrten, der ihm folgen wollte: Die Füchse habe ihre Höhlen und die Vögel ihre Nester; der Menschensohn hat aber keinen Ort, wo er sein Haupt hinlegen kann. – Über dieses Wort können wir nachsinnen im Rosenkranzgebet und dem Gesätz: Jesus, der keinen Platz in der Welt hatte.

GESÄTZ   Jesus, der keinen Platz in der Welt hatte.

2. In den Menschen willst du wohnen

SCHRIFTLESUNG   Lk 19,1–9

IMPULS   „Ich muss heute in deinem Haus zu Gast sein." Das Herz wird Zachäus bis in den Hals geklopft haben, als er von Jesus angesprochen und aufgefordert wurde, vom Baum herunterzukommen und ihm das Haus aufzuschließen. War Zachäus darauf vorbereitet? War sein Haus aufgeräumt, hatte er etwas zum Trinken und zum Essen anzubieten? War er selbst überhaupt würdig, diesen Gast aufzunehmen? Nach Ansicht der Leute nicht: „Bei einem Sünder ist er eingekehrt", sagen sie über Jesus, und Enttäuschung und Neid schwingen in diesem Wort mit. –

Jesus lädt sich selbst spontan ein. Solche Gäste hat man ja eigentlich nicht gern, eben weil man sich oft nicht entsprechend gerüstet fühlt. Oder auch sich und seine Wohnstatt nicht wert und angemessen. Selbst der heidnische Hauptmann, der Jesus bittet, seinen Knecht gesund zu machen, wünscht lieber eine Fern-Heilung, weil er nicht möchte, dass Jesus unter sein Dach eintritt.

So beten auch wir heute vor der Kommunion: „Herr, ich bin nicht würdig, dass du eingehst unter mein Dach; aber sprich nur ein Wort, so wird meine Seele gesund." Jesus will nicht nur unter den Menschen sein, er will in ihnen, in uns sein. Wenn wir dies nicht nur als schönen Gedanken verstehen, sondern den vor Augen haben, der der Herr des Himmels und der Erde ist: Müssten wir da nicht noch mehr erschrecken als Zachäus? Jesus schaut aber nicht, ob bei uns aufgeräumt ist und ob wir genügend eingekauft haben; Er schaut darauf, ob wir ihn mit Freude aufnehmen, mit Lust und Liebe: Ja, Herr, komm herein – ich freue mich!

LIED   GL 107,4–5 (Macht hoch die Tür)

ROSENKRANZGEBET   Wir wissen wenig über die Reaktionen der Menschen, bei denen Jesus zu Gast war. Aber indirekt erfahren wir aus Jesu Worten, dass der Pharisäer Simon, bei dem er einmal zu Gast war, alle Zeichen der Gastfreundschaft schuldig geblieben ist. Wie nehmen wir ihn auf? Wir besinnen uns mit dem Rosenkranzgebet und dem Gesätz: Jesus, der in uns wohnen will.

GESÄTZ   Jesus, der in uns wohnen will.

3. Dich und dein Wort anzuhören

SCHRIFTLESUNG   Lk 10,38–42

IMPULS   Eigentlich hätte Marta ja ein paar freundliche Worte verdient gehabt, eine Anerkennung für ihr Bemühen, es dem hohen Gast aus Nazaret ein wenig angenehm zu machen. Aber nichts von all dem – vielmehr bekam sie zu hören, dass sie sich besser Jesus zu Füßen gesetzt und ihm zugehört hätte, wie ihre Schwester Maria es tat, anstatt ihre Zeit in der Küche zu verplempern.

Der Mensch lebt nicht nur vom Brot – auch Jesus nicht, der das gemeinsame Mahlhalten für so wichtig hält; ihm ist anderes noch wichtiger. Sein Anliegen ist das Reich Gottes, das er verkündet. Und der Glaube daran kommt vom Hören, vom Zuhören. Und das verlangt vom Gastgeber mehr als einen schön gedeckten Tisch: Er soll vielmehr mit dem Gast teilen, was diesen bewegt, Anteil nehmen an dem, was diesem wichtig ist und ihn ausmacht. Das ist die Form der christlichen Gastlichkeit und Gastfreundschaft.

Vielleicht ist also Marta von Jesus deshalb getadelt worden, als er nach Betanien kam und sie gleich in die Küche sprang; vielleicht hatte er sich gewünscht, dass auch Marta erst einmal hört, wovon ihm das Herz übergeht: das Reich Gottes und seine Verkündigung. Dann ist immer noch Zeit, sich um das Essen zu kümmern.

LIED   GL 559 (Mein schönste Zier)

ROSENKRANZGEBET   Der Gast bringt etwas mit. Jesu Gastgeschenk ist sein Wort, eine froh machende Botschaft vom Reich Gottes. Den beiden Emmaus-Jüngern brannte das Herz, als ihnen der Auferstandene die Schrift erschloss. Nehmen wir sein Wort noch als Geschenk wahr? Als Wort, das hält, was es verspricht? Wir besinnen uns mit dem Rosenkranzgebet und dem Gesätz: Jesus, der uns sein Wort zum Geschenk macht.

GESÄTZ   Jesus, der uns sein Wort zum Geschenk macht.

4. Der da ist des Lebens Brot, tritt hinein in unsre Not

SCHRIFTLESUNG   Lk 10,27–32

IMPULS   Das mag eine bunte Tischgesellschaft gewesen sein, die sich im Haus des Levi beim Gastmahl zu Ehren des hohen Gastes Jesus versammelt hat. Von Zöllnern und Sündern spricht der Evangelist Markus, der uns dieses Ereignis ebenfalls überliefert. So bunt jedenfalls, dass die Pharisäer und Schriftgelehrten, die wohl nicht zur Tischgemeinschaft gehörten, ihren Unmut über ihre Nichteinladung (und den Ärger darüber, was ihnen da womöglich entgangen ist) an den Jüngern auslassen: Wie könnt ihr mit Zöllnern und Sündern zusammen essen?

Das ist eine Qualifizierung der Gästeliste, die es in sich hat: Mit denen da isst man doch nicht! Doch Jesus nimmt die Antwort ab und lässt dabei eine ähnliche Einschätzung der Tischgemeinschaft wie die der Pharisäer erkennen: Er nennt sie Kranke und Sünder. Aber genau zu denen will er ja, weiß er sich gesendet, genau mit denen will er Tischgemeinschaft halten, denn: Nicht die Gesunden brauchen den Arzt, sondern die Kranken.

Jesus als Gast will nicht ein Gast sein, der nur bedient wird. Ihm geht es darum, seinem Gastgeber – und das sind auch wir – etwas Gutes zu tun: mit Wort und Tat. Er ist ein Arzt der Seele, er heilt die Menschen von ihren Nöten, ja, er gibt sie dem Leben zurück wie den Lazarus, den Bruder der beiden Schwestern Marta und Maria, bei denen er oft zu Gast war. Jesus tritt auch unter unser Dach, er will auch uns Arzt und Heiland sein, unsere Not wenden und des Lebens Leben sein.

LIED   GL 618 (Brich dem Hungrigen dein Brot)

ROSENKRANZGEBET   „Dank sei dir, Herr Jesus Christ, dass wir dich noch haben und dass du gekommen bist, Leib und Seel zu laben." – Jesus der Heiland, der Arzt, die Eucharistie als Arznei des ewigen Lebens: Was für Nöte und Bedürfnisse halten wir ihm, dem Heiland, entgegen? Wir besinnen uns mit dem Rosenkranzgebet und dem Gesätz: Jesus, der unser Freund und Heiland werden will.

GESÄTZ   Jesus, der unser Freund und Heiland werden will.

5. Er hält am Ziel der Zeiten ein Haus für uns bereit.

SCHRIFTLESUNG   Joh 14,1–6

IMPULS   Zum Wesen eines Gastes gehört es, dass seines Bleibens nicht von Dauer ist. Das ist manchmal traurig, oft aber ist man auch froh darüber, wenn sich ein Gast nach einer bestimmten Zeit wieder aufmacht. „Ein Gast und ein Fisch bleiben nur drei Tage frisch", sagt ein Sprichwort und meint damit, dass ein Gastaufenthalt beschränkt bleiben sollte.

Auch Jesu Sein auf dieser Erde ist in der Zeit begrenzt. Dies macht er auch seinen Jüngern unmissverständlich klar, wenn er im Abendmahlssaal sagt: Ich bin nur noch kurze Zeit bei euch, ich gehe. Auf die Frage, wohin er denn gehe, antwortet Jesus zwar zunächst ausweichend, doch dann sagt er es den

Jüngern deutlich: Er geht zu Gott zurück, von dem er gekommen ist. Und er geht nicht einfach nur weg, er geht vielmehr, uns bei Gott eine Wohnung zu bereiten, dass auch wir zu ihm kommen können, wie er zu uns kam. Seine Sorge um den Menschen geht also über die Zeit seines Gastseins bei uns auf Erden hinaus.

All das ist auch schon in seinem Lebensprogramm eingeschrieben: seiner Entäußerung um unsretwillen und seinem Gehorsam bis in den Tod. Deshalb hat Gott ihn erhöht und ihn über alle gesetzt und ihm einen Namen gegeben, der alle übertrifft: Jesus Christus ist Herr. Und in diese Erhöhung sind wir mit hineingenommen: Jesus Christus ist uns nur vorausgegangen zum Vater.

Während dieser Zeit bleibt er uns aber nahe: in Wort und Zeichen, in der Gemeinschaft der an ihn Glaubenden. Unser Leben bleibt eine von ihm begleitete Pilgerreise, die ihr endgültiges Ziel bei Gott finden wird. So lange sind auch wir nur Gast auf Erden.

LIED   GL 639,4–5 (Ein Haus voll Glorie schauet)

ROSENKRANZGEBET   Die Gastfreundschaft macht aus Fremden Freunde. Wie Jesus zu Gast bei uns war, so will er uns diese Gastfreundschaft lohnen, indem er uns eine Wohnung bei Gott bereitet. Wir besinnen uns mit dem Rosenkranzgebet und dem Gesätz: Jesus, der uns eine Wohnung bereiten will.

GESÄTZ   Jesus, der uns eine Wohnung bereiten will.

Abschluss

FÜRBITTEN   Lasst uns beten zu Jesus Christus, der zu uns Menschen kam, um uns zu Gott zu führen: Herr, erbarme dich.

- Wir bitten dich für alle Menschen, die wegen Krieg und Gewalt auf der Flucht sind, die ihre Heimat verloren haben oder verfolgt werden. – Der du selbst auf der Flucht warst: Herr, erbarme dich.
- Wir bitten dich für alle, die ihr Zuhause verloren haben, weil sie keine Arbeit mehr haben oder weil ihre Familie zerbrochen ist. – Der du selbst keinen Ort hattest, wo du dein Haupt hinlegen konntest: Herr, erbarme dich.
- Wir beten für alle, die in Krankenhäusern, Heimen oder Hospizen leben müssen, die gebrochen sind an Leib und Seele, weil ihr Leben so schwer

geworden ist. – Der du gekommen bist, uns an Leib zu Seele zu heilen: Herr, erbarme dich.

- Wir beten für unsere Kirche und für unsere Gemeinde, die den Menschen, die nach Heimat und Geborgenheit im Leben suchen, ein Ort der Ruhe und des Aufatmens sein soll. – Der du mit den Menschen gegessen und getrunken hast: Herr, erbarme dich.
- Wir beten für alle unsere Verstorbenen, deren Andenken wir noch immer in unseren Herzen tragen, aber auch für jene, die niemand mehr betrauert. – Der du zu Gott gegangen bist, um uns eine ewige Wohnung zu bereiten: Herr, erbarme dich.

VATERUNSER

GEBET UND SEGEN   Guter Gott, der du dem Abraham unter den Eichen von Mamre als Gast erschienen bist, gewähre auch uns deinen Schutz und deine Gnade. Schenke uns in Jesus Christus, dem Heiland der Menschen, Gesundheit des Leibes und das Heil der Seele. Gib uns allen eine herzliche Liebe zueinander und die ständige Bereitschaft, dir im Nächsten und auch im Fremden zu dienen und zu helfen. Darum bitten wir durch Jesus Christus, unseren Bruder und Herrn.

Der Segen des allmächtigen Gottes, des Vaters und des Sohnes und des Heiligen Geistes, komme auf euch herab und bleibe bei euch allezeit.

ZUM SCHLUSS   GL 538,5–7 (O heiliger Leib des Herrn)

BEI DIR IST DIE QUELLE DES LEBENS
Gottesdienst in der „Schöpfungszeit"

ZUR ERÖFFNUNG   Jeden Morgen gießt du von neuem (Liederbücher –
morgens) *oder* GL 701 (Angelangt an der Schwelle des Abends – abends) *oder*
GL 259 (Erfreue dich, Himmel)

EINFÜHRUNG   Die Wochen vom ersten Freitag im September bis zum
4. Oktober, dem Gedenktag des heiligen Franziskus, werden von den Kirchen als „Schöpfungszeit" begangen. Wir danken in diesen Tagen für die
große Gabe der Schöpfung und bitten Gott, der sie uns anvertraut hat, um
den rechten Geist zu ihrer Bewahrung.

Das Wasser, das schon zu Beginn der Schöpfungsgeschichte begegnet, ist
uns als besonders kostbares Gut anvertraut. Vielen Menschen auf der Welt
aber ist der Zugang zum Wasser erschwert. Für sie wollen wir beten. Das
Wasser ist notwendig für alles Leben – es ist aber auch Sinnbild für unser
geistliches Leben. Auch daran wollen wir denken: Die sichtbare Welt in ihrer
Schönheit verweist uns auf die unsichtbare Wirklichkeit Gottes.

Stimmen wir ein in den Lobpreis auf Gott mit dem großen Psalm der
Schöpfung, stimmen wir ein in den Gesang unzähliger Menschen vor uns
und mit uns, die den Schöpfer loben und ihm danken.

1. Lobpreis Gottes in der Schöpfung

PSALM   Ps 104; VV. 1–8. 9–15. 16–23. 24–30. 31–35 – *Kehrvers*: Laudate om-
nes gentes (Taizé)

*Während der Psalm von einem Lektor oder Kantor rezitiert oder – auf einem
Ton – kantilliert wird, kann leise der Kehrvers immer wiederholt werden; zwischen den Abschnitten lauter werdend.*

GEBET   Ja, Herr, unser Gott, alle Völker preisen dich, denn du bist groß. Du
hast die sichtbare Welt in Schönheit erschaffen, um uns zur unsichtbaren zu
führen. Erneure das Antlitz der Erde durch deinen Geist, damit wir uns an ihr
freuen, und gib auch uns von deinem guten Geist, damit wir das Werk deiner
Hände bewahren. Sei gelobt in Ewigkeit.

2. Wasser des Lebens

Welche lebensnotwendige Bedeutung das Wasser hat, erleben wir immer gerade dann, wenn Trockenheit den Menschen Not und in vielen Ländern auch Tod bringt. Beim Lob Gottes in seiner Schöpfung dürfen wir den Blick auf diese Menschen und ihre Situation nicht vergessen.

SCHRIFTLESUNG   Jes 41,17–20: Die Armen suchen nach Wasser

BITTEN   Das Wasser ist Quelle des Lebens, eine Erfahrung, die zahllose Menschen auf der Welt schmerzlich machen müssen. Ihnen fehlt es an Trinkwasser, Zehntausende von ihnen müssen elend sterben, vor allem Kinder sind die Leidtragenden. Für sie wollen wir beten:
- Herr, öffne des Himmels Tore und lass es regnen in den Gebieten von Trockenheit und Dürre, damit deine Schöpfung sich satt trinken kann und wieder neu aufblüht.
  Du Quell des Lebens:
  Wir bitten dich, erhöre uns. (GL 762,7)
- Segne das Bemühen der internationalen Hilfsorganisationen, den durstenden Menschen in den Ländern der Trockenheit zu helfen.
- Wecke in den Menschen die Sehnsucht nach Freiheit und Gerechtigkeit auf der Erde – auch in den Zugangsmöglichkeiten zum Wasser.
- Stärke in den Völkern und Regierungen den Sinn für Verantwortung füreinander und für die kommenden Generationen.
- Schenke den Menschen Achtsamkeit im Umgang mit Wasser, damit es nicht verunreinigt und so zur gesundheitlichen Gefahr wird.
- Öffne unsere Herzen, damit wir mitfühlen können mit den Menschen in Not und bereit sind, zu helfen und zu spenden.
- Lass uns mit Blick auf die vielen Menschen ohne Wasser selbst nicht gedankenlos und verschwenderisch umgehen mit dem lebenspendenden Element.
- Vergib uns, wo wir in Eigennutz und gedankenlos gegen deine Schöpfung versündigt haben.

Herr, wenn Menschen Hilfe wird, dann wird auch deine Größe und Menschenliebe spürbar; wenn trockenes Land sich in Quellgrund verwandelt, schauen wir ein Bild des Paradieses, das du schenkst. Sei gepriesen in Ewigkeit.

LIED   GL 106,1.3.5 (Kündet allen in der Not)

3. Quelle des Lebens

„Bei dir ist die Quelle des Leben": Dieses Wort stammt aus einem Psalm, das Bild vom Leben spendenden Wasserquell wird immer wieder in der Heiligen Schrift genannt. Es ist ein schönes und wohltuendes Bild, das nicht nur etwas über die Schöpfung sagt, sondern auch über uns und woraus wir schöpfen. Im Bild der Quelle aus dem Tempel hören es nun als Wort des Propheten Ezechiel und aus der Offenbarung des Johannes

SCHRIFTLESUNG   Ez 47,1–2.8–9.12

ANTWORTGESANG   GL 651 (Ihr seid der Tempel Gottes)

SCHRIFTLESUNG   Offb 22,1–3

IMPULS   Seit jeher haben Quellen eine besondere Anziehungskraft für Menschen gehabt. Aus der Quelle sprudelt das lebensnotwendige Wasser. Sie löscht den Durst. Ihr frisches Wasser schenkt Erquickung und gibt neue Lebenskraft. Das unaufhaltsame Sprudeln der Quelle vermittelt den Eindruck unerschöpflicher Fülle. Ihre Klarheit und Reinheit ist der Inbegriff der Lauterkeit und Frische des Ursprungs.

Das Wasser der Quelle ermöglicht Leben. Es lässt Pflanzen wachsen und lockt Tiere zum Trank. Die Kühle des sprudelnden Wassers ist angenehm. Es lädt ein zum Ausruhen und zur Rast. Quellen sind Anziehungspunkte. Sie führen Menschen zusammen. Quellen werden zum Sinnbild des Lebens.

Der Mensch des Alten Bundes weiß um den Lebenswert der Quelle. Wasser ist kostbar. Die Quelle ist ein Geschenk Gottes. Sie ruft die Erinnerung wach an das Paradies. Viele Geschehnisse des Alten Bundes finden an einer Quelle statt. Das Volk Israel kann die Großtaten Gottes in der Wüste nicht vergessen: „Er spaltete Felsen in der Wüste und gab dem Volk reichlich zu trinken, wie mit Wasser der Urflut. Er ließ Bäche aus dem Gestein entspringen, ließ Wasser fließen gleich Strömen" (Ps 78,15–16).

Besonders in Zeiten der Not erinnert sich das Volk an diese Wunder. Es lebt in der Hoffnung, dass der Herr auch in der Gegenwart seine helfende Größe erweisen wird. Die Quelle wird zum Bild des Heiles. So kann der Beter des Psalms sprechen: „Gott, wie köstlich ist deine Huld! Die Menschen bergen sich im Schatten deiner Flügel, sie laben sich am Reichtum deines Hauses; du tränkst sie mit dem Strom deiner Wonnen. Denn bei dir ist die Quelle des Lebens, in deinem Licht schauen wir das Licht" (Ps 36,8–10).

Das Werkzeug dessen, der sich wie ein Quellensucher den Psalmen nähert, ist die Antenne seines eigenen Herzens. Er sucht nach einem Schatz, der unter der Oberfläche des Psalms verborgen ist. Suchend hat er die innere Antenne seines Herzens ausgefahren, um der Gegenwart Gottes inne zu werden. Er meditiert Wort für Wort und Bild für Bild, bis es in seinem eigenen Herzen widerklingt. Auf diese Weise findet er eine Quelle lebendigen Wassers, die sein geistliches Leben befruchtet. Voll Dankbarkeit kann er sprechen: Herr, „bei dir ist die Quelle des Lebens."

Das Evangelium des Johannes zeigt uns Jesus Christus als die Quelle, aus der wir trinken können: „Am letzten Tag des Festes, dem großen Tag, stellte sich Jesus hin und rief: Wer Durst hat, komme zu mir, und es trinke, wer an mich glaubt. Wie die Schrift sagt: Aus seinem Innern werden Ströme von lebendigem Wasser fließen." (Joh 7,37–38)   *Reinhard Lettmann*

LIED   All meine Quellen entspringen in dir (Liederbücher) *oder* Mein Hirt ist Gott der Herr (GL-Diözesananhänge)

BESINNUNG   Leben ist mehr als Suche nach dem Glück.
Leben ist mehr als Erfüllung aller Wünsche.
Leben ist mehr als Unrast und Hetze.
Leben ist mehr als Mühe und Last.

Wir suchen das Leben
und finden es nicht,
und wenn wir meinen
es zu haben,
zerrinnt es zwischen den Fingern.

Leben ist Kraft
aus der Lebenskraft Gottes,
aus der Tiefe des Brunnens,
der sprudelt mit dem lebendigen Wasser.
Leben ist Kraft und Geist,
uns geschenkt,
dass wir es weiterschenken

Hans Würdinger

BITTEN UND FÜRBITTEN – VATERUNSER   Aus der Quelle des Lebens schöpfen – geschenktes Leben weiterschenken: Gott hat uns nicht nur die Schöpfung anvertraut, dass sie uns Leben gibt und uns zu ihm führt, er selbst will die Quelle unseres Lebens sein. Noch einmal rufen wir zum Herrn:

- Herr, stille du die Sehnsucht der suchenden Menschen nach Sinn und Erfüllung ihres Lebens.
  Du Quell des Lebens:
  Wir bitten dich, erhöre uns. (nach GL 762,7)
- Berufe Menschen in deinen Dienst, die anderen gute Wegbegleiter sein können und sie zu dir, der Quelle, führen.
- Lass den göttlichen Keim, der durch die Taufe in uns hineingelegt ist, wachsen durch Glaube, Hoffnung und Liebe.
- Nimm deinen Heiligen Geist nicht von uns, der unserem dürren Glauben Leben eingießt und uns erfrischt.
- Bewahre uns in der Ehrfurcht vor deiner Schöpfung und lass uns in ihr deine Größe und Schönheit erkennen.
- Erfülle das Sehnen unserer Verstorbenen in deiner Ewigkeit und lass sie ausruhen am Wasser des Lebens, der die himmlische Stadt erquickt.

Mit allen Menschen, die dir, dem Schöpfer und Erhalter des Lebens danken, rufen wir zu dir und sprechen: Vater unser …

SEGEN   Der Segen unseres dreifaltigen Gottes,
der Himmel und Erde wunderbar geschaffen,
der sich als der Quell des Lebens geoffenbart hat
und uns immer wieder neu wie frisches Wasser belebt,
komme über uns und bleibe bei uns.
Er erhalte uns in der Ehrfurcht zu seiner Schöpfung
und in der Liebe zu allen Geschöpfen.
So segne uns der Vater und der Sohn und der Heilige Geist.

LIED   GL 289 (Herr, deine Güt ist unbegrenzt)

DU SORGST FÜR DAS LAND UND DIE MENSCHEN
Dankandacht

ZUR ERÖFFNUNG V/A: Kommt, lasst uns danken unserm Herrn, der Gutes hat an uns getan. (*nach* GL 120,2)

LOBPREIS

V Herr, du hast die Welt geschaffen, das All in seiner unendlichen Weite, aber auch unsere Erde und alles, was auf ihr lebt und was sie erfüllt. Gott, du bist groß:

A Wir loben dich, wir danken dir.

V Du sorgst für das Land und tränkst es; du überschüttest es mit Reichtum. Du krönst das Jahr mit deiner Güte, deinen Spuren folgt Überfluss. Gott, du bist groß.

Du hast den Menschen wunderbar geschaffen und ihm das Werk deiner Hände anvertraut. Du gibst ihm Kraft und Verstand, zu arbeiten und Neues zu schaffen, du segnest sein Tun und seiner Hände Arbeit. Gott, du bist groß.

Du hast uns zur Gemeinschaft berufen; du willst dass wir einander nahe sind als Abbild der liebevollen Gemeinschaft, die du selbst bist. Gott, du bist groß.

Du hast uns in Jesus Christus erlöst; in ihm bist du uns nahe. Er ist mit uns auf dem Weg zu dir, damit wir in die Vollendung finden und Leben für ewige Zeiten. Gott, du bist groß.

LIED GL 260 (Singet Lob unserm Gott)

1. Dank für die Schöpfung

SCHRIFTLESUNG Gen 1,27–31

WECHSELGEBET Ps 8; GL 710,2 (*wechselseitig sprechen*)

Stille

GEBET   Wir danken dir, Herr, unser Gott, für die Schöpfung und für die Würde, die du uns darin geschenkt hast. Lass uns diese große Gabe als Aufgabe verstehen und im Geist deiner Liebe und Achtsamkeit mit der Schöpfung umgehen. Sei gepriesen in Ewigkeit.

LIED   GL 227,1–5 (Danket Gott, denn er ist gut)

2. Dank für die Ernte

SCHRIFTLESUNG   Dtn 26,1–2.10–11

WECHSELGEBET   Ps 67; GL 732,2 *(wechselseitig sprechen)*

Stille

GEBET   Herr, unser Gott, alles, was auf der Erde wächst und auf ihr lebt, ist dein, du hast alles in Weisheit geschaffen. Lass uns nie vergessen, dass wir uns in allem dir verdanken, und unsere Nahrung in Dankbarkeit auch denen gegenüber genießen, die sie für uns produzieren und zubereiten. Sei gepriesen in Ewigkeit.

LIED   GL 300,1–3 (Solang es Menschen gibt)

3. Dank für Arbeit und Beruf

SCHRIFTLESUNG   Kol 3,22–24

WECHSELGEBET   Ps 90; GL 736,2 (VV. 13–18 – *wechselseitig sprechen*)

Stille

GEBET   Herr, unser Gott. Wir danken dir auch für die Ernte, die wir mit dem Werk unserer Hände in Arbeit und Beruf einbringen. Lass uns dankbar sein auch für die kleinen Fortschritte, für das scheinbar immer Gleiche, für die Erfahrung des Gelingens. Lehre uns unser Tun begreifen als ein Stück Nachahmung deines Schöpfungswerkes. Sei gepriesen in Ewigkeit.

LIED   GL 267,1–4 (Nun danket all)

4. Dank für die Gemeinschaft

SCHRIFTLESUNG   1 Kor 12,12–13.24

WECHSELGEBET   Ps 46; GL 650,2 (VV. 1–6 – *wechselseitig sprechen*)

Stille

GEBET   Herr, unser Gott, wir danken dir für das Geschenk der menschlichen Gemeinschaft und für alle, die uns in Liebe verbunden sind. Wir danken dir auch für das Geschenk der Kirche, dass wir zusammen glauben, hoffen und lieben können, einander beistehen und helfen. Du bist selbst eins in Dreifaltigkeit, lass auch uns in der Gemeinschaft eines Herzens und Sinnes sein. Sei gepriesen in Ewigkeit.

LIED   GL 640,1–2 (Gott ruft sein Volk zusammen)

5. Dank für die Erlösung

SCHRIFTLESUNG   Eph 1,3–7.13

WECHSELGEBET   Ps 112; GL 685,2 (VV. 1–5.9)

Stille

GEBET   Herr, unser Gott, wird danken dir für das Werk der Erlösung durch deinen Sohn Jesus Christus. In ihm bist du uns immer nahe, in ihm heiligst du unser Leben. Lass uns seine heilvolle Gegenwart im Wort und Sakrament immer dankbar empfangen und daraus leben. Sei gepriesen in Ewigkeit.

LIED   GL 634,1.5–6 (Dank sei dir, Vater)

Abschluss

In den Dank an Gott darf alles einfließen, was wir auf dem Herzen haben. Das Selbstverständliche und Naheliegende sollten wir über das Besondere und Große nicht vergessen. Auch nicht das, wofür wir vielleicht meinen, nicht danken zu müssen. Der Dichter Matthias Claudius hat dies in einem Gedicht zum Ausdruck gebracht, das er mit „Täglich zu singen" überschrieben hat:

L   Ich danke Gott, und freue mich
wie's Kind zur Weihnachtsgabe,
dass ich bin, bin! Und dass ich dich,
schön menschlich Antlitz! habe;

dass ich die Sonne, Berg und Meer,
und Laub und Gras kann sehen,
und abends unterm Sternenheer
und lieben Monde gehen.

Ich danke Gott mit Saitenspiel,
dass ich kein König worden;
ich wär geschmeichelt worden viel,
und wär vielleicht verdorben.

Auch bet' ich ihn von Herzen an,
dass ich auf dieser Erde
nicht bin ein großer reicher Mann,
und auch wohl keiner werde.

Und all das Geld und all das Gut
gewährt zwar viele Sachen;
Gesundheit, Schlaf und guten Mut
kann's aber doch nicht machen.

Gott gebe mir nur jeden Tag,
soviel ich darf zum Leben.
Er gibt's dem Sperling auf dem Dach;
wie sollt' ers mir nicht geben!   *Str. 1–2.4–5.7.9*

VATERUNSER   Auch dass wir Gott Vater nennen dürfen, ist ein Grund zum
Danken, denn es ist nicht selbstverständlich. So dürfen wir als seine geliebten
Kinder zu ihm kommen und sprechen: Vater unser …

GEBET   Gott, unser Vater, du Ursprung alles Guten, was wir sind und haben, kommt von dir. Lehre uns, die Wohltaten deiner Güte zu sehen, und
gibt, dass wir dich mit aufrichtigem Herzen und mit allen unseren Kräften
lieben. Darum bitten wir durch Jesus Christus.   *MB IIII*

SEGEN UND ENTLASSUNG

LIED   GL 266 (Nun danket alle Gott)

MIR GESCHEHE, WIE DU ES GESAGT HAST
Andacht mit eucharistische Anbetung

ZUR ERÖFFNUNG   *Orgelmusik*

KREUZZEICHEN UND EINFÜHRUNG   Wir haben uns eingefunden: „Im Namen des Vaters und des Sohnes und des Heiligen Geistes."
Im Rosenkranzmonat Oktober sind wir in besonderer Weise auf Maria verwiesen. Wir treten an ihre Seite und betrachten das Geheimnis Jesu Christi gewissermaßen aus ihrem Blickwinkel. Wenn sie unser aller Mutter ist und das Urbild der Kirche, dann hat ihre ganze Geschichte, alles, was ihr geschehen ist, mit unserer Begegnung mit ihrem Sohn Jesus Christus zu tun. Treten wir mit ihr zusammen in seine Gegenwart.

ZUR AUSSETZUNG   GL 644,1.5.7 (Sonne der Gerechtigkeit) *oder*
GL 555,1–2.6 (Morgenstern der finstern Nacht)

LOBPREIS   Magnificat; GL 688/689 *(im Wechsel sprechen)*

SCHRIFTLESUNG   Lk 1,26–35

MEDITATION   *Als Kehrvers ist die Antiphon GL 601,1 geeignet: „Siehe, ich bin die Magd des Herrn; mir gescheh nach deinem Wort" oder GL 743,1 „Meine Seele preise den Herrn"*

Kehrvers

Wie war das damals, als der Engel Maria besuchte?
Eine unglaubliche Ankündigung hatte er für sie:
Ein Kind sollte sie bekommen,
und dieses Kind sollte Gottes Sohn sein!
Gott selbst sollte sie in sich tragen,
ihn in sich wachsen lassen.
Was für eine Botschaft!

Kehrvers

Jede Schwangerschaft ist an sich schon ein wunderbares Geschehen:
zuerst etwas Verborgenes – eine Ahnung nur,
dann Gewissheit – aber noch das Geheimnis der Mutter;
Freude und Beunruhigung,
Lauschen nach Innen, Hineinspüren in das Geschehen.
Was da geschieht, was da wächst,
das hat sie nicht selbst in der Hand –
und das ist dann etwas für immer:
ein Kind bekommen – Mutter sein.
Was für ein Geschehen!

Kehrvers

Maria hört noch mehr:
Den Sohn Gottes soll sie zur Welt bringen?
Kann das denn sein?
Wie kann das geschehen?
So hat auch sie gefragt.
Und sie hat Gott getraut; sie hat Gott all das zugetraut
und hat sich getraut, Ja zu sagen zu seinem Willen.
Sie hat das wachsen lassen, was er in sie hineingelegt hat;
zuerst im Verborgenen – ihr Geheimnis;
hat Freude und Beunruhigung und Sorge erlebt –
und hat Jesus zur Welt gebracht.

Kehrvers

Manchmal spüre ich:
da ist auch in mir etwas, das habe ich nicht aus mir selbst;
es wächst und will zur Welt kommen.
Hast du, Gott, das in mich gelegt?
Willst du, Gott, in mir sein,
in mir wachsen, in mir geboren werden?
Ich weiß auch nicht, wie das gehen soll.
Manchmal beunruhigt es mich
und eigentlich fühle ich mich dem nicht gewachsen.

Kehrvers

Immer wieder einmal wird die Ahnung deutlicher:
dann möchte ich es glauben können,
dass du das bist, du, mein Gott.

Dann möchte ich vertrauen können – wie Maria.
Dann möchte ich dir zutrauen können,
dass du auch in mir sein kannst –
und möchte mich trauen, Ja zu sagen – wie Maria –
und es geschehen lassen:
möchte dich, Jesus, auch in meinem Herzen wachsen lassen.

Kehrvers

Für Gott ist nichts unmöglich,
sagte der Engel zu Maria.
So wie sie sich auf dein Kommen vorbereitet hat,
so will ich auch mein Herz für dich offen halten.
Vielleicht kannst du dann auch in mir zur Welt kommen?
Wachse in mir, Jesus –
wachse du in mir ...

Stille – ca. 10 Minuten, gegen Ende Musik.

FÜRBITTEN UND VATERUNSER   Lasst uns beten. – Jesus, du Sohn Gottes und Sohn Marias, du bist heute wie damals mitten in der Welt für die Menschen da. Voll Vertrauen bitten wir dich:

- Maria hat zu Gottes Wort Ja gesagt, damit du in die Welt kommen konntest. – Öffne unsere Herzen für dein Wort und Wirken, dass du auch in uns wachsen und zu uns Menschen kommen kannst.
  Christus, höre uns.
- „Fürchte dich nicht", sagte der Engel zu Maria. – Gib Mut und Hoffnung allen, die auf der Suche sind nach ihrer Aufgabe und ihrem eigenen Weg.
- Maria wurde der Beistand des Heiligen Geistes zugesagt. – Sei auch heute mit deinem Geist allen nahe, die Verantwortung für das Zusammenleben in Kirche und Gesellschaft tragen.
- Maria hat ihr ganzes Leben in die Hand Gottes gelegt. – Stehe allen bei, die sich mit ihrem Streben und Arbeiten, aber auch mit ihren Sorgen und Ängsten dir anvertrauen.
- „Mir geschehe, wie du es gesagt hast", antwortete Maria dem Engel. – Stärke in uns allen das Vertrauen in dein Wirken hier und heute, auch in unserem Leben.

Jesus, wir danken dir für deine Gegenwart in unserer Welt, für dein Wirken in unserem eigenen Leben, deine Liebe und Freundschaft. Mit deinen Worten dürfen wir nun zu unserem Vater im Himmel beten: Vater unser ...

SEGENSBITTE   Von Gottes Zusage an Maria haben wir gehört. Sie hat sich ganz seinem Wirken anvertraut. So möchten auch wir auf Gottes Wirken an uns vertrauen können und bitten ihn:
Segne uns, guter Gott. Lass es uns spüren, dass du in uns sein und in uns wirken willst. Segne unsere Versuche, dir Raum zu geben in unserem Leben, und werde du auch in unserem Herzen geboren.
Das gewähre uns der liebende Gott: der Vater ...

ZUM REPONIEREN   GL 586,1–2.4 (Gruß dir, Mutter)

Ingrid Engbroks

EINE GROSSE STADT ERSTEHT
Andacht zum Kirchenraum

VORBEMERKUNG   Es handelt sich um keine Andacht im herkömmlichen Sinn; man kann sie vielmehr im Gehen zu verschiedenen Orten des Kirchenraums halten. Aus der Betrachtung der einzelnen Orte des liturgischen Raumes und einer Erschließung ihrer Bedeutung ergibt sich das Gebet – gesprochen oder gesungen. – Die Hinweise zu den einzelnen Orten erfolgen nur stichwortartig, sie müssen ja jeweils konkretisiert werden, sollen aber nicht lange dauern. Die Gemeinde beteiligt sich durch gesprochene bzw. gesungene Gebete. – Die Andacht beginnt vor der Kirche.

KREUZZEICHEN UND BEGRÜSSUNG

EINFÜHRUNG   Zu einem Gebetsgang besonderer Art haben wir uns getroffen: Wir wollen unsere Kirche begehen, sie einmal anders kennen lernen und dabei Gott danken für seine Gegenwart unter den Zeichen, Symbolen und liturgischen Vollzügen, die diesen Raum in seiner Besonderheit ausmachen. Nicht nur das Innere des Raums ist wichtig, auch sein Äußeres und seine Zugänge. Deshalb beginnen wir vor der Tür.

1. Portal

- *Bedeutung eines Portals und einer Tür;*
- *Osten – Westen;*
- *Ort und Symbol des Übergangs;*
- *Taufe und Trauung beginnen bei der Taufe am Portal;*
- *Symbol für Christus, der gesagt hat: Ich bin die Tür;*
- *Zugang zu Gott durch Jesus Christus.*

LIED   GL 619 (Komm her, freu dich mit uns) *oder* GL 474,1–4 (Nun jauchzt dem Herren)

2. Eingangsbereich

- *Ort der Sammlung: „Vor der Versammlung steht die Sammlung"
  (Romano Guardini);*
- *Weihwasserbecken erinnern an die Taufe;*
- *wir sind zur Gemeinschaft der Kirche geladen.*

WECHSELGEBET   Ps 24; GL 122,1.2 *oder* Ps 84; GL 649,1.2 *(im Wechsel
sprechen)*

3. Taufkapelle

- *Taufe als Eingangssakrament;*
- *Symbole der Taufe: Wasser; Tod und Lebendigkeit;*
- *Mitbegrabenwerden und Mitauferstehen;*
- *Taufbrunnen – Ostern;*
- *fließendes Wasser – Heiliger Geist;*
- *Taufe: Eingliederung in die Gemeinde.*

LIED   GL 634,1 (Ich bin getauft und Gott geweiht)

4. Altar

- *Altar als Tisch des Herrn und des eucharistischen Brotes und Weines;*
- *Ort der Vergegenwärtigung des Kreuzesopfers;*
- *Mitte der Gemeinde;*
- *Reliquien, Stein und Kuss: Symbol für Christus.*

WECHSELGEBET   Ps 23; GL 718,1.2

5. Ambo

- *Tisch des Wortes Gottes;*
- *Dienste am Wort: Diakon, Lektoren und Kantoren ;*
- *Bücher: Lektionar und Evangeliar*
- *Prozession zum Ambo;*
- *Fortführung der Verkündigung Jesu*

LIED   GL 614, 2–3 (Wohl denen, die da wandeln)

6. Kreuz

- *Kreuzes-Trophäe: „Tropaion" (griech.) – der Ort, wo sich der Feind wendet;*
- *Gedächtnis unserer Erlösung durch den Tod Christi*
- *Verwendung des Kreuzes in der Liturgie;*
- *Prozession mit Kreuz, Weihrauch und Kerzen;*
- *Karfreitag und Kreuzerhöhung;*
- *Verhüllung der Kreuze.*

VERNEIGUNG VOR DEM KREUZ mit *Ruf* (V) Im Kreuz ist Heil ... (GL 205,1) – (A) Sei uns gegrüßt ... (GL 205,2 – *auf demselben Ton*)

7. Altarraum – Gemeinderaum

- *Gegliederte Gemeinde;*
- *liturgische Dienste und Dienstorte;*
- *Bedeutung des Sitzes und des Sitzens;*
- *Kleidung; Haltungen.*

WECHSELGEBET Ps 111; GL 685,1.2

7. Aufbewahrungsort der Eucharistie

- *Gründe für Aufbewahrung;*
- *Tabernakel als „Zelt";*
- *Ewiges Licht;*
- *eucharistische Frömmigkeit;*
- *Stiller Ort des Gebets*
- *Besuch der Kirche.*

LIED GL 639,3–4 (Ein Haus voll Glorie schauet)

8. Beichtkapelle

- *Taufe und Buße;*
- *Entwicklung des Beichtstuhls;*
- *Zeichen bei der Beichte: Handauflegung, Kreuz;*
- *Barmherziger Vater;*
- *Buße und Gemeinschaft.*

LIED GL 160,2–3.7 (Bekehre uns, vergib die Sünde)

9. Bilder, Fenster, Kunst

- *Bild und Abbild;*
- *schmückende Gestaltung als Abbild himmlischer Herrlichkeit;*
- *Bild als Katechese;*
- *Kreuzweg: Nachgehen des Weges Christi;*
- *Kunst als Nachahmung des Schöpfergottes.*

WECHSELGEBET   Ps 104; GL 253,1.2

10. Orgel – Glocken

- *Bedeutung der Musik in der Liturgie;*
- *„Halleluja";*
- *musikalische Dienste;*
- *Verkündigung durch Glockenschlag: Angelus, Wandlung, Evangelium;*
- *Glocken verbinden Himmel und Erde.*

LIED   GL 259,1.5 (Erfreue dich, Himmel) *oder* GL 272 (Singt das Lied)

11. Ausgang

- *Messe (missa) als „Sendung";*
- *Gottesdienst nicht beendet mit der Feier der Liturgie;*
- *Gottes- und Menschendienst im Alltag;*
- *Verkündigung mit „Hand und Mund" (GL 473,3).*

Abschluss

VATERUNSER

GEBET   Herr, unser Gott, du hast in der Kirche einen Raum geschenkt, in dem deine Liebe zu uns Menschen auf vielerlei Weise sichtbar und erfahrbar wird. Wir danken dir, dass du dich auf uns Menschen einlässt, dass du uns in menschlichen Gebärden nahe bist und uns deine erstaunliche Größe in Zeichen und Symbolen offenbarst. Schenke uns Demut vor dir und Ehrfurcht in deinem heiligen Haus. Darum bitten wir durch Jesus Christus, unseren Bruder und unseren Herrn.

SEGEN

LIED   GL 637 (Lasst uns loben)

Ein Dankgebet für die Kirche

Guter Gott, wir haben heute Grund Danke zu sagen für vieles, was du uns gegeben hast: heute (in dieser Feier) und in all den Jahren, die wir – und vor uns andere – hier sein durften.

Wir danken dir, dass wir diese schöne Kirche mitten in unserer Stadt (unserem Ort) haben, die vielen Menschen eine Heimat ist und die uns immer wieder einlädt, zu dir zu kommen.

Viele von uns haben hier einen vertrauten Platz, an dem sie schon oft den Gottesdienst mitgefeiert haben. Danke, Gott, dass wir hier zuhause sein und uns im Gebet mit anderen Menschen verbunden fühlen dürfen.

Vor uns sehen wir den Altar und (dahinter) den Tabernakel, die uns die bleibende Gegenwart Jesu Christi vor Augen führen. Danke für deinen Sohn, der sich in der Kommunion jedem von uns schenkt und jedem in seinem Leben ganz nahe sein will.

Beim Betreten der Kirche sind wir am Taufbrunnen vorbeigekommen und haben uns mit Weihwasser bekreuzigt. Danke, Gott, für unsere Taufe, durch die wir in die Gemeinschaft mit dir und deiner Kirche immer weiter hineinwachsen dürfen.

Diese Kirche hat viele Orte für das stille Gebet Einzelner, wie es die brennenden Kerzen in der (N. N.)-Kapelle und andernorts beweisen. Danke für diese Orte des Trostes und der Stärkung.

Diese Kirche ist ein schützendes Dach für alles, was hier Raum findet. Danke, Gott, für festliche Gottesdienste, für Stille zum Gebet, für die Erfahrung von Trauer und Trost ebenso wie die von Dank und Freude, danke für die Worte und die Musik, die uns deine Nähe spüren lassen.

Unsere Kirche ist der Mittelpunkt einer lebendigen Gemeinde unterschiedlichster Menschen. Danke, Gott, für die vielfältigen Glaubenserfahrungen in unseren Gruppen, für gute Begegnungen und gemeinsames Arbeiten – und für all die Menschen, die zu unserer Gemeinde gehören oder die hier als Gäste kamen und kommen.

Danke für alle Seelsorger in dieser Gemeinde in Vergangenheit und Gegenwart – und danke für alle, die hier Dienst tun oder sich ehrenamtlich engagieren.

Vor allem aber sagen wir dir, Gott, unseren Dank, dass du in unserer Mitte bist, dass du uns hier immer wieder zusammenrufst und mit uns unterwegs bist – in der Vergangenheit, heute und alle Tage.

Ehre sei dem Vater und dem Sohn und dem Heiligen Geist –
wie im Anfang so auch jetzt und alle Tage und in Ewigkeit. Amen.

Ingrid Engbroks

S CHAUE DIE ZERTRENNUNG AN
Andacht zur Einheit der Christen

ZUR ERÖFFNUNG   GL 644,1.3.7 (Sonne der Gerechtigkeit)

EINFÜHRUNG   Jesus betet im Abendmahlssaal zu seinem Vater und betet für seine Jünger: Alle sollen eins sein. So bittet er. Die Einheit der Jünger, die Einheit der Christgläubigen, die Einheit der Kirchen soll der Welt ein Zeichen sein für die Wahrheit des Evangeliums. Die christlichen Kirchen sind einander in den letzten Jahrzehnten auf vielerlei Weise nahe gekommen. Doch von einer Einheit sind wir noch immer entfernt. Um sie wollen wir heute beten und dabei auch bekennen, was wir selbst zu ihrer Verhinderung beitragen.

BUSSAKT   Herr, unser Gott, wir bekennen, dass menschliche Schwachheit und nicht göttliche Fügung deine Kirche gespalten hat. Die Christenheit besteht aus vielerlei Gruppen, Kirchen und Gemeinschaften. So bitten wir dich:

Erbarme dich unser, o Gott, erbarme dich unser. (*nach* GL 171,2)

Wir sprechen mit vielen Stimmen, das Evangelium Jesu Christi wird nicht im Einklang verkündet. Die Unterschiede im Glauben und in der Lehre verhindern, dass wir glaubwürdig aus einem Mund sprechen. So bitten wir:

Erbarme dich unser, o Gott, erbarme dich unser.

Noch immer belasten schlechte Erfahrungen aus vergangenen Zeiten, aber auch Vorurteile und Missverständnisse eine Einheit unter den Christen. Hilf uns, diese Schranken zu überwinden. So bitten wir:

Erbarme dich unser, o Gott, erbarme dich unser.

GEBET   Ja, guter Gott, erbarme dich unser und vergib uns unsere Schuld. Gib uns den Geist der Liebe, der deine Kirche zusammenbringt, damit die Welt dich, den einen und wahren Gott, erkennen kann durch das Zeichen deiner geeinten, sich liebenden Gemeinde. Darum bitten wir durch Christus, unseren Bruder und Herrn.

Alle sollen eins sein: Wie du, Vater, in mir bist und ich in dir bin, sollen auch sie in uns sein, damit die Welt glaubt, dass du mich gesandt hast. Und ich habe ihnen die Herrlichkeit gegeben, die du mir gegeben hast; denn sie sollen eins sein, wie wir eins sind, ich in ihnen und du in mir. So sollen sie vollendet sein in der Einheit, damit die Welt erkennt, dass du mich gesandt hast und die Meinen ebenso geliebt hast wie mich. *Joh 17,21–23*

BILDBETRACHTUNG
1. Bild

Das Bild einer Mauer.
Eine schöne Mauer,
fast wie natürlich.
Alt ist sie und überwuchert,
aus den Ritzen wachsen
Gräser und Pflanzen.
Sie ist dem Bodenverlauf
angepasst,
seinem Auf und Ab.
Viele kleine Steine sind zusammengefügt,
passen sich einander an
und geben einander Halt.
Sie wirkt von weitem fast wie ein Mosaik,
aber als Ganzes jedenfalls,
fest und unüberwindlich.
Ein Bild vielleicht für die Kirche?

Alt geworden,
angepasst dem Auf und Ab der Zeit,
hat sie sich arrangiert
mit allerlei Blumen und Pflanzen,
die auch aus ihr herauswachsen dürfen.
Aus vielen kleinen Teilen zusammengefügt,
einander Halt gebend.
ein Großes Ganzes,
Einheit in Vielfalt,
unüberwindlich.

2. Bild

Doch halt:
Wenn man genauer hinschaut,
erkennt man den Riss,
der durch ihre Mitte geht.
Da hat sich manches verschoben,
etliche Steine haben den Kontakt
zueinander verloren.
Der Mörtel ist abgeplatzt,
der Zahn der Zeit hat an ihm genagt.

Manche Steine bilden noch eine Brücke
von der einen zur andern Seite,
doch sie hängen schon bedenklich.
Auch das ein Bild für unsere Kirche,
für die Christenheit?
Nur auf den ersten Blick eine Einheit,
bei näherem Betrachten
ein Riss mitten hindurch,
von oben nach unten –
oben breiter als unten ...
Mit manchen Steinen,
die noch eine Brücke bilden,
aber auch die gefährdet,
dem Spalt zum Opfer zu fallen.

3. Bild

Eine andere Mauer,
eine Gartenmauer diesmal,
aus geraden Quadern
gleichmäßig gefügt.
Eigentlich nichts Besonderes. Aber:
in ihrer Mitte ein steinernes Kreuz –
ein altes Marterl vielleicht,
irgendwo gefunden und dann eingefügt.

Ohne den Kruzifixus
wäre auch hier ein Spalt, ein breiter sogar.
Der Gekreuzigte streckt die beiden Hände aus,
verbindet so die Mauern links und rechts von ihm.
Auch das ein Bild für die Kirche, die Christenheit?
Im Christus wächst sie zusammen,
er vereinigt die getrennten Teile,
er ist der Schlussstein des ganzen Baus,
durch ihn wird er zusammengehalten.

Was bedeutet das für uns,
die wir unter der Trennung leiden
und unter dem Riss,
der durch die Christenheit geht?
Der Herr selbst ist es,
der uns vereinen kann.
Er hat Himmel und Erde miteinander verbunden,
er kann auch Versöhnung schaffen unter den Menschen.

Aber eben durch das Kreuz. –
Das gilt auch für uns,
unsere Programme, Projekte und Initiativen:
Der Weg der Gemeinschaft führt über das Kreuz,
über die Bereitschaft, einander zu dienen
in der Gesinnung und Nachfolge des Herrn,
und sich nicht übereinander zu erheben.

LIED   GL 183 (Wer leben will wie Gott)

LITANEI DER CHRISTLICHEN EINHEIT

L   In Christus hat Gott die Welt mit sich versöhnt und uns die Botschaft der Versöhnung anvertraut. Als Botschafter der Versöhnung in Christus bringen wir unsere Hoffnung vor Gott.
Wenn wir trotz unserer verschiedenen christlichen Traditionen miteinander beten,

A   dann wird alles neu und unsere Einheit wird sichtbar sein.

L   Wenn wir uns einsetzen für gute Beziehungen zwischen Juden, Christen und Muslimen in Jerusalem und auf der ganzen Welt und so die Mauer der Gleichgültigkeit und des Hasses niederreißen,

A dann wird alles neu und unsere Einheit wird sichtbar sein.

L Wenn wir uns für Gerechtigkeit und Solidarität einsetzen und wenn es uns gelingt, Furcht in Vertrauen zu verwandeln,

A dann wird alles neu und unsere Einheit wird sichtbar sein.

L Wenn wir mit den Christen im Heiligen Land glaubwürdige Zeugen der Geburt Jesu Christi in Betlehem, seines Wirkens in Galiläa, seines Todes und seiner Auferstehung in Jerusalem werden,

A dann wird alles neu und unsere Einheit wird sichtbar sein.

L Wenn wir achtsam sind für die Trauernden, die Armen, die Hoffnungslosen und alle, die im Namen unseres Herrn leiden,

A dann wird alles neu und unsere Einheit wird sichtbar sein.

L Je näher wir dem Kreuz Christi kommen, desto näher kommen wir einander. Wenn wir uns zusammenschließen, um gemeinsam menschliches Leid zu überwinden, das durch Krieg, Krankheit und Vorurteile verursacht wird,

A dann wird alles neu und unsere Einheit wird sichtbar sein.

L Christus will die Einheit der Seinen. Wenn unsere Kirchen durch den gemeinsamen Dienst am Evangelium der Welt bezeugen, dass sie zusammenwachsen wollen,

A dann wird alles neu und unsere Einheit wird sichtbar sein.

L Wir haben so vieles gemeinsam: das Wort Gottes, die Lehre der Apostel, die eine Taufe. Doch die Eucharistie können wir noch immer nicht miteinander teilen. Aber wenn Gottes Geist uns zur vollen sichtbaren Gemeinschaft führt,

A dann wird alles neu und unsere Einheit wird sichtbar sein.

L Viele Menschen im Heiligen Land leiden unter großer Ungerechtigkeit und Gewalt. Wir sehnen uns nach Frieden und Gerechtigkeit für alle in der gewissen Hoffnung auf die Vollendung von Gottes Reich.

A Dann wird alles neu und unsere Einheit wird sichtbar sein.

aus: Gebetswoche für die Einheit der Christen, hg. von der Ökumenischen Centrale Frankfurt

GESANG   Siehe, wie gut und schön es ist (S. 215)

BITTEN UND FÜRBITTEN Lasst uns beten zu Jesus Christus, unsren Bruder und Herrn, für alle, die an ihn glauben und sich nach ihm nennen: Herr, führ uns zusammen, dass wir eins sind in dir. (GL 646,4)

- Wir bitten dich, dass wir gemeinsam auf deine Botschaft hören und uns in ihrer Wahrheit finden
- Wir bitten dich, dass wir beharrlich Schritte gehen auf dem gemeinsamen Weg zu dem Brot, das uns alle verbindet, und dem Kelch, der uns alle erlöst.
- Wir bitten dich, dass wir weiten Herzens werden, den anderen Bruder, die andere Schwester in ihrem Glauben zu achten und zu tolerieren. Wir bitten dich, dass wir voneinander lernen und so noch bestehende Grenzen und Mauern abbauen.
- Wir bitten dich, dass wir uns uns im Blick auf dein Kreuz und im Dienst aneinander verbinden.
- Wir bitten dich, dass wir uns nicht abfinden mit der Teilung und Trennung der Christenheit, die deinem Auftrag widerspricht und uns als Christen unglaubwürdig macht.
- Wir bitten dich für alle, die in verschiedenen Gremien miteinander auf dem Weg sind, sich in ökumenischen Arbeitskreisen engagieren oder in konfessionsverbindenden Ehen und Familien bereits Ökumene leben.

VATERUNSER Der Herr hat uns ein Gebet überliefert, das allen christlichen Kirchen gemeinsam ist: Das Vaterunser. In ihm beten wir zu seinem und unserem gemeinsamen Vater, dessen Reich auch sichtbar werden soll durch unsere Gemeinschaft und Liebe zueinander. So lasst es uns beten in Gedanken an die Schwestern und Brüder der verschiedenen Konfessionen, mit ihnen zusammen und füreinander in der Hoffnung auf sein Reich: Vater unser …

GEBET Guter Gott, sammle deine Kirche, rufe sie zusammen in deiner Macht. Mache sie eins unter ihrem Hirten und Herrn Jesus Christus, deinem Sohn. Lass unter uns seinen Geist des Einander-Dienens wachsen, lass uns nach seinem Beispiel handeln und leben, damit die Mauern, die uns trennen, verbunden werden durch das Kreuz. So bitten wir durch ihn, Christus, unseren Bruder und Herrn.

ZUR SENDUNG GL 634,1.5–6 (Dank sei dir, Vater)

Siehe, wie gut und wie schön es ist

KV: Sie - he, wie gut und wie schön es ist, in

Ein - tracht bei - sam - men zu woh - nen:

1. Wie ed - les Salb-öl ist's auf dem Haupt, das
2. So wie der Tau des Her - mon ist's, der
3. Denn Se - gen spen-det all - da der Herr und

nie - der - fließt in Aa - rons Bart, hin -
nie - der - fällt auf den Zi - ons - berg, wie
Le - ben für e - wi - ge Zei - ten, und

1.–2. | 3.

ab zu sei - nes Ge - wan - des Saum. *KV*
Tau, der auf Zi - on her - nie - der - fällt. *KV*
Le - ben in al - le E - wig - keit.

Sie - he, wie gut und wie schön es ist, in

Ein - tracht bei - sam - men zu woh - nen:

T: nach Ps 133
M: Guido Fuchs © Autor

EINANDER GEMEINSCHAFT SEIN
Gebetsstunde „Gemeinde – weltweit"

ZUR AUSSETZUNG   GL 519 (Komm her, freu dich mit uns)

V   Gelobt und gepriesen sei ohne End
A   Jesus im allerheiligsten Sakrament

EINFÜHRUNG   Komm her, freu dich mit uns, tritt ein ... Können wir das heute noch aus ganzem Herzen singen? Immer mehr Menschen treten aus der Gemeinschaft unserer Kirche aus, viele Gläubige finden in ihrer Gemeinde keine rechte Heimat mehr und bleiben weg. Das sind Sorgen und Nöte, denen wir nicht nur in Sitzungen und Ausschüssen begegnen dürfen. Wir können und sollen sie auch in das Gebet nehmen und sie unserem Herrn vortragen.

Der Leib Christi, den wir in der Eucharistie empfangen, der sind auch wir als Gemeinschaft. Und dies nicht nur vor Ort, sondern weltweit. Dieses Wissen um eine so große Gemeinschaft kann und soll uns Kraft geben.

Bitten wir Christus als das Haupt seines Leibes um seinen Geist, dass er seine Kirche in ihren Sorgen und Anliegen begleite – hier bei uns und auf der ganzen Welt.

PSALM   Ps 84; GL 649,1.2 *(wechselseitig sprechen)*

Stille

PSALMGEBET   Herr unser Gott, wir sind in dein Haus gekommen, um dich zu loben. Denn noch immer finden wir Kraft in dir. Auch wenn uns die Täler, durch die wir derzeit ziehen, trostlos erscheinen, so kannst du sie doch zum Quellgrund machen. Ja, Herr, lass uns Kraft finden in dir, indem wir auf dich schauen, auf dich vertrauen und nicht auf unsere eigene kleine Kraft setzen. Sei gepriesen in Ewigkeit.

LIED   GL 640 (Gott ruft sein Volk zusammen)

Andachtsteil I

<small>GEMEINSAMES GEBET</small> GL 787,2 (Pfarrgemeinde) *oder*

Kirche als weltweite Gemeinschaft

V Gott, du bist allmächtig und heilig. Und doch bist du nicht unnahbar. In deiner Liebe suchst du Gemeinschaft mit uns Menschen. Darum hast du deinen Sohn gesandt. Er stiftet die Gemeinschaft derer, die seinem Wort vertrauen, und legt so den Grund für die Kirche.

A Gott der Liebe, / mach uns dankbar für das Geschenk deiner Gemeinschaft.

V Kirche ist nicht nur in unseren Gotteshäusern, sondern überall, wo zwei oder drei in Namen deines Sohnes versammelt sind: in den Familien, in den religiösen Gruppen und Gemeinschaften.

A Gott des Lebens, / lass uns Verantwortung übernehmen füreinander.

V Kirche ist nicht nur unsere Pfarrei, unser Bistum. In jeder Gemeinde, in jeder Diözese erfahren wir die Weltkirche, werden wir beschenkt mit dem Reichtum der Völker und Kulturen.

A Treuer Gott, / mach uns dankbar für die Impulse für die jungen Kirchen.

V Jesus verkündet den Anbruch deines Reiches. In ihm ist die neue Welt uns Menschen nahe gekommen. Recht und Gerechtigkeit finden ihre Erfüllung in Barmherzigkeit, Vergebung und Liebe.

A Gott der Barmherzigkeit, / lass uns nie vergessen, / dass wir leben von deiner Liebe und Vergebung.

V Dein Sohn Jesus hat uns versprochen, dass er bei uns bleibt bis zum Ende der Weltzeit. Bis dann sind wir als Kirche auf dem Weg. Erhalte uns in der Treue zum Herrn der Kirche. Gib uns die Bereitschaft, immer neu aufzubrechen. Erfülle uns mit deinem Geist, dass wir die Zeichen der Zeit erkennen und uns durch ihn in die Zukunft führen lassen.

A Treuer Gott, / gib uns einen lebendigen Glauben an das Wirken deines Geistes.

V In der Mitte der Verkündigung Jesu steht die Liebe zu allen Menschen. Er hat diejenigen besonders ins Herz geschlossen, die von der Gemeinschaft ausgegrenzt werden: die Kranken, die Armen, die Fehlbaren und Schuldigen. Als Bruder aller Menschen stellt er sich auf die Seite der Schwachen und Rechtlosen.

A Gott der Kleinen, / hilf uns als Kirche, Partei zu ergreifen für die Armen und Unterdrückten.

V Mit Jesus ist dein Reich in unsre Welt gekommen. Die Kirche ist nicht dieses Reich. Aber in ihr hat es begonnen und will sich durch sie in der Welt entfalten.– Die Kirche verkündet dein reich, bereitet ihm den Weg und erwartet seine Vollendung durch dich.

A Gott des Lebens, / mach uns als Kirche zum Zeichen deines kommenden Reiches.

V Gott, wir danken dir, dass du uns berufen hast, als Kirche miteinander unterwegs zu sein. Erleuchte und stärke unseren Papst, unsere Bischöfe und ihre Mitarbeiter und Mitarbeiterinnen. Gib uns den Glauben, der die Welt besiegt, und die Hoffnung gegen alle Hoffnung, ohne die wir als Kirche nicht bestehen können. Lass uns erfahren, dass du uns trägst und treu bleibst in Ewigkeit. *KG 513*

Stille

LIED   GL 249,1.4 (Der Geist des Herrn erfüllt das All)

Andachtsteil II

GEMEINSAMES GEBET   GL 787,5 (Diaspora) *oder*

Missionarischer Auftrag der Kirche

V Gott des Lebens, du willst das Heil aller Menschen. Dein Sohn Jesus hat gesagt: Die Ernte ist groß, aber es gibt nur wenig Arbeiter. Bittet also den Herrn der Ernste Arbeiter für seine Ernte auszusenden. Wir bitten dich:

A Sende Männer und Frauen, / die deine Ernte bei den Völkern einbringen.

V Vor seinem Abschied sprach Jesus zu den Seinen. Ihr werdet die Kraft des Heiligen Geistes empfangen, der auf euch herabkommen wird, und ihr werdet meine Zeugen sein bis an die Grenzen der Erde. In der Taufe und in der Firmung wurde uns die Kraft des Heiligen Geistes geschenkt.

A Hilf uns, deinen Sohn vor den Menschen zu bezeugen.

V Der Auferstandene gab denen, die ihm nachfolgten, den Auftrag: Geht zu allen Völkern und macht alle Menschen zu meinen Jüngern. Männer und

Frauen aus (unserer Pfarrei und) unserer Diözese widmen sich an unserer Statt diesem Auftrag bei den Völkern in Nord und Süd, in Ost und West.

A Erfülle sie mit deinem Geist / und lass sie im Leben bezeugen, / was sie im Wort verkünden.

V Der Missionsauftrag richtet sich an alle Getauften. Sie alle mahnt Jesus: Ihr seid das Salz der Erde. Wenn das Salz seinen Geschmack verliert, taugt es zu nichts mehr.

A Lass uns die Welt aus dem Geist Jesu gestalten, / damit sein Wirken durch uns spürbar wird.

V Jesus hat gesagt: Ihr seid das Licht der Welt. So soll euer Licht vor den Menschen leuchten, damit sie eure guten Werke sehen und euren Vater im Himmel preisen. – Gott, es ist nicht unser Wissen und Können, das die jungen Kirchen erleuchtet; es ist das Licht deines Geistes, das in der Weisheit der Völker erstrahlt.

A Hilf uns, als Kinder Lichtes zu leben. / Mach uns dankbar für dein Licht, / das in den Kulturen der Völker aufleuchtet.

V Missionare und Missionarinnen erfahren sich auch als Empfangende: Menschen, die materiell nur wenig haben, beschenken sie mit dem Reichtum ihres Herzens.

A Gott wir danken dir für die Herzlichkeit, / die uns Menschen anderer Kulturen oft entgegenbringen.

V Es ist dein Geist, der wie an Pfingsten auch heute Menschen und Völker zusammenführt. Darum bitten wir:

A Sende aus deinen Geist, / damit aus vielen Völkern ein Volk wird.

V Auf allen Kontinenten geht der Same deines Wortes auf, das Frauen und Männer im missionarischen Einsatz leben und verkünden. Eigenständige Ortskirchen sind entstanden: Missionare und Missionarinnen treten ins zweite Glied zurück.

A Erinnere sie an das Wort Johannes des Täufers: / Er muss wachsen, / ich aber muss kleiner werden.

V Gott der Völker, der in Sohn Jesus wurde von einer hebräischen Frau geboren. Er war voll Freude über den Glauben einer syrischen Frau und eines römischen Soldaten. Er nahm die Griechen, die ihn suchten, freundlich auf und war dankbar, dass ihm ein Fremder, Simon von Zyrene, das Kreuz tragen half. Wir danken dir für das Wirken deines Geistes unter den Völkern. Zusammen mit allen Menschen, die dich gesucht und gefunden haben, lass uns dich loben und preisen in Ewigkeit.

A Amen.

KG 514

LIED GL 639,4–5

Abschluss

Seht Gottes Zelt auf Erde, verborgen ist er da ... Ihm, dem verborgenen Gott in unserer Mitte können wir unsere Sorgen und Bitten anvertrauen. Wir wollen in Stille zu ihm beten, im danken für seine Nähe, vertrauen auf seine Hilfe.

Stille Zeit des Gebetes

FÜRBITTEN UND VATERUNSER Wir wollen Fürbitte halten. –

- Herr, wir bitten dich für deine heilige Kirche. Lass sie auch dort, wo Gemeinden kleiner werden, ein Zeichen deiner heilvollen Gegenwart unter den Menschen sein.
  Herr Jesus Christus:
  Wir bitten dich, erhöre uns.
- Wir bitten dich um Männer und Frauen, die sich in deinen besonderen Dienst nehmen lassen und den Menschen als Priester, Diakone oder auch Laientheologen dienen – und auch darum, dass sie diese Möglichkeit in den Gemeinden erhalten.
- Wir bitten dich für die Gemeinden, die sich (wie wir) mit anderen Gemeinden zusammenschließen, für alle, die in ihnen haupt- und ehrenamtlich wirken und viele und weite Wege zurücklegen müssen. Segne ihr Tun und lass sie Freude und Kraft daraus schöpfen.
- Wir bitten dich für alle, die sich nicht mehr beheimatet fühlen in unserer Gemeinde oder kein Interesse mehr haben. Stärke die Herzlichkeit unter uns, damit wir ihnen und einander wieder neu Heimat geben können.
- Wir bitten dich für alle unsere Kinder und Jugendlichen, für die Erstkommunionkinder und Firmlinge, für alle, die sich auf die Taufe vorbereiten. Lass sie aus der Erfahrung gläubiger Menschen selbst Kraft zu einem Leben aus dem Glauben an dich finden.

- Wir bitten dich für unsere Kranken, die nicht mehr zum Gottesdienst kommen können. Lass sie durch unser Gebet und unseren Besuch erfahren, dass sie zu uns gehören.
- Wir bitten dich für unseren Bischof und für alle, die mit ihm in der Leitung unseres Bistums stehen. Schenke ihnen deinen Geist, der sie und die Kirche auf neuen Wegen geleitet, die segensreich sind.
- Wir bitten dich für deine Kirche in allen Ländern und Kontinenten: Dein Heiliger Geist geleite sie auf gutem Weg, dass sie zum Zeichen deiner Gegenwart unter den Völkern werde.

Herr, wie du es uns gelehrt hast, wollen wir zu deinem und unserem Vater beten: Vater unser ...

GEBET Herr, unser Gott, wir sind deine Gemeinde; in uns lebt Jesus Christus, dein Sohn, dessen Tod und Auferstehung wir feiern. Lass uns in seinem Geist eine heilige Gemeinschaft sein und so leben und handeln, dass die Menschen dich erkennen und als ihren Vater im Himmel lobpreisen. Darum bitten wir durch Jesus Christus.

LIED   GL 543,5–6 (Tantum ergo)

EUCHARISTISCHER SEGEN

LIED   GL 474,1–3.6 –7 (Nun jauchzt dem Herren) *oder* GL 644,1.3–5.7 (Sonne der Gerechtigkeit)

Arme habt ihr immer bei euch
Andacht zu den Caritas-Heiligen

Zur Eröffnung GL 617 (Nahe wollt der Herr uns sein)

Einführung „Arme habt ihr immer bei euch!" Ein Wort Jesu, das bis heute nicht von seiner Gültigkeit verloren hat (Joh 12,8). Er selbst hatte sich besonders den Armen zugewandt, zu ihnen wusste er sich gesandt. Unzählige Menschen habe es ihm seither nachgetan und sich um diejenigen, die am Rande stehen, gesorgt, oft mit dem Einsatz ihres ganzen Lebens. Wir wollen uns in dieser Andacht auf das Wort des Herrn besinnen und die Männer und Frauen im Gebet um ihre Hilfe zur Kraft der Liebe im Geist Jesu bitten, die selbst diese Liebe, die Caritas, in ihrem Leben groß gemacht haben.

Lobpreis

V Wir preisen unseren Herrn Jesus Christus und beten ihn an. Er ist gütig und von Herzen demütig.

A Adoramus te, Domine.

V Du hast unter uns gelebt, die Kranken geheilt, den Armen die Frohe Botschaft und den Gefangenen die Freiheit verkündet.

A Adoramus te, Domine.

V Du bist arm und demütig von Herzen, du rufst alle zu dir, die mühselig und beladen sind.

A Adoramus te, Domine.

V Du bist Verzeihung und Güte, du nimmst alles auf dich, was zu schwer auf unseren Schultern lastet.

A Adoramus te, Domine.

V Du bist in die Welt gekommen, nicht um bedient zu werden, sondern um zu dienen und dein Leben hinzugeben.

A Adoramus te, Domine.

V Du bist gekommen, um die Ketten unserer Sklaverei zu sprengen, du Sehnsucht aller, die nach Gerechtigkeit hungern.

A Adoramus te, Domine.

V Durch deine Auferstehung von den Toten bist du der Lebende an unserer Seite, auf dem Weg zu deinem Vater und zu unserem Vater.

aus: Ökumenische Gottesdienste. Anlässe, Modelle und Hinweise für die Praxis

1. Das Vorbild Jesu

SCHRIFTLESUNG   Joh 13,3–5.12–15

V Jesus Christus hat sich für uns klein gemacht und sich zu uns herabgebeugt. Er hat uns dadurch aufgerichtet und groß gemacht. So sollen auch wir aneinander handeln: Seid so gesinnt, wie es dem Leben in Christus Jesus entspricht, sagt der Apostel Paulus.

WECHSELGEBET   Phil 2,6–11; GL 174 *(wechselseitig sprechen)*

LIED   GL 183 (Wer leben will wie Gott)

GEBET   Herr Jesus Christus, du hast dich selbst arm gemacht um unsretwillen. Lass uns von dir lernen, dass wir reich werden, wenn wir wie du einander dienen und den Weg deiner Hingabe gehen. Sei gepriesen in Ewigkeit.

2. Das Vorbild der Heiligen

SCHRIFTLESUNG   Mt 25,31–40

V Zahllose Menschen haben sich ihren notleidenden Nächsten zugewandt und sind darin Christus selbst begegnet. Viele von ihnen verehren wir als große Heilige: Laurentius, Martin von Tours, Elisabeth von Thüringen, Vinzenz von Paul, Josef von Calasanz, Damian Deveuster, Teresa von Kalkutta, um nur einige zu nennen: Sie dienten Gott in ihren Nächsten, sie sind von Gott gesegnet, wie es Christus gesagt hat.

WECHSELGEBET Ps 112; GL 630,1.2 *(wechselseitig sprechen oder singen)*

LIED Du bist die Liebe, Vater, Gott (S. 228)

GEBET Herr Jesus Christus, wir danken dir für das Zeugnis so vieler Männer und Frauen, die gütig und zum Helfen bereit waren. Sie haben den Armen reichlich gegeben. Deshalb erstrahlt ihr Licht hell und hat ihr Heil Bestand in Ewigkeit.

3. Unser Auftrag

SCHRIFTLESUNG Lk 10,30–37

V Geh und handle genauso! Dieses Wort ist auch an uns gerichtet. So wie der Herr für die Menschen da war, sind auch alle, die an ihn glauben, zum Dienst an den Menschen gerufen. Und auch zum Gebet füreinander. Wer für andere bittet, ist mit ihnen verbunden, auch wenn er keine Lösung für das gerade anstehende Problem weiß. Mit den Heiligen der Caritas wollen wir die Nöte der Armen und Bedürftigen Jesus anvertrauen.

L Der heilige Laurentius hat sich besonders um die Armen seiner Gemeinde gekümmert und sie als den wahren Schatz der Kirche herausgestellt. Dafür musste er sein Leben lassen. Mit ihm bitten wir:
· Um Wertschätzung auch derjenigen Menschen, die am Rand stehen und keinen Einfluss haben.
· Um Diakone, die sich in unseren Gemeinden den Menschen in ihren Sorgen und Nöten besonders annehmen.
· Um Kraft und Liebe in ihrem Dienst für alle Mitarbeiter und Mitarbeiterinnen der Caritas.
· Um ein Herz, das dich liebt in den Armen und Notleidenden.

Herr Jesus, der du zum Diener aller geworden bist:
A Wir bitten dich, erhöre uns.

L Der heilige Martin hat dem frierenden Bettler sofort geholfen, als er ihn in seiner Not sah. Als Bischof hat er die Botschaft von Gottes herzlicher Liebe gepredigt und durch seine Zuwendung zu den Armen glaubhaft bezeugt. Mit ihm bitten wir:

- Für alle obdachlosen Männer und Frauen; für alle Jugendlichen und Kinder, die betteln gehen müssen.
- Für die Menschen, die unverschuldet in Not geraten sind und ihre Perspektive verloren haben.
- Für die Menschen, die wegen ihrer Andersartigkeit ausgegrenzt werden und keine Annahme finden.
- Für alle, denen man herzlos begegnet – und um ein Herz, das in ihnen Christus erkennt.

Herr Jesus, der du dein Leben mit uns geteilt hast:
A Wir bitten dich, erhöre uns.

L Die heilige Elisabeth hat ihr fürstliches Leben aufgegeben und sich ganz den Armen und Kranken gewidmet. Mit 24 Jahren starb sie, völlig erschöpft. Gott hat sie mit Liebe reich beschenkt. Auf ihre Fürsprache bitten wir:
- Dass unsere Gemeinde zu einer Gemeinde der Liebe werde.
- Dass wir die Kranken in unserer Gemeinde nicht vergessen und uns sie kümmern.
- Dass wir uns durch die Widerstände, die sich uns entgegenstellen, nicht entmutigen lassen.
- Dass es uns gelingt, im Armen Christus zu erkennen und zu lieben.

Herr Jesus, der du dich der Leidenden angenommen hast:
A Wir bitten dich, erhöre uns.

L Jean Baptiste de la Salle gab seine Domherrnstelle in Reims auf, verteilte sein Erbe unter den Armen, gründete eine Schule für bedürftige Kinder und widmete sich ganz dem Gedanken, ihnen eine Schulversorgung zu gewährleisten. Mit ihm bitten wir:
- Für die Straßenkinder in vielen Ländern der Dritten Welt: dass sich Erwachsene ihrer in einer guten Weise annehmen.
- Für alle Kinder und Jugendliche, die aus armen Verhältnissen stammen, dass sie bessere Chancen erhalten.
- Für alle Männer und Frauen, die sich als Lehrer, Sozialpädagogen oder Streetworker für Jugendlichen engagieren, die von anderen als schwierig eingestuft werden.
- Für uns selbst, dass wir die Not der Kinder nicht übersehen und in ihnen, den Kleinen und Geringen, Christus selbst sehen, der sich für uns klein gemacht hat.

Herr Jesus, der du die Kinder gesegnet hast:
A Wir bitten dich, erhöre uns.

V Mutter Teresa von Kalkutta hat die Menschen angenommen, denen wir
   lieber aus dem Wege gehen. Im Blick auf ihr Wirken und in ihrem Geist
   bitten wir:
- Für alle Menschen, die in Pflegeheimen, Palliativstationen und Hospizen
   leben – und für alle, die sich ihrer in Liebe annehmen
- Für alle Menschen, um die sich niemand sorgt; die damit leben müssen,
   dass sie unerwünscht sind – und für alle, die auf sie zugehen.
- Für alle Einrichtungen und Gemeinschaften, die in sozialen
   Brennpunkten arbeiten – und für alle, die sie unterstützen.
- Für alle Christen, die den Ruf zum persönlichen Einsatz für die Armen
   verspüren – und für uns selbst, dass wir Jesus in den Armen entdecken
   und ihm in ihnen nahe sind.

Herr Jesus, der du die Armen selig gepriesen hast:
A Wir bitten dich, erhöre uns.

LIED   GL 619 (Was ihr dem geringsten Menschen tut)

4. Wo die Liebe ist, da ist Gott

„Arme habt ihr immer bei euch", sagt der Herr. Sie sind unsere Nächsten, die
unsere Hilfe brauchen. Wer ihnen hilft und ihnen dient, begegnet dem Herrn
selbst. In der Lebensbeschreibung des heiligen Martin lesen wir, wie es ihm
erging, als er seinen Mantel mit dem Bettler geteilt hat:

L In der folgenden Nacht erschien Christus mit jenem Mantelstück, womit der Heilige den Armen bekleidet hatte, dem Martinus im Schlafe. Er
   wurde aufgefordert, den Herrn genau zu betrachten und das Gewand, das
   er verschenkt hatte, wieder zu erkennen. Dann hörte er Jesus laut zu der
   Engelschar, die ihn umgab, sagen: „Martinus, obwohl erst Katechumene,
   hat mich mit diesem Mantel bekleidet." Eingedenk der Worte, die er einst
   gesprochen: „Was immer ihr einem meiner Geringsten getan, habt ihr mir
   getan", erklärte der Herr, dass er im Armen das Gewand erhalten habe.

Sulpicius Severus

V Wo können wir Christus begegnen? Er und Gottes Liebe werden überall dort sichtbar, wo wir uns unseren ärmsten Nächsten zuwenden, wie es Mutter Teresa von Kalkutta in einem Gebet ausgedrückt hat.

GESANG Ubi caritas (Taizé) – *Der Kehrvers wird immer wiederholt, leiser werdend; in den Gesang hinein wird ruhig gesprochen:*

Wer ist Jesus für mich?
Jesus ist der Hungrige, der Nahrung braucht,
der Dürstende, der zu trinken braucht,
der Nackte, der Kleidung braucht,
der Heimatlose, der eine Herberge braucht.

Der Kranke, der Heilung braucht,
der Einsame, der Liebe braucht,
der Unerwünschte, der geliebt werden möchte,
der Leprakranke, dessen Wunden gewaschen werden müssen,
der Bettler, der auf ein Lächeln wartet.

Der Trunkenbold, der auf ein offenes Ohr wartet,
der Geisteskranke, der beschützt sein möchte,
das Kind, das in die Arme genommen werden möchte,
der Blinde, der geführt werden möchte,
der Stumme, für den ein anderer sprechen muss.

Der Krüppel, den jemand stützen muss,
der Drogensüchtige, der auf Beistand wartet,
die Prostituierte, die aus ihrem Schicksal befreit werden möchte,
der Gefangene, der besucht werden möchte,
der Alte, der Unterstützung braucht.

Jesus ist das Wichtigste in meinem Leben,
mein ein und alles.

Mutter Teresa

GEBET Herr, unser Gott, du liebst die Menschen und bist ihnen nahe. Besonders den Armen, Unwissenden und Schwachen bist du zugetan: Du hebst sie aus dem Staub und erbarmst dich ihrer Niedrigkeit. Jesus, dein Sohn, ist den Armen gleich geworden, viele Männer und Frauen haben es ihm gleich getan. Dafür danken wir dir und bitten dich, dass auch unsere Liebe zu den Armen wachse, damit wir in ihnen deiner menschgewordenen Liebe begegnen, Jesus Christus, unserem Bruder und unserem Herrn.

SENDUNG UND SEGEN Du sendest uns als deine Botschaft, Herr, die alle Menschen lesen und verstehen sollen. Sind wir doch ein Brief, den du geschrieben hast, nicht mit Tinte, sondern mit deinem Geist – nicht auf steinerne Tafeln, sondern auf menschlich fühlende Herzen. Deine Botschaft ist die Liebe; sie sollen wir weitergeben, mit Hand und Mund. Aus eigener Kraft vermögen wir nur wenig; was wir können, können wir, weil du uns mit Gaben und Fähigkeiten beschenkt.

So segne uns und mache uns zu deinem Bild der Liebe, du guter Gott: du Vater, Sohn und Heiliger Geist.

LIED GL 622 (Hilf, Herr meines Lebens)

Hanns Sauter / Guido Fuchs

Du bist die Liebe, Vater, Gott

1. Du bist die Liebe, Vater, Gott, / zu lieben lehrt uns dein Gebot.
Wie könnten Heil'ge anders sein als deiner Liebe Widerschein?

2. Elisabeth, die Fürstin mild, / war deiner Liebe strahlend Bild.
Sie hat sich, fern von Glanz und Macht, / dir, Gott, zum Opfer dargebracht.

3. Sie reichte Hungernden das Brot / und pflegte Kranke in der Not,
gab Trost dort, wo man trostlos weint: / Sie brachte Licht, wo keines scheint.

4. Lehr uns den Weg der Liebe gehn, / dass wir den Herrn im Nächsten sehn,
wenn er erscheint im Armutskleid; / mach uns – wie sie – zum Dienst bereit.

5. Lass uns allein auf Christus schaun / und nicht nur auf uns selbst vertraun,
damit auch heute, Gott, dein Geist / sich in der Schwachheit stark erweist.

T: nach GL-Fulda 894
M: zu singen nach GL 229 (Ihr Christen, hoch erfreuet euch)t

HERR, GEDENKE DOCH DER NAMEN
Gottesdienst zum Totengedenken

ZUR ERÖFFNUNG   GL 621,1–2 (Ich steh vor dir)

EINFÜHRUNG   Das Verhältnis der Menschen zu Gott und auch das Verhältnis Gottes zu den Menschen wird in der Bibel mit dem Wort „gedenken" umschrieben: Gott gedenkt seines Bundes, heißt es etwa, und das will sagen, dass er zu den Menschen hält, mit ihnen ist und ihr Heil will. Und die Menschen gedenken der Heilstaten Gottes: Sie erinnern sich dankbar seines Tuns und machen sich so seinen Segen gegenwärtig. Wenn wir heute unserer Toten gedenken, dann nicht nur, um uns an sie zu erinnern, sondern um sie vor Gottes Angesicht zu stellen im Glauben und in der Hoffnung, dass er sich ihnen mit seiner ganzen Liebe zuwendet.

PSALM   Ps 23; GL 664,1 *mit* GL 718,2 *(sprechen oder singen)*

Stille

PSALMGEBET   Herr, du unser Hirte: Die du zu dir gerufen – lass sie leben bei dir für ewige Zeit. Erhelle die Finsternis ihres Todes mit dem Licht deiner Gegenwart und lass sie an deinem ewigen Gastmahl teilhaben und ausruhen von den Mühen ihres Lebens. Dir sei die Ehre in Ewigkeit.

SCHRIFTLESUNG   Joh 14,1–6

Musik

IMPULS FÜR EINE KURZE HOMILIE   Im Wirtschaftsleben hört man oft den Satz: „Jeder Mensch ist ersetzbar." Das gilt sicher für einen kleinen Bereich. An einer Maschine beispielsweise können viele angelernt werden. Auch soll man sich selbst nicht für unentbehrlich halten. An einem Tag wie heute spüren wir aber um die Grenzen dieses Wortes. Wir erinnern uns unserer Toten und spüren dabei, dass keiner von ihnen von einem anderen Menschen ersetzt werden kann.

1. Jeder Mensch ist einmalig

Im Evangelium, das wir soeben gehört haben, hat Christus uns zugesprochen: „Ich gehe, um einen Platz für euch vorzubereiten." Das bedeutet doch, dass Christus für einen jeden Menschen einen Platz geschaffen hat. Jeder Mensch ist auch in seinen Augen ein kostbares Einzelstück. Ein Mensch kann mit niemandem verwechselt oder durch keinen anderen ausgetauscht werden. Denn jeder Mensch macht in seinem Leben seine ganz persönlichen Erfahrungen. Jeder lebt sein Leben; jeder hat seine Erfahrungen und Erlebnisse. Jeder Mensch hat seine Prägung. Wenn ein Mensch stirbt, dann entsteht eine Lücke, die von keinem anderen geschlossen werden kann. Niemand kann diesen Menschen wirklich ersetzen.

2. Die Einmaligkeit der Verstorbenen

In dieser Zuversicht besuchen wir die Gräber unserer verstorbenen Familienangehörigen und Bekannten. Als Angehörige oder Freude durften wir unsere Toten in ihrer Einmaligkeit kennen und schätzen. Manche von uns erinnern sich an die Stärken, die einem Menschen geschenkt waren; an den Trost, der von ihm ausgegangen ist; an die Geborgenheit und Hilfe, die er geschenkt hat. Andere erinnern sich vielleicht der Schwächen, mit denen ein Mensch leben musste: die Unentschlossenheit, die ihn prägte, die Ticks, die er hatte und die ihn, gerade im Nachhinein, besonders ausgezeichnet haben. Wie wir den Verstorbenen auch gekannt haben und ihm verbunden waren, er ist und bleibt einmalig, von niemandem zu ersetzen.

3. Auch im Himmel ist jeder einmalig

Wir Menschen sind auf Erden einmalig, aber auch bei Gott. In der Bibel hießt es schon im alttestamentlichen Buch Jesaja, dass Gott jeden Menschen bei seinem Namen gerufen hat (Jes 43,1). Gott kennt uns also ganz persönlich. Christus sagt uns deshalb zu, dass er für jeden Menschen seine Wohnung bereitet hat. So dürfen wir darauf vertrauen, dass jeder, der von Gott ins ewige Leben gerufen wird, seine eigene Wohnung hat. Jeder Mensch lebt unverwechselbar und unaustauschbar. Jeder Mensch stirbt seinen Tod. Jeder Mensch findet seine persönliche Vollendung. Unsere Toten dürfen nun in ihrer, von Jesus geschaffenen Wohnung leben – mit ihren Erfahrungen und Erlebnissen, mit ihren Prägungen, mit ihren Freuden und Leiden. Die große Schar der Heiligen, derer wir an Allerheiligen gedenken, zeichnet gerade diese Einmaligkeit aus. Jeder Heilige hat doch auf seine Art und Weise den Glauben an Gott und die Nachfolge Jesu gelebt.

Oft hört man den Satz: „Jeder Mensch ist zu ersetzen." Beim genaueren Hinsehen spüren wir aber bald, für welch kleinen Bereich dieser Satz gilt. Jeder

Mensch hinterlässt eine Lücke, weil er unverwechselbar ist. Und das gilt nicht nur für uns Menschen, sondern auch für Gott.

Unsere Toten, an die wir heute besonders denken und deren Verlust wir heute schmerzlich beklagen, werden das Leben der schon Vollendeten mit ihrer persönlichen Lebensgeschichte bereichern.

Konrad Huber

TOTENGEDENKEN   Wir wollen nun unserer Verstorbenen gedenken. Soweit es geht, nennen wir dabei auch ihre Namen. Der Name hat für den Menschen eine große Bedeutung, er ist eben mehr als eine Nummer, sein Name unterscheidet ihn von anderen, er ist Teil seiner Person. Gott hat uns bei Namen gerufen, er hat uns in seine Hand eingezeichnet. Bitten wir ihn, dass er derer gedenkt, die wir nun mit Namen vor ihn bringen, dass er sie sein Heil schauen lässt auf ewig.

Während die Namen der Verstorbenen (u. U. in drei Blöcken zu drei Strophen des Liedes) verlesen werden, kann man Kerzen entzünden und vor den Altar stellen. Die Melodie des folgenden Liedes kann derweil leise intoniert bzw. darüber improvisiert werden. Danach:

Lied   Herr, gedenke doch der Namen, 1 (S. 232)

Mit den Namen stellen wir auch das Leben der Verstorbenen vor Gottes Angesicht. Wir vergessen nicht die guten Zeiten, die sie erleben durften, aber auch nicht die Not, das Leid, das zu jedem Leben gehört.

Lied   Herr, gedenke doch der Namen, 2

Wir wissen um das Gute, das unsere Verstorbenen getan haben, und wir sind dafür dankbar. Doch jeder Mensch trägt auch Schuld in sich, und so hoffen wir auf einen verzeihenden Gott. Jesus hat es uns zugesagt: Wer viel geliebt hat, dem wird auch viel vergeben werden.

Lied   Herr, gedenke doch der Namen, 3

ANDACHTSTEIL   GL 791,3 *(evtl. ab „Wir danken dir, ...")*

SCHLUSSGEBET   Gott, unser Vater, du liebst die Menschen und willst ihnen nahe sein. Höre auf unser Gebet für die Verstorbenen unserer Gemeinde (Gemeinschaft). Nimm sie auf in deine ewigen Wohnungen und schenke ihnen für immer dein Erbarmen, dass sie dich mit allen Engeln und Heiligen schauen und sich an dir freuen. Darum bitten wir durch Christus, unseren Herrn.

SCHLUSSLIED   GL 621,3

Herr, gedenke doch der Namen

1. Herr, ge - den - ke doch der Na - men de - rer, die ver - stor - ben sind, und ver - giss nicht, wie sie ka - men: Schritt vor Schritt, im Ge - gen - wind, ü - bers Feld der lan - gen Lei - den, durchs Ge - hölz der Ein - sam - keit, sehn - lich im - mer hof - fend, ih - nen sei ein Va - ter - haus be - reit.

2. Herr, gedenke, wie sie lauschen, / wie sie im Verlies der Nacht / Rufe mit der Leere tauschen, / ohne Anwalt, ohne Macht. / Du kannst in Gesichtern lesen: / Narben, Runzeln, bis ins Grab / schuldzerrissne Menschenwesen. / Wisch doch Schuld und Tränen ab.

3. Der Maria hat vergeben / und den Räuber hoffen hieß: / Lass die Toten mit dir leben, / nimm sie auf ins Paradies. / Herr, gedenke ihrer Namen. / Wenn du richtest, sprich sie los. / Decke alle ihre Schulden, / birg ihr Haupt in deinen Schoß.

4. Wohin soll der Mensch sich kehren, / wenn er, ins Gericht gestellt, / deine Liebe muss entbehren, / weil der Zorn das Urteil fällt? / Sieh die Angst in seinen Augen, / hör, wie ihm die Stimme bricht. / Herr, lässt du dich nicht bewegen – / einen Andern hat er nicht.

T: Jürgen Henkys © Strube Verlag, München – Berlin
M: Hermann Strategier, o. J.; Muziekuitgeverij Annie Bank

232

Der du die Zeit in Händen hast
Besinnungen an den letzten Tagen des Kirchenjahres

VORBEMERKUNG Das Kirchenjahr geht nicht am „Christkönigssonntag"
zu Ende, wie man manchmal den Eindruck hat. Vielmehr folgen noch sechs
Tage, die sich nutzen lassen, um in Ruhe auf das zu Ende gegangene Jahr zu
blicken und sich auf den neuen „Jahreskranz der Güte Gottes" einzustimmen. Eine gute Möglichkeit der Besinnung an diesen Tagen besteht darin,
das Wesen des in Christus begründeten Jahres und der Zeit zur Sprache zu
bringen. Das kann man mit den Strophen des Liedes „Der du die Zeit in Händen hast" (GL 157) gestalten; es lässt sich auch singen auf die Melodie von
GL 263 „Dein Lob, Herr, ruft der Himmel aus". Sie passen auch zum Wechsel
des geistlichen Jahres. So können diese Tage zwischen dem letzten Sonntag
im Jahreskreis und dem 1. Advent eine durchaus wertvolle Zeitspanne sein,
um den Übergang bewusst zu erleben. – In der Eucharistiefeier können diese
Besinnungen nach der Kommunion ihren Platz haben.

Montag der 34. Woche

SCHRIFTWORT In jener Zeit sah Jesus, wie die Reichen ihre Gaben in
den Opferkasten legten. Dabei sah er auch eine arme Witwe, die zwei kleine
Münzen hineinwarf.

Lk 21,1–2

BESINNUNG Die Gabe der alten Frau war, äußerlich betrachtet, nicht
groß. Für sie aber war es ihr ganzer Lebensunterhalt. Was veranlasste sie, aus
ihrer Sicht so viel zu geben? Wir wissen es nicht. Vielleicht war damit die
Hoffnung verbunden, dass diese Gabe auch etwas für sie bewirke, gewissermaßen gewandelt wird und ihr Gottes Segen bringt.

Wir geben in diesen Tagen Gott das geistliche Jahr zurück. Wie gefüllt
es war, mag bei jedem und bei jeder von uns anders aussehen – äußerlich betrachtet. Und doch ist es jeweils das ganze Jahr, das für uns alles bedeutet.

Bitten wir Gott, dass er es annehme, dass er das, was an geistlichen Mühen, Sehnsüchten und Hoffnungen in ihm steckt, wandeln möge in seinen
Segen, dass wir voranschreiten und Frucht bringen – für ihn.

Dienstag der 34. Woche

SCHRIFTWORT   Es wird eine Zeit kommen, da wird von allem, was ihr hier seht, kein Stein auf dem anderen bleiben; alles wird niedergerissen werden.

Lk 21,6

BESINNUNG   Nichts bleibt. Das ist die Erkenntnis, die jeder Mensch im Laufe seines Lebens gewinnt. Wir nehmen nichts mit, das ist die andere Erkenntnis angesichts des eigenen Endes, auf das wir alle zugehen.

Und doch vergeht nichts, ohne völlig zu verschwinden. Selbst in unserem Tod werden wir nicht genommen, sondern nur gewandelt. Darin besteht aber auch unsere Lebensaufgabe: All das, was uns anvertraut ist mit unserem Leben, in eine solche Beziehung zu Gott zu bringen, dass uns beim „Wechseln" kein Verlust entsteht.

Bitten wir Gott, dass er dann selbst vollende, was er in uns grundgelegt und begonnen hat.

LIEDSTROPHE   GL 157,2

Mittwoch der 34. Woche

SCHRIFTWORT   In jener Zeit sprach Jesus zu seinen Jüngern: Man wird euch festnehmen und euch verfolgen ... und manche von euch wird man töten. Und doch wird euch kein Haar gekrümmt werden. Wenn ihr standhaft bleibt, werdet ihr das Leben gewinnen.   *Lk 21,12.16.18–19*

BESINNUNG   Die letzte Woche des Totenmonats November stellt uns nochmals einige Märtyrer eindringlich vor Augen: Andreas Dung-Lac und seine vietnamesischen Glaubensgefährten, Katharina von Alexandrien, den Apostel Andreas. Sie wurden um des Namens Christi willen gehasst, verfolgt, getötet. Sie wurden abgeschnitten vom Leben, mitunter im wahrsten Sinne des Wortes: enthauptet, wie Katharina und Andreas Dung-Lac.

Nichts blieb scheinbar von dem, was sie ausmachte, der Hass der Menschen hat all dem ein Ende bereitet. Und doch glauben wir, dass sie das ewige

Leben bei Gott gefunden haben, wie Jesus es ihnen vorherverkündete, und ihr Blut, das sie vergossen haben, zum Samen eines neuen Anfangs auch des Glaubens in ihren Ländern wurde.

Wir alle sind Blätter im Wind, die dahintreiben. Gott allein ist derjenige, der Ewigkeit gibt, Unsterblichkeit. Nicht erst irgendwann: Wer sich hier auf ihn verlässt, wer an ihn glaubt, dessen Leben hat Gewicht.

LIEDSTROPHE   GL 157,3

Donnerstag der 34. Woche

SCHRIFTWORT   Der Zorn Gottes wird über dieses Volk kommen. – Wenn all das beginnt, dann erhebt eure Häupter.   *Lk 21,23.28*

BESINNUNG   Das endzeitliche Gericht trifft uns alle nicht nur insgesamt, sondern jeden einzelnen, jede einzelne persönlich. Und es beginnt bereits in der realistischen Erkenntnis der eigenen leeren Hände, die wir Gott hinhalten.

Würdest du, Herr, unseres Sünden beachten, Herr, wer könnte bestehen? So heißt es im Psalm. Was sind wir angesichts der Größe Gottes? Von ihm trennt uns das, was wir als Sünde, als Schuld bezeichnen. Keine kleinlichen Vergehen, die er buchhalterisch notiert, nein, all das, was unsere Unvollkommenheit ausmacht. Verglichen mit ihm, dem Vollkommenen, sind wir Spreu, die zerstiebt.

Und doch, so sagt es uns Jesus in seiner Frohen Botschaft, nimmt sich Gott gerade dieser Unvollkommenen an. Er verzeiht, er liebt, er füllt die leeren Hände. Wir dürfen hoffen, aufatmen, das Haupt erheben.

LIEDSTROPHE   GL 157,4

Freitag der 34. Woche

SCHRIFTWORT   Seht euch den Feigenbaum und die anderen Bäume an: Sobald ihr merkt, dass sie Blätter treiben, wisst ihr, dass der Sommer nahe ist. Genauso sollt ihr erkennen, wenn ihr das alles geschehen seht, dass das Reich Gottes nahe ist.   *Lk 21,29–31*

BESINNUNG Die Zeichen der Zeit erkennen. Was ist wichtig, was zählt für das, was allein entscheidend ist: das Reich Gottes? In wenigen Tagen wird vielerorts beim kindlichen Nikolaus-Spiel eben das gleichsam vorweggenommen: Die Beurteilung dessen, was gut oder was schlecht war in unserem Leben. Wie auch immer sich dieses Endgericht vollziehen wird: Was können wir dann vorweisen?

Jesus selbst gibt uns Beispiele für unser Verhalten Gott und vor allem dem Nächsten gegenüber, das er für sich in Anspruch nimmt: Was ihr den Geringsten meiner Brüder getan habt, das habt ihr mir getan. Wo das geschieht, wird Gottes Reich Wirklichkeit.

Jetzt ist die Zeit, jetzt ist die Stunde – heute wird getan oder auch vertan, worauf es ankommt, wenn ER kommt. Und doch bleiben selbst die Werke, die wir aus uns heraus an Gutem zu schaffen glauben, letztlich Gnadengaben Gottes, um die wir immer nur beten können.

LIEDSTROPHE GL 157,5

Samstag der 34. Woche

SCHRIFTWORT Nehmt euch in acht, dass die Sorgen des Alltags euch nicht verwirren und dass jener Tag euch nicht plötzlich überrascht, so wie man in eine Falle gerät. *Lk 21,34–35*

BESINNUNG Die Worte Jesu, so haben wir gestern gehört, bleiben in Ewigkeit. Sie geben uns Halt, sie bieten Sicherheit auch in Zeiten der Verwirrung, der falschen Parolen oder leeren Versprechungen.

Wenn wir uns an Gott halten, wird er uns halten. Die Hand, die er ausstreckt, um uns zu fassen, ist Jesus Christus, der Menschen- und Gottessohn, der gute Hirt, von dem es schon in Psalm 23 heißt: Er leitet mich auf rechten Pfaden, treu seinem Namen. Muss ich auch wandern in finsterer Schlucht, ich fürchte kein Unheil; denn du bist bei mir, dein Stock und dein Stab geben mir Zuversicht. Lauter Güte und Huld werden mir folgen mein Leben lang und im Haus des Herrn darf ich wohnen für lange Zeit.

LIEDSTROPHE GL 157,6

ANHANG

LIEDERVERZEICHNIS

QUELLEN- UND BILDVERZEICHNIS

BILDNACHWEISE S. 66 Die drei Könige folgen dem Stern, aus: Albani-Psalter. Dombibliothek Hildesheim, HS St. God. 1 (S. 24). // S. 162 Die Heimsuchung, aus: Albani-Psalter. Dombibliothek Hildesheim, HS St. God. 1, (S. 20). // S. 23, 71, 81, 122, 155, 189, 209, 210, 211, 201 für alle: © Guido Fuchs.

TEXTNACHWEISE S. 46 ff. Dietrich Bonhoeffer, Konspiration und Haft 1940–1945. © 2001, Gütersloher Verlagshaus, Gütersloh, in der Verlagsgruppe Random House GmbH. // S. 101 f. Liedtext „Allein": aus Taschenbuch Reinhard Mey, Alle Lieder, Edition Reinhard Mey, Berlin 2007. // S. 114 Ambrosius von Mailand, Über den Tod seines Bruders Satyrus (BKV I,13). // S. 122 f. Zusammenstellung von Texten aus: Hanns Sauter, Gott ist Liebe. Gottesdienste, Texte und Lieder zur Caritas in der Gemeinde, Verlag Friedrich Pustet, Regensburg 2006. // S. 125 Zitat Gregor der Gr.: Lektionar zum Stundenbuch II/6, 258. // S. 150 Segensgebet: Friedrich Dörr, In Hymnen und Liedern Gott loben. Geistliche Texte zum Beten und Singen, Verlag Friedrich Pustet, Regensburg 1983. // S. 173 f. Impuls-Texte (leicht gekürzt) aus: Enzyklika „Ecclesia de Eucharistia" von Papst Johannes Paul II. (2003). // S. 212 f. Litanei der christlichen Einheit, aus: Gebetswoche für die Einheit der Christen, hg. von der Ökumenischen Centrale, Frankfurt/Main, für die Arbeitsgemeinschaft Christlicher Kirchen in Deutschland. // S. 217 ff. Wechselgebete aus: Katholisches Gesangbuch. Gesang- und Gebetbuch der deutschsprachigen Schweiz (1998). KG 513/514, Autor: O. Eckert. // S. 226 Sulpicius Severus, Das Leben des hl. Martin (BKV N.F. 20). // S. 227 „Wer ist Jesus für mich": Mutter Teresa, „Wer ist Jesus für mich". In: „Ich bin Gottes Bleistift". Gedanken für jeden Tag, S. 148 f. © Verlag Neue Stadt GmbH, München, 1. Aufl. der Neuausgabe 2008. // S. 229 f. Predigtimpuls von Konrad Huber, aus: LITURGIE KONKRET DIGITAL 11/2008. // S. 229 Lobpreisgebet, aus: Ökumenische Gottesdienste. Anlässe, Modelle und Hinweise für die Praxis, Hrsg. vom Deutschen Liturgischen Institut, Trier und dem Gottesdienst-Institut der Evangelisch-Lutherischen Kirche in Bayern, Nürnberg, Freiburg i. Br./Gütersloh 2003.

Die ständige Kommission für die Herausgabe der gemeinsamen liturgischen Bücher im deutschen Sprachgebiet erteilte für die aus diesen Büchern entnommenen Texte die Abdruckerlaubnis.

Leider ist es nicht in allen Fällen gelungen, die Rechteinhaber zu finden. Wir bitten, entsprechende Mitteilungen an den Verlag zu machen.